KB038915

지속성장을 위한 체질 개선

* 이 도서의 국립중앙도서관 출판예정도서목록(CIP)은 서지정보유통지원시스템홈페이지
(http://seoji.nl.go.kr)와 국가자료공동목록시스템(http://www.nl.go.kr/kolisnet)에서
이용하실 수 있습니다. CIP2017034471

FIT

for

GROWTH

A Guide to Strategic
Cost Cutting, Restructuring,
and Renewal

전략적 원가절감 및 구조조정을 위한 안내서

지속성장을 위한 체질 개선

지은이
비나이 쿠토
존 플랜스키
데니즈 카글라
PwC | Strategy&

옮긴이
범용균
김창래
장유신

차례

'4차 산업혁명', '인공 지능', '빅데이터'. 최근 언론에서 가장 많이 보고, 듣는 단어들이 아닌가 싶다. 여러 기업들이 경쟁력을 높이고 지속가능한 성장을 이루기 위한 수단으로서 인공 지능, 빅데이터를 어떻게 활용하여 사업을 벌일 것인가에 대해 고민하고 있다. 그러나 한발만 물러서서 보면, 이러한 새로운 기술 개발로 인해 기업의 지속가능성이 떨어질 수 있는 역설적인 상황이 만들어지고 있는 것도 사실이다.

각종 컨설팅 기관 및 경제연구소에서 최고 경영진을 대상으로 실시한 설문 조사를 보면, 많은 최고 경영자들이 '기업의 전략이 제대로 된 길을 안내하는 것인가?'에 대한 의구심을 갖고 있으며, 기업 내의 자원이 전략적인 관점에서 제대로 배분되고 있는 것인지에 대해 일부 회의적인 시선이 존재한다는 것을 알 수 있다. 이런 결과를 두고 조심스럽게 질문을 던져본다. 기업들은 미래 성장에 대한 관심은 많지만, 정작 그들 기업의 '본질적인 체질이 지속가능한가?'에 대한 성찰을 가지고 있는가? 계속해서 새로운 트렌드에만 집중할 뿐, 그들 기업의 '지속성장 가능성'이라는 본질은 소홀하게 여기는 것이 아닌가?

『지속성장을 위한 체질 개선: 전략적 원가절감 및 구조조정을 위한 안내서』는 4차 산업혁명 시대를 살고 있는 경영자 및 실무 관리자들에게 새로운 트렌드를 좇기 이전에 차분히 기업의 '본질적인 체질'에 대해 통찰하는 방법을 실무적인 관점에서 제시한다. 특히 지속성장 가능성을 판단하기 위해 기업의 핵심 역량을 중심으로 사업을 집중시키고, 이렇게 변화된 사업에 맞춰 자원(예산)을 배분하고, 조직의 구조 및 구성을 바꾸며, 본질적으로 조직 문화를 바꾸기 위해 필요한 변화를 이야기한다.

동시에 이들 요소가 어떻게 상호작용하여 기업의 '체질'을 형성하는지 이케아 등의 사례와 함께 제시하는 부분은 다양한 기업에서 현실적인 이슈와 부딪히며 이를 해결했던 컨설턴트로서의 경험이 있기 때문에 가능한 매우 통찰력 있는 부분으로 평가된다. 또한 기업을 하나의 유기체로 바라보고 '체질'이라는 관점 아래 이러한 사례들을 서술한 것이 매우 신선하다.

경영자나 관리자라면 한번쯤 프로젝트를 진행해봤을 포트폴리오 합리화, 운영 모델 정의, 프로세스 엑설런스 등에 대해 관리자 입장에서 실무적인 가이드를 제공함은 물론이고, 리더들에게는 전략적인 함의를 명쾌하게 설명함으로써 기업의 체질 개선을 위한 방법론을 적절히 제시하고 있다.

빅데이터가 새로운 패턴과 암시를 해석하고, 인공 지능이 예측을 내놓는 오늘날에도 여러 기업의 리더와 관리자들은 여전히 기업의 지속성장 가능성을 고민하고, 이에 따른 수많은 과제들을 해결하고자 꾸준히 노력하고 있을 것이다. 이런 이들에게 이 책이 4차 산업혁명과 같은 거대 담론을 이야기하기 전에, 차분히 그리고 냉정하게 각자 기업의 '체질'을 점검하는 계기가 되기를, 또한 이를 통해 거대 담론에서 승리할 수 있는 체질로 변화하는 계기로 작용하기를 바란다.

김영식

삼일회계법인 CEO

다양한 컨설팅 및 자문 업무를 수행하다 보면 여러 가지 양상의 기업들을 만날 수 있다. 어떤 기업은 시쳇말로 잘나가기도 하고, 어떤 기업은 갑작스러운 외부환경 변화로 인해 어려움을 겪기도 한다. 각기 처해 있는 상황은 다르지만 기업의 최고 경영진들이 공통적으로, 그리고 최우선적으로 고민하는 내용은 (그 표현은 조금씩 다르지만) '어떻게 하면 우리 기업이 지속적으로 성장을 이루어낼 것인가?'로 귀결된다. 하지만 현실에서의 문제는 그 고민의 크기만큼 기업이 성장하지는 않는다는 것이다.

실무적으로 기업들의 이러한 고민을 많이 접해왔던 우리는 *Fit for Growth: A Guide to Strategic Cost Cutting, Restructuring, and Renewal* (John Wiley & Sons, Inc., 2017)의 출간 소식을 접했을 때 성장을 고민하고 있는 많은 기업들에게 'Fit'이라는 단어가 다양한 생각과 교훈을 줄 수 있을 것이라고 생각했다. 흔히 '핏(Fit)이 맞다'고 하면 '옷가지 등이 체형에 딱 맞는' 형태를 떠올리고, 건강을 위해 다니는 피트니스 센터(Fitness Center)에도 역시 'Fit'이라는 단어가 포함되어 있다는 점을 생각할 때, 'Fit for Growth'라는 제목에서 '성장을 위해서는 이에 적합한 체형을 우선 만들어야 한다', '성장을 위해서는 기본적인 체질 또는 체력이 확보되어야 한다'는 메시지가 바로 떠올랐다. 이는 "기업의 기초 역량이 단단하게 갖춰져 있을 때('Fit'이 맞을 때) 비로소 성장 가능성을 높일 수 있다"는 믿음이 있기 때문이다. 그러나 기업 경영 현장에서 이 같은 상식을 망각하고 '몸에 맞지 않는' 성장 방향으로 너무 많은 고민의 시간을 보내거나, 회사의 전체적인 '체질이 부실'한 가운데 유행을 좇아 새로운 성장 기회를 고민하는 사례를 종종 볼 수 있었다. 그럴 때마다 들었던 생각은 '좀 더 본질적인 것부터 고민해야 하는 것은 아닌가?'였다.

『지속성장을 위한 체질 개선: 전략적 원가절감 및 구조조정을 위한 안내서』는 모든 기업이 염원하는 성장을 고민하기에 앞서, 어떻게 해야 기초 체질을 단단하게 만들 수 있는가에 대한 실무적인 가이드를 제공한다. 단단한 체질을 만들기 위해 각 기업이 경쟁자에 비해 가장 잘할 수 있는 역량에 집중해 사업을 정리하고, 그렇게 정리된 사업에 맞춰 원가 구조 또는 자원 배분의 우선순위를 정렬하여 낭비 요인을 제거하기 위한 실무적인 방법을 제시한다. 또한 이러한 변화를 실제 실행에 옮길 조직의 구조적·문화적 변화를 위한 가이드도 제시한다. 지속성장을 위한 체질 개선 방안의 실무적 가이드를 제공한다는 관점에서 개별 주제 내용에는 익숙한 면이 있을 것이다. 그러나, 이들 개별 주제가 어떻게 유기적으로 연결되어야 기업의 단단한 체질 만들기에 기여할 수 있을지에 대한 통찰을 얻고, 그러한 통찰을 바탕으로 개별 과제를 좀 더 효율적이고 효과적으로 수행할 수 있을지에 대한 교훈을 얻기에는 부족함이 없으리라 생각한다.

그 어느 때보다 급변하는 시대를 맞이하여 새로운 변화 및 이를 통한 성장에 대한 갈증이 큰 기업 경영인들과 이런 갈증을 실무적으로 해결해내야 하는 관리자들이 이 책을 통해 성장에 대한 그림을 그리기 이전에 차분히 각자 기업의 기본적인 체질을 돌아보고 '기본이 충실한 성장 방안'을 탐색하는 데 영감을 얻기를 바란다.

이 책을 번역 출간하는 과정에서 지속적인 관심과 지원을 아끼지 않으신

PwC컨설팅의 이한목 대표님·이기학 부대표님, 삼일회계법인의 이종철 대표님·서동규 대표님·배화주 대표님께 감사의 말씀을 드린다. 평소 다양한 업무를 수행하며 고민을 나누고 함께 해결책을 찾았던 많은 고객사 분들과 동료 컨설턴트 여러분께도 감사의 말씀을 전한다. 또한 이 책이 출간되기까지 많은 노력을 기울여준 한울엠플러스(주) 임직원 여러분께도 감사의 말씀을 전한다.

2017년 12월

범용균·김창래·장유신

　오늘날 많은 기업들은 줄어드는 매출은 증대시키고 수익을 극대화하기 위한 노력을 전개하고 있다. 어떤 이들은 회사를 장악하고자 하는 투자자들에 대항하고 있고, 일부는 오직 생존을 위하여, 일부는 단지 파산을 막고자 노력하고 있다. 점점 더 많은 회사들이 수익성 있는 성장을 확보하기 위한 유일한 방법은 비용을 절감하는 것—그것도 극적으로—이라는 점을 깨닫고 있다. 글로벌하게 연결되고 디지털로 매개되는 21세기의 고도 경쟁 시장에서 궁극적으로 안전한 곳이란 존재하지 않는다. 기업들은 매출 성장을 위하여 노력하는 만큼이나 비용 절감에도 집중해야 한다. 나무를 키울 때와 마찬가지로 엄격한 가지치기 없이 수익성 있는 성장을 일구어낼 수는 없는 일이다.

　우리는 70년 동안 다수의 기업들이 도전적인 시장에서 성공하도록 도왔고 그로 인한 많은 경험들을 가지고 있다. 우리는 결론적으로 기업들이 성공에 이르기 위해서는 '지속성장을 위한 체질 개선(Fit for Growth)'＊을 해야 한다는 것을 발견했다. '지속성장을 위해 체질을 개선한' 기업들은 아래 3가지 항목을 지속적으로 수행하고 있다.

＊ 원문 'fit for growth' 중 'fit'은 일반적으로 '핏(fit)이 맞다' 또는 '딱 적합하다' 정도로 사용할 수 있으나, 원문에서 'fit'의 전반적인 의미는 '체질' 또는 '체력' 등[피트니스 센터(fitness center)의 'fit']의 의미에 더 가까운바, 전반적인 번역은 '체질'로 했다.

- 차별화된 역량에 집중한다.
- 비용 구조를 차별화 역량에 최적화한다.
- 성장에 적합한 조직 체계를 구성한다.

전 세계 모든 비즈니스 영역의 수백 개 기업들에 기반을 둔 우리의 연구와 고객 경험은 '지속성장을 위한 체질 개선'이 최고의 성장과 수익을 보장한다는 것을 입증해왔다.

이 책은 기업이 성장하고 가치를 창조하며 지속적으로 그들의 경쟁자보다 나은 성과를 창출하기 위해 비용과 조직 구조를 어떻게 전략에 맞게 구조화할 것인지 최고 경영자와 중간 관리자들에게 확실한 가이드를 제공한다. 이 책은 대규모의 비용 절감 사업 추진에 필요한 주요 개념, 아이디어, 분석 자료, 생생한 사례 및 실질적 조언을 포함한 완벽한 청사진을 제공한다. 또한 이 책은 비용 관리를 위한 중요한 핸드북으로서의 역할도 할 수 있다.

이 책은 3가지 파트로 구성되며 각각은 '지속성장을 위한 체질 개선' 접근 방법의 서로 다른 측면에 대해 기술하고 있다. PART 1. "지속성장을 위한 체질 개선 개요"는 기업의 성장을 조직 및 비용과 연결시키는 '지속성장을 위한 체질 개선' 접근 방법 전반에 대해 소개한다. 특정 회사의 사례를 통해 우리는 왜 기업이 성장하기 위하여 전략적으로 비용을 절감해야 하는지에 대한 이유를 설명한다. 우리는 '지속성장을 위한 체질 개선'이 무엇을 의미하는지 그리고 구조 조정 및 개선을 위한 여정의 주요 요소(차별화 역량 식별하기, 비용 구조 최적화, 성장을 위한 조직 재설계)는 무엇인지 탐구한다. 마지막으로 우리는 CEO와 CXO들이 '지속성장을 위한 체질 개선'을 실천하기 위한 10가지 리더십 원칙을 제시한다.

PART 2. "전략적 구조조정 및 원가절감 가이드"에서는 전략적 비용 절감에 대해 실제로 입증된 접근 방법에 집중한다. 케이스 분석과 우수 사례를 통해 우리는 비용 관리를 위한 9개의 중요한 기법(포트폴리오 합리화, 제로베이싱, 운영 모델의 재정의, 아웃소싱, 풋프린트 최적화, 프로세스 엑설런스, 관리 범위와 보고 체계, 전략적 공급 관리, 디지털화)에 대해 논의한다. 우리는 각각의 레버를 실제 사례와 함께 설명하고 적용 시기를 제안하며 실행 방법에 대한 단계적 접근 방안을 안내한다.

PART 3. "변화 기조의 유지"에서는 '지속성장을 위한 체질 개선'의 여정과 지속가능성에 집중한다. 여기서는 어떻게 변화를 시작하고, 규모를 확대해 가면서 성공적으로 '지속성장을 위한 체질 개선'이 작동하게 할 것인가에서 부터 시작한다. 여기서 우리는 사람에게로 관심을 돌려서 비용 절감의 여정에 있어 조직의 사기 관리 방법 및 경영자들이 조직의 참여를 유지하기 위해 해야 하는 일은 무엇인지에 대해 검토한다. 또한 조직의 구성원들을 기꺼이 준비시키고 변화시킬 수 있는 방법에 대해서도 논의한다. 기본적인 변화관리 기법을 검토하고 왜 이러한 기법만으로는 충분하지 않은지, 그리고 경영진이 변화의 동기 부여와 활성화 및 유지를 위해 어떻게 조직 문화를 움직여가야 하는지를 자세히 설명한다. 마지막으로 변화의 효과를 유지하고 과거의 비효율적인 행동 양식으로 회귀하지 않도록 하는 도구와 기법들을 통해 기업이 '지속성장을 위해 적합한' 상태로 유지될 수 있는 방법을 설명한다.

당신이 조직 내에서 성장을 견인할 방법을 찾는 경영자이거나 또는 최근에 당신의 회사가 구조조정을 위한 여정을 준비하고 있다면, 당신은 이 책에서 어떻게 비용을 신중하고도 효과적으로 관리할 것인지에 대한 전략과 구체적인 사례 및 실직적인 조언을 발견할 수 있을 것이다. 그리고 그 실질적 변화 과정을 통해 당신의 회사는 더욱 강력하면서도 성장에 최적화된 상태로 변모할 수 있을 것이다.

PART 1

지속성장을 위한 체질 개선 개요

FIT

for

GROWTH

1 /

성장을 위해 기업도 체질 개선이 필요한가?

　미래 성장 잠재력을 위협하는 요소라고 하면 당신은 무엇이 떠오르는가? 시장을 휩쓴 글로벌 경제 위기인가? 아니면, 끝없이 높아지기만 하는 소비자의 기대나, 디지털 기술로 인한 급격한 시장 변화, 혹은 규제 확대인가? 그것도 아니면, 경쟁 심화에 따른 수익성 악화 또는 원자재 가격 변동성인가? 주식을 대규모로 매입해 급격한 비용 절감을 요구하는 행동주의 투자자들인가?

　어떤 위협 요인이든 그 효과는 비슷하다. 당신이 어떤 위협 요인을 생각하든 그 위협은 기업의 수익 창출력을 떨어뜨리고 심지어 파산에 이르게 할 수도 있을 것이다. 이러한 위협 요인에 대응하여 미래 성장 동력을 높이는 길은 아주 극적으로 비용과 원가를 줄이는 것이다. 전 세계가 인터넷을 통해 밀접하게 연관되어 있는 오늘날, 경영 성과를 확실하게 담보할 수 있는 기업은 없다. 수익을 유지하고 개선하기 위해서는 매출 향상에 힘쓰는 것 이상으로 비용 관리에 집중해야 한다. 이는 나무를 기르는 것과 마찬가지다. 가지치기 없이 내실 성장은 있을 수 없다.

바야흐로 우리는 기업 성장의 뉴노멀을 맞이하고 있다.

당신의 기업은 이러한 치열한 경쟁 환경을 극복할 수 있는 기초 체질을 가지고 있는가? 우리는 70년간 수십 개 기업들에 대해 '미래 성장을 위한 체질을 갖추고 있는가?'라는 질문에 대한 답을 찾는 과정을 함께한 바 있다.

기업이 성장에 적합한 체질을 갖추고 있다는 것은 기업이 성장할 준비가 되었다는 뜻이다. 이는 단지 혁신 역량이나 신규 시장 진출, 또는 절묘한 인수 전략에 국한된 문제가 아니라 기업의 효과적 성장을 위한 핵심 전략에 맞춰 기업의 모든 자원과 비용 구조를 조정하는 것을 의미한다. 지속성장을 위한 체질을 갖춘 기업들은 효과적인 경쟁을 위해 많지도 적지도 않은, 딱 필요한 만큼의 자원을 적절한 부문에 사용하고 있다. 서문에서 밝혔듯이, 기업들은 아래와 같은 3가시 활동을 지속적으로 해나감으로써 지속성장을 위한 체질을 갖춘 기업의 모습에 가까이 갈 수 있다:

1. 소수의 차별화 역량에 집중
2. 차별화 역량과 비용 구조의 조화
3. 성장에 적합한 조직 구성

첫째, 차별화 역량에 집중하기 위해서는 무엇보다도 먼저 경쟁기업보다 더 잘하는 것이 무엇인지 파악하고, 그를 바탕으로 기업의 명확한 정체성을 확립해야 한다. 프로세스, 지원 도구, 지식, 기술, 성과 중심 조직 등 3~6가지 요소의 조합인 차별화 역량은 지속성장을 위한 체질 확보의 핵심이다. 기업이 진정으로 잘하는 것이 무엇인지 파악하고 그를 바탕으로 수립된 전략은 기업의 모든 활동에 있어서 "등대"와 같은 역할을 할 수 있게 된다. 등대는 기업의 구성원들이 동일한 목표를 향해 나아갈 수 있도록 매우 명확한 방향을 제시하는 역할을 하게 되며, 이는 내부 구성원뿐만 아니라, 외부 이해관계자들에게도 그 기업의 전략 방향을 잘 설명할 수 있게 만들어주는 역할을 하게 된다.

그러나 많은 기업들은 이러한 '집중'을 이뤄내지 못한 채 고질적인 '역량의 분산'을 경험하는 경우가 허다하다. 이러한 기업에서는 진행되는 프로젝트가 너무 많아 구성원들의 스케줄이 마비되며, 경영자들은 수없이 많은 특별히 상관도 없는 회의에 매일같이 참가한다. S급 인재들은 너무 많은 핵심 프로젝트에 참여하는 나머지 피로에 지치게 된다. 역량의 분산은 재정적 자원 또한 갉아먹는 결과로 이어지게 된다. 둘째, 기업의 비용 구조가 전략과 조화되지 않을 경우, 경영진들은 파편적인 요인들에 따라 예산 집행 의사결정을 내리기 쉬우며, 우리는 이러한 의사결정 때문에 어려움을 겪는 기업을 어렵지 않게 찾아볼 수 있다. 이러한 어려움 겪는 기업들에게서 나타나는 공통적인 증상은 다음과 같다.

- 벤치마킹이 자원 배분을 위한 전가의 보도처럼 이용된다. 인사관리부터 리스크 관리에 이르기까지 모든 부문에서 '단지 최고가 되기 위해' (정작 자신의 회사에 전략적으로 중요한지 판단하지 않은 채) 막대한 자금을 지출
- 성장을 위해 필요한 새로운 프로젝트는 시작조차 하지 않은 채, '경쟁력을 잃은 과거부터 전해 내려오던 기존 활동'에 계속해서 습관적으로 자금을 투입
- 예산 수립 프로세스가 단순히 "예년 수준에 3% 증가"하는 방식으로 이뤄지며, 조직 기능별 인원수는 조정되지 않는다. 예를 들면, 돈을 벌어 오는 영업 부서보다 이를 관리하는 재무 부서의 직원 수가 2배에 이르기도 하는 상황에서 간접비 삭감을 위한 "긴급" 비용 절감 프로젝트를 진행하

지만, 그래 보았자 간접비 수준은 원래대로 돌아오는 악순환의 반복

마지막으로, 기업의 내부 조직이 성장 전략 및 방향에 적합하게 구축되지 않은 경우에는 조직 내 비효율이 만연하게 되며 의사결정은 불명확해진다. 결재 단계가 너무나 복잡하여 영업견적 하나 승인하는 데도 일주일이나 걸려 영업견적이 승인될 시점에는 영업기회를 잃어버릴 수도 있다. 어떤 사안에 대한 결정이 내려지더라도 실제 실행하기까지는 몇 주일이나 걸리며, 심지어는 재검토 대상으로 분류되어 다시 윗선의 의사결정 사항으로 돌아오는 경우도 허다하다. 정보 공유 라인은 군데군데 끊겨 있어, 실제로 정보를 필요로 하는 사람은 정보에 접근하지 못한다. 구성원들은 '실패에 대한 공포'로 충분히 예견되어 이에 대한 대비를 할 수 있는 리스크조차 두려워하며, 이는 혁신을 방해하는 요인이 된다. 경영자들이 실제로 "관리"하는 직원의 수는 평균 4명 정도밖에 되지 않기에 대부분 하급자의 업무에 과도하게 관여하는 경향을 보인다. 인센티브는 회사의 중요 전략과 직결되어 있지 않아, 직원들은 중요 전략과 연관된 활동을 할 동기를 얻지 못한다.

이제 대충 그림이 그려질 것이다. 시장에는 지속성장을 위한 체질을 갖추지 못한 회사가 너무 많다. 그리고 그 결과를 감내하게 되는 것은 직원과 경영진, 주주들이다. 사기업이나 공기업이나 할 것 없이 대부분의 조직은 이러한 증상 중 일부를 가지고 있으며, 개중에는 모든 증상을 한꺼번에 보이는 조직도 있다.

현재의 냉혹한 시장 상황에서 내실 성장이라는 목표를 성취하기 위해서는 '적절한 체질'로 변화하고자 하는 노력이 필수이다. 즉, 기업은 스스로가 가장 잘하는 것에 집중하고, 비용 구조를 조정하고, 전략을 잘 뒷받침할 수 있도록 조직을 재구성하여 냉혹한 시장 환경에 적응할 수 있는 '체질'을 만들

어야 한다.

물론 '성장을 위한 체질' 만들기는 어려운 일이다. 이를 위해 수반되는 일련의 선택은 결코 쉽지 않으며, 쓰라린 선택과 포기의 과정이 필요하다. 기업의 모든 활동이 차별화 역량으로 이어지지는 않는다. 즉, 어디에 어느 정도의 투자를 할 것인가에 대한 명확한 지침이 없다면 불필요한 프로세스, 시스템 및 조직에 과도한 투자를 할 수밖에 없다. 이러한 현상은 기업이 성숙 단계에 이르러, 기존의 편안한 리듬에 안주하게 된 대기업의 경우에는 더더욱 그러할 수 있다. 초반에 지니고 있던 가벼운 조직 구조와 집중력은 이미 사라진 지 오래이며, 따라서 예전의 건강한 모습으로 돌아가는 것은 점점 더 어려워진다.

이러한 사실은 전자제품 유통 체인인 서킷시티의 사례를 통해서도 확인할 수 있을 것이다.

현실을 도피한 서킷시티

한때 우수 기업이었던 서킷시티가 순식간에 전락한 과정을 통해서 우리는 지속성장을 위한 체질을 갖춘 기업이 되기 위해서는 절대로 하지 말아야 할 일이 어떤 것인지 명확하게 알 수 있다. 2009년 초, 한때 시장의 총아였던 이 대형 체인이 경영 어려움에 직면한 시점으로부터 재정적 위기를 맞고 파산을 거쳐 청산에 이르기까지는 채 6개월도 걸리지 않았다.

그 이유는 무엇일까? 바로 자신들만의 지속성장을 위한 체질 확보 공식을 고수하지 않았기 때문이다. 서킷시티의 핵심 차별화 역량은 고가 전자제품을 구입하는 중산층 소비자에게 상세한 조언 또는 제품 구매 카운셀링을 제공함으로써 고객과 매우 긴밀한 관계를 구축하는 것이었다. 그러나 서킷시티는 이러한 핵심 역량에 대한 집중력을 상실하고, 오히려 불필요한 비용을 발생시키는 그릇된 전략을 실행함으로써 고객 경험을 약화시키는 우를 범하고 말았다. 또한, 서킷시티는 그들의 핵심 역량을 보호하고 강화하기 위해 필수적인 조직 변화를 이뤄내지 못했다.

1949년 창업자 샘 워첼이 버지니아, 리치먼드에 위치한 타이어 가게에 텔레비전 가게를 열 당시 그는 확신을 가지고 있었다. 그는 미국 대중이 TV라는 매체에 열광할 것이라고 예측했다. 그는 할부 지급 방식을 도입하고 무료 대여 서비스를 제공함으로써 저소득층 가구도 TV를 쉽게 구입할 수 있는 길을 열어주었다.[1]

전후 1950년대 호황기를 맞아 워첼은 냉장고, 세탁기, 전기 난로에 대한 수요가 증가할 것으로 예측했고, 판매 가전제품 품목을 추가하여 수익을 톡톡히 올렸다. 그는 대형 할인점 트렌드도 알아챘고, 서킷시티는 대형 수퍼스토어를 오픈한 1세대 유통사가 되었다. 향후 몇십 년간 서킷시티는 계속해서 시장에 기민하게 대응하며 TV에서 가전제품, 그리고 PC에 이르기까지 취급 품목을 확대했다. 2000년 즈음, 서킷시티는 미국의 전자제품 시장에서 압도적인 우위를 점하고 있었다. 종업원은 6만 명, 매장은 700개에 달했으며 연간 매출은 120억 달러를 훌쩍 넘었다. 서킷시티는 포춘 500대 기업 중 200위권에 들어섰으며, 저명한 경영 전문가 짐 콜린스의 베스트셀러『좋은 기업을 넘어 위대한 기업으로(Good to Great)』에 수록되기까지 했다.[2]

이처럼 서킷시티가 성공할 수 있었던 이유는 가전제품에 대한 깊은 지식을 바탕으로 고객에게 카운셀링 서비스를 제공하는 세일즈맨의 역량이라고 할 수 있다. 스포츠 재킷 차림의 서킷시티 세일즈맨들은 복잡한 고가 홈 엔터테인먼트 시스템과 가전제품의 전문가들로서 회사에 대한 자부심과 충성심을 지니고 있었다. 이들은 서킷시티가 지닌 비즈니스 모델의 핵심으로서 고객을 교육하고 보상 프로그램에 참여했다. 그들은 각자 분야의 전문가로서 소비자들에게 기기의 세부적인 사항에 대해 교육하는 역할을 하면서 서킷시티의 '고객 경험의 제고'라는 가치제안이 가능하게 한 주인공들이었다.

그러나 20세기 말에 이르러, 서킷시티는 자사의 차별화 역량이 무엇인지 잊게 되었으며, 변화하는 고객 니즈에 맞추어 스스로 변화하려 하지도 않았다. 서킷시티는 시장과 산업 트렌드의 변화에 따라 취급 제품군과 매장 구성을 변경하지도 않았고, 베테랑 판매원들을 통한 강점을 활용하지도 못했다. 그뿐만 아니라, 고객의 접근성이 떨어지는 저렴한 외곽 지역으로 매장을 옮김으로써 우수한 고객 경험이라는 고유 가치를 잃게 되었다.[3]

그렇다면, 서킷시티는 어떤 전략을 취하는 것이 좋았을까? 이는 서킷시티의 매출이 하락하는 가운데 꾸준한 성장을 기록한 베스트 바이의 사례와 비교를 통해 확인할 수 있다.

서킷시티는 베스트 바이가 그랬던 것처럼 베테랑 판매 사원들을 통해 고객의 신뢰를 강화시킬 수 있었다. 또한 고객이 방문하기에 편리한 곳으로 매장을 옮길 수도 있었고, 홈씨어터 시스템, 액세서리, 주변 기기, 게이밍 소프트웨어 등 취급 제품을 추가하여 사람들의 발길을 끌 수도 있었다. 바쁜 고객을 배려하여 쇼핑 과정을 간소화할 수도 있었고, 회사가 특히 장점을 지니고 있던 서비스 영역에서 한발 앞서 인터넷을 활용할 수도 있었다. 사실상, 홈 엔터테인먼트 시스템 컨설팅, 설치와 같은 고급 자문 서비스는 베테랑 판매 인력을 지닌 서킷시티가 선점할 수 있는 기회였다.

베스트 바이와 아마존에 뒤쳐진 서킷시티는 2000년대 초반 재무적으로 이미 어려운 상태에 빠지게 되었으며, 이후에도 계속해서 잘못된 선택을 반복했다. 즉, 시장 변화에 주도적으로 대응하고 전략적 프로세스를 통해 핵심 역량에 자원을 쏟아붓는 대신, 서킷시티는 무턱대고 무분별한 행동을 지속했다.

2001년, 서킷시티는 심지어 공급자에게 미리 통지를 보내지도 않은 채 하루아침에 가전제품 분야에서 철수했다. 고객 친화적인 매장 리모델링 계획도 단숨에 폐기했다. 그중에서도, 2003년에 수천 명에 이르는 베테랑 판매 직원들을 일괄 해고하고, 그 빈자리를 아르바이트생으로 대체한 일은 가장 끔찍한 결정이었다고 할 수 있다. 이러한 서킷시티 결정은 구성원들의 사기를 바닥으로 떨어뜨리고, 또한 서킷시티에 대한 고객들의 악감정 역시 경영진의 예측과 달리 지속되며 악순환을 만들어내고 말았다.[4]

2008년 후반 경기 불황과 금융위기가 동시에 닥쳤을 때 서킷시티의 주가는 주당 10센트까지 곤두박질쳤다. (당시 베스트 바이의 주가는 주당 25달러 수준이었다.)[5] 주가의 90%가 순식간에 녹아 없어졌으며, 상장 폐지 위기에 처했다.[6] 거래처들은 밀린 재고와 부도 위험을 이유로 제품 공급을 거부했으며, 경영진은 계속해서 고연봉을 받는 가운데 그칠 줄 모르는 정리 해고에 기력을 잃은 직원들은 매출 상승을 위해 노력하기에는 너무나 지쳐 있었다. 남아 있는 현금도 없었다. 2003년부터 2007년까지 주가 부양을 위해 10억 달러 규모의 대규모 자사주 매입을 진행한 끝에, 필요한 준비금조차 남아 있지 않았던 것이다.[7]

이처럼 잘못된 결정의 도미노 현상 끝에 서킷시티는 금융위기가 불러온 불황에서 살아남기에는 극히 부적합한 상태에 이르렀다. 서킷시티는 2008년 11월 10일 파산을 신고했으며, 채권자들은 한 달도 되지 않아 기업 청산 절차를 밟기로 결정했다. 마지막 서킷시티 매장은 2009년 3월 8일에 문을 닫았다.[8]

모든 상황이 종료된 후에 이러쿵저러쿵 말하기는 쉽다. 하지만 성장이 멈추고 성과가 하락하는 상황을 맞닥뜨린 기업이 위기를 탈출할 방법을 찾는 것은 결코 쉬운 일이 아니다. 이론상으로, 지속성장을 위한 체질을 갖춘 기업이 되기는 어렵지 않다. 그러나 실제로, 많은 회사들에게 이는 불가능에 가깝다.

그러나 이 모든 어려움을 딛고 고유한 차별화 역량에 맞추어 비용 구조와 조직을 철저하게 조정한 기업의 경우, 그 성과는 거대하며 지속적이다.

이케아: 예술의 경지에 이른 비용 최적화

이케아 역시 대형 유통 기업이다. 제2차 세계대전 시대에 이케아를 설립한 창립자는 중산층 소비자가 꿈꾸는 삶의 모습에 대한 명확한 비전을 가지고 있었다. 서킷시티와 같은 맥락에서 출발했지만 완전히 다른 결과로 이어진 사례라고 볼 수 있다.

인테리어 전문 대형 매장을 운영하는 스웨덴 기업 이케아는 자신의 핵심 역량에 집중하고 비용과 조직을 그에 맞추는 것은 그 기업뿐만 아니라 소비자에게도 이득이 된다는 사실을 명백하게 보여주는 좋은 사례이다. 2016년 기준, 이케아 그룹은 프랜차이즈를 포함하여 전 세계 48개국에 386개 매장을 지니고 있다. 이케아는 단순하고 우아한 제품 디자인, 거대하지만 고객 친화적인 매장, 불가능해 보일 정도로 저렴한 가격(매년 1.5~2% 정도 가격을 인하하는 내부 규정)으로 전 세계적인 유명세를 떨치고 있다.

이 정도로 상징적인 위치를 점한 브랜드는 몇 개 없으며, 이케아만큼 강력한 고객 충성도를 지속적으로 유지하고 있는 브랜드는 더더욱 흔치 않다. 특히 고객이 직접 가구를 조립해야 하는 수고로움을 감수한다는 점을 감안할 때, 이는 더욱 놀라운 일이다. 이러한 일이 가능한 것은 이케아의 고객들은 이케아가 고객 가치와 제품 가격을 그 무엇보다 우선시한다는 사실을 믿으며, 고객 스스로 수고함으로써 절감한 수익을 고객들에게 되돌려준다는 사실을 믿고 있기 때문이다.[9]

이케아는 지속성장을 위한 체질 확보 공식을 실천한다. 즉, 핵심 전략과 차별화 역량에 철저하게 집중한다. 이케아는 차별화 역량을 강화하기 위해 비용 구조를 조정하고 내실 성장을 위해 조직을 정비했다.

창업자인 잉그바르 캄프라드가 내세운 최초 비전인 "많은 사람들을 위해 더 좋은 생활을 만든다(to create a better everyday life for the many people)"는 표어는 전 세계의 모든 이케아 직원에게는 등대와 같은 비전으로서, 큰 결정이든, 작은 결정이든 상관없이 모든 결정의 지침이 된다. 이케아의 전직 이사인 이안 월링은 이케아의 비전은 가능한 한 많은 사람들이 이케아 제품을 살 수 있을 만큼 낮은 가격에 제품을 제공하는 것이며, 이러한 비전이 모든 경영 활동에 영향을 미친다고 설명했다.[10]

이케아의 직원들은 품질, 매장 내 고객 경험, 운영 효율성의 3가지 요소를 제외하고 모든 부분에서 비용 절감의 기회를 찾기 위해 끈질기게 노력한다. 이 3가지 요소들은 바로 이케아의 핵심 역량으로서, 이케아는 이 핵심 역량을 목숨 걸고 지킨다. 실제로 이케아의 리더들은 다른 부문에서 절감한 비용을 3가지 핵심 역량에 재투자한다.

예를 들면, 이케아의 경영진은 매장에서의 고객 경험 개선을 목적으로 다양한 지역에 거주하는 고객의 주거 방식을 이해하기 위해 크나큰 노력을 기울인다. 고객이 어떠한 종류의 문제를 겪는지 확인하고 그러한 문제를 해결할 수 있는 가구를 디자인하기 위하여 경영진들이 고객의 자택을 방문하는 것은 물론, 심지어는 지원자의 자택에 카메라를 설치하기도 한다. 잉그바르 캄프라드는 매장을 휘젓고 다니며 고객들에게 "어떤 점을 개선하면 좋을까요?"라는 질문을 던지는 것으로 유명하다.[11]

이케아는 고객 참여, 공급망의 효율성, 가격 책정이라는 3가지 요소를 디자인 프로세스에 통합하여, 저렴하고 멋진 제품을 디자인하면서도 이윤을 확대하는 데 성공했다. 디자이너들은 신규 제품 디자인만 하는 것이 아니라, 포장 방식을 개선하여 재료를 절약하고자 최선을 다한다. 일반적으로 제품 디자인 과정에서 전략 부문과 실행 부문이 함께 논의되는 일은 흔치 않다. 대부분의 기업에서 디자이너들은 원가에 대한 책임을 지지 않는다. 디자이너들이 디자인을 마치면, 별도의 재무나 공급 부서가 원가를 책정하고 또 다른 마케팅 부서가 판매 가격을 결정한다. 일반적인 기업의 이러한 프로세스는 상호 이해관계가 다른 부서 간의 갈등 상황으로 이어지고, 이로 인하여 그 누구도 고객의 가치나 기업의 수익성에 대해 직접적으로 책임지지 않는 결과를 야기하게 마련이다.

그러나 이케아에서는 제품 개발 단계부터 디자인, 원가, 가격을 동시에 고려한다. 이케아 모든 구성원의 목표가 동일하기 때문에, 부서 간의 이해 상충이 발생하는 일은 거의 없다.

이케아는 핵심 차별화 역량에 확실하게 집중하고, 차별화 역량을 개선하기 위해 비용 구조를 조정하며, 이를 뒷받침할 수 있는 조직을 구축함으로써 내실 성장을 이룰 수 있었다. 이케아의 조직과 문화는 핵심 역량을 수행하는 데 있어 매우 중요한 요소이다. 월링에 따르면, 이케아는 새로이 채용된 직원으로 하여금 이케아가 어떤 기업이고, 이케아가 추구하는 것이 무엇인지를 확실히 이해시키기 위해 많은 노력을 기울인다. 이케아의 직원들은 진심으로 이케아에서 일하고 싶어 하며, 비용 절감과 겸손이라는 이케아의 핵심 가치를 다 같이 공유한다. 캄프라드 역시 이런 점을 보다 직설적으로 언급한 바 있다. 그는 이케아의 직원들은 자원 낭비를 죄악과 같이 취급하며, 대부분의 경우 모든 문제에 대한 해결책은 결국 평범하다고 밝혔다.[12]

어떤 직원이 기업 가치에 반하는 행동을 한다면 모든 직급의 직원들이 이를 인식한다. 예를 들어 한 직원이 자원을 낭비하거나 또는 아이디어를 제안한 하급자를 질책하는 것이 눈에 띌 경우, 그는 상관뿐 아니라 주위의 모든 사람으로부터 주의를 받게 된다. 이케아의 직원들은 타인의 행동에 지속적으로 관심을 기울이는 것이 전체 시스템을 유지하는 데 중요하다는 사실을 잘 알고 있다.

자원을 배분하는 데 있어서 핵심 역량에 집요할 정도로 집중하는 이케아의 이러한 모습은 서킷시티와 이케아와의 극명한 차이를 잘 설명해준다. 2008년 세계 금융위기로 이케아와 서킷시티의 핵심 시장이 크게 타격을 입어 두 회사 모두가 큰 폭의 비용 절감 필요성에 직면했을 때, 두 회사가 이에 대응한 방식의 차이는 이보다 더 극명할 수 없다.

서킷시티는 핵심 사업 부문에서 철수하고 정리 해고를 통해 직원의 사기가 곤두박질치는 것을 내버려 둔 반면, 이케아는 기업 활동의 지침이 되는 비전으로 돌아가, 이미 우수하던 원가 지표를 더욱 상세하게 세분화했다. 월링은 당시에 대해 이렇게 언급했다. "우리는 비용 절감에 초점을 두지 않았습니다. 그건 유통업계에서 가장 쉬운 일이기 때문이죠. 쉬운 길을 선택한다면, 사람을 해고하고, CAPEX(Capital expenditures) 투자를 줄이고, 각종 비용을 줄일 수 있습니다. 그러나 이는 기업의 역량을 약화시키는 결과로 이어집니다."[13]

일반적으로 선택하는 쉬운 길 대신 이케아의 경영진은 이케아의 핵심 차별화 역량에 지속적으로 투자했다. 독특한 구조, 도우미가 상주하는 어린이 놀이방, 편리한 셀프 서비스 식당 등을 도입하여 고객이 집에 있는 것처럼 편안하게 느낄 수 있도록 매장을 맞춤 설계한 것이다. 이케아는 신규 매장을 오픈하는 것은 물론이고 기존 매장을 확장하기까지 했다.

월링은 당시를 회상하며 "경쟁사와의 차이를 만들기 위해, 우리는 4가지 활동을 매우 잘해야 합니다. 4가지 활동이란 운영 비용을 낮추고, 규모를 키우고, 더 나은 공급망을 개발하고, 직원의 자율성을 강화하는 일을 말하죠. 우리는 이 힘든 기간 동안 매출 증가뿐 아니라 비용을 줄이고 발생한 수익을 전액 가격 하락으로 돌리기 위해 활용할 수 있는 방법을 계속해서 찾았습니다"라고 말했다.

이러한 목표에 주력한 끝에, 이케아는 고객이 발견하지 못한 추가적인 비용 절감 기회를 찾아냈다. 제품 디자이너들은 엔지니어, 공급자와의 협력 관계를 보다 강화하여 효율성을 확대할 수 있는 기회를 찾아냈고, 포장 비용을 줄이기 위해 더욱 집중했다. 월링은 이에 대해 이렇게 말했다. "포장을 2~3밀리미터 축소하는 것도 큰 변화로 이어질 수 있습니다. 컨테이너에 더 많은 제품을 실을 수 있게 될지도 모르니까요. 우리는 공기를 배달하는 것을 싫어하죠. 우리는 항상 자문합니다. 고객들이 그 항목에 돈을 지불하고 싶어 할까 하고요. 그 답이 '아니오'일 경우, 우리는 비용을 제거할 방법을 찾습니다. 그게 도저히 어려울 경우에는 적어도 그것을 줄일 방법을 찾기 위해 노력합니다."

이케아가 지속성장을 위한 체질 확보의 상징적 기업으로 꼽히는 이유는 바로 이 때문이다. 이케아는 명확한 기업 가치를 중심으로 신중한 의사결정을 내린다. 이는 이케아 그룹이 일견 불가능해 보이는 성취를 이뤄낸 원동력이기도 하다. 이케아는 2001년 이후 연간 10%대로 성장해왔으며, 2015년에는 300억 유로의 수익을 달성했고, 지속적으로 가격을 인하해왔을 뿐 아니라 지난 수년간의 경기 불황에도 불구하고 안정적인 수익을 기록해왔다.

지속성장을 위한 체질을 갖춘 기업은 조직을 가볍게 유지하고, 매일같이 비용과 원가를 줄이기 위해 고심하며 비용 관리 과정에서 효율성과 효과성 모두를 고려한다. 지속성장을 위한 체질을 갖춘 기업은 모든 투자 의사결정 시 장기적인 가치를 추구한다. 즉, 조직을 지속함에 있어 규모의 경제 효과를 최대한 활용하고, 끊임없이 비용 절감 방법을 찾는다. PwC의 경험에 의하면 지속성장을 위한 체질을 갖춘 기업은 비용 합리화 과정을 "특별한" 이벤트로 생각하기보다는 하나의 지속적인 프로세스로 여긴다. 결과적으로, 지속성장을 위한 체질을 갖춘 기업에서 비용 합리화는 일상적인 경영 활동 과정의 일부분으로 자리매김하게 된다.

이케아는 비용 절감에 대해 적극적이며 지속적인 입장을 취함으로써, 시장 위기 상황에서도 경쟁력 있는 시장 지위를 이어갈 수 있었다. 그 결과 이케아는 서킷시티의 경영진을 휩쓸어버린 공포와 위기감에서 벗어나, 최근 몇 년간 수많은 기업들이 맞닥뜨린 비극적인 운명을 피할 수 있었다.

지속성장을 위한 체질 확보 원칙을 고수하기 위해서 기업은 힘든 결정을 내려야 한다. 경영진들은 회사의 차별화 역량에 도움이 되지 않는 사업 부문이나 제품 라인을 철수한다는 결정을 내려야 할 수도 있다. 핵심 차별화 역량 강화에 직접적인 도움이 되지 않는 대부분의 지원 기능을 아웃소싱한다는 결정을 내려야 할 수도 있다. 다른 분야의 성과를 확대하기 위하여 한 분야의 손실을 감수하고 보상과 인센티브 체계를 재조정해야 할 수도 있다. 이러한 결정은 많은 구성원들에게 실질적인 결과로 다가올 수 있기 때문에 쉽게 결정을 내릴 수 있는 경영진은 없을 것이다.

그러나, 이러한 전략적 명확성과 일관성을 통해 조직이 얻을 수 있는 목적의식과 에너지는 너무나도 중요한 역할을 한다. 매년 최고 수준의 수익을 달성하는 기업들은 바로 그러한 과정을 견뎌낸 기업들이다.

지속성장을 위한 체질 인덱스

우리는 지속성장을 위한 체질을 갖춘 기업이 높은 수준의 성과를 달성한다는 사실을 입증하기 위해 '지속성장을 위한[14] 체질 인덱스'를 개발했다.

지속성장을 위한 체질 인덱스란 기업이 지속성장을 위한 체질 프레임워크의 3가지 요소를 얼마나 잘 지키고 있는지를 측정하는 계량적 지표로서, 기업의 차별화 역량 강화 여부, 비용 구조와 핵심 전략의 적합도, 성장을 위한 조직 구조 구성 여부를 평가한다.[15] 3가지의 지속성장을 위한 체질 요소가 시장에서 실제적인 가치를 창출한다는 것을 확인했고 개별 요소가 기업 성과에 전체적으로 그리고 개별적으로 얼마나 중요한지를 확인하기 위해 다양한 산업 내 200여 개 기업의 인덱스 점수와 재무 성과 지표의 상관관계를 검토했다. 여기에서의 재무 성과 지표는 산업 고유의 인수로 조정한 총 주주 수익(TSR: Total Shareholders Return)을 기준으로 했다.[16]

그림 1.1에 나타나듯이, 기업의 지속성장을 위한 체질의 적합도와 재무 성과 사이에는 명백한 상관관계가 존재한다. 높은 인덱스 점수를 기록한 기업 중 3/4(73%) 정도가 상, 또는 중상 수준의 재무 성과를 기록했으며 반대로 낮은 인덱스 점수를 기록한 기업들은 낮은 수준의 성과를 기록한 것으로 나타났다(그림 1.2).

이와 같이 지속성장을 위한 체질 인덱스와 주주 수익 사이의 관계를 확인한 다음, 인덱스 프레임워크 내에서 기업의 높은 성과에 기인한 요인을 파악했다("지속성장을 위한 체질 인덱스 계산" 참조). 이러한 분석 결과 전략의 일관성, 뛰어난 역량의 보유, 체계적인 투자, 전략에 따른 계획 수립, 신속성 및 결단력 그리고 강력한 리더십과 같이 인덱스의 3가지 특성을 전반적으로 아우르는 6개 요인을 발견할 수 있었다.

| 그림 1.1 | 지속성장을 위한 체질을 갖춘 기업은 더 많은 수익을 낸다

이 다이어그램은 197개 샘플 회사의 성과(y축, 정규화된 2년치 총 주주수익률)와
지속성장을 위한 체질 적합도(x축, 지속성장을 위한 체질 인덱스 점수)를 상대적인 위치로 나타낸 것이다.

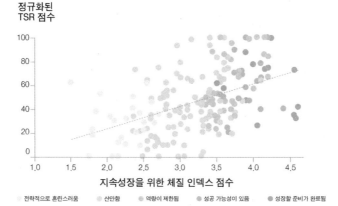

자료: PwC Strategy&

| 그림 1.2 | 지속성장을 위한 체질 인덱스 점수별 정규화된 TSR 점수 분포

높은 인덱스 점수를 기록한 회사들(우측)의 TSR 점수가 높다.
네모 기둥의 너비는 해당 인덱스 점수 카테고리에 속하는 기업의 수를 반영한다.

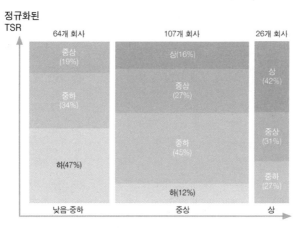

자료: PwC Strategy&

chapter 1 / 성장을 위해 기업도 체질 개선이 필요한가?

이 연구를 통해 주목할 만한 사실을 발견할 수 있었다.

높은 성과를 창출하는 기업은 기업의 성장을 위해 비용 관리에 심혈을 기울인다. 해당 기업은 핵심적 전략 목표 달성에 필수적인 역량이 무엇인지 확실하게 이해하고 차별화 역량에 가용 자원을 최대한 집중한다.

탁월한 성과 달성을 위해서는 위에서 언급한 3가지 요소 모두를 활용해야 한다. 차별화 역량, 비용 구조, 조직 구조 모두가 기업의 목표와 부합되는 경우 최고 수준의 지속성장을 위한 체질 인덱스 점수와 재무 성과를 달성한다. 다만, 3가지 요소 중 하나만 뛰어난 기업은 이 같은 결과를 기대할 수 없다. 예를 들어, 기업이 파악한 차별화 역량에 맞춰 비용 구조를 조정하더라도 이러한 새로운 체제를 뒷받침하는 조직 구조를 갖추지 못한다면 비용 구조 조정 이전 수준으로 회귀하게 된다. 대부분의 기업이 핵심 역량은 파악하지만 실제로 기업의 영업 활동에 활용되고 있는 자원을 핵심 역량에 집중시키기 위한 의지 및 제도를 갖추지 못해 혁신에 실패하게 된다.

지속성장을 위한 체질을 갖춘 기업은 극소수이다. 지속성장을 위한 체질 확보 방법이 일정 부분 정형화되어 있고 성공에 대한 기대 효과가 명확함에도 불구하고, 5개 기업 중 1개 기업만이 이를 성공적으로 달성하기 위한 준비가 되어 있는 것으로 나타났다. 3개 요소 모두를 실행에 옮기는 데 성공한 기업은 6%에 불과했다.

지속성장을 위한 체질 인덱스 계산

이 지표는 기업의 전략적 명확성, 조직의 자원과 비용 구조의 연계, 그리고 협력적 조직 체계의 3가지 관점에서 기업을 평가한다. 각각의 회사는 위에서 언급한 3가지 부문에 대한 "적합성"에 기반을 두고 1~5점까지 종합점수를 부여받았다(5점=적합성이 가장 뛰어남). 3가지 부문에 대해서 다음과 같이 가중치를 부여하여 종합점수를 산출한다. 전략적 명확성과 일관성에 50%, 자원 연계에 30% 그리고 협력적 조직 체계에

20%의 가중치를 부여한다. 자원 연계와 기업의 협력적 조직 체계 부문은 기업의 실행 역량을 구성한다. 따라서, 회사가 부여받은 점수는 전략과 실행 적합성 부분에서 동등한 비중으로 도출된다. 이러한 가중치는 전략과 실행 적합성이 성과를 결정하는 데 있어서 동등하게 중요한 요소라는 PwC의 믿음을 반영한다.

3가지 부문은 각각의 하위 요소로 구성되어 있으며, 이들 하위 요소에 대한 가중치는 다음과 같다:

- 차별화된 핵심 역량에 집중: 전략적 일관성(15%), 주요 역량(10%), 확실하며/일관성 있는 제품 포트폴리오(10%) 그리고 시장 지배력 존재여부(15%)
- 비용 구조와 전략의 연계: 차별화 역량에 대한 체계적 투자(10%), 심도 있는 원가절감(15%) 그리고 전략과 연계된 개선 계획(5%)
- 성장에 적합한 조직 구성: 속도 및 결단력(10%), 강력한 리더십(5%), 협력적 기업 문화(5%)

PwC의 설문 조사는 17개 산업, 197개 회사에 걸쳐 시행되었다. PwC는 표본의 신뢰도를 높이기 위해서 2년 동안 기업의 주주 수익을 바탕으로, 각 산업의 고성과, 중성과, 저성과 기업을 선정했다. 또한, 회사에 대한 정보를 보충하기 위해, PwC는 리서치 회사의 데이터베이스, 애널리스트 보고서, 회사 실적 발표 자료 그리고 회사에서 발간하는 정기 간행물을 참고했다.

지속성장을 위한 체질을 갖춘 기업이 높은 성과를 내는 이유는 전략이 명확하고, 경쟁사와 차별화되며, 시장과 환경 변화에 대응할 수 있는 탄력성도 지니고 있기 때문이다. 지속성장을 위한 체질을 갖춘 기업은 고도화된 핵심 역량을 바탕으로 시장을 선도하고 모든 자원을 체계적으로 관리하여 최고 수준의 전략적·재무적 수익을 달성한다. 그들의 조직은 효율적인 의사결정을 내릴 수 있는 구조를 갖추고 있으며, 우수 인재는 핵심 역량을 뒷받침할 수 있도록 적재적소에 배치되어 있을 뿐 아니라 조직 내부에서 발생하는 비용에 대한 철저한 관리 문화가 정착되어 있다.

그러나 많은 기업이 지속성장을 위한 체질의 3가지 조건을 모두 충족하지 못하는 것이 사실이다. 다음 2개의 장에서는 지속성장을 위한 체질 확보의 단계를 차별화 역량에의 집중, 비용 구조의 조정, 성장을 위한 조직 구성이라는 3가지의 기본적인 단계로 나누어 각 분야에서 지속성장을 위한 체질 확보 방법을 논할 것이다. PART 2에서는 기업이 보다 전략적으로 비용을 절감하고 역량을 강화하기 위해 활용할 수 있는 '관리 지침'에 대하여 논의한다. 여기에는 프로세스 자동화에서 제로베이싱에 이르기까지 모든 것을 아우르는 9개의 레버가 제시된다. PART 3에서는 구체적인 비용 관리 방안을 살펴보고, 우선순위에 따라 조직과 문화를 조정하는 혁신을 통해 지속적으로 이익을 창출할 수 있는 방법을 논의한다.

　우리는 이케아와 같은 기업의 성공 비결과 직원들의 비용 구조 혁신 프로세스 참여 방식도 살펴볼 것이다. 비용 절감의 개념을 어렵게 생각할 필요가 없다. 능숙하고 신중하게 접근할 경우 비용 절감 활동은 건설적이고 희망적인 활동이 될 수 있다. 또한, 원가절감을 통해 기업 경쟁력을 강화할 수 있으며 수익성 확대를 통해 성장의 발판을 마련할 수 있다.

2 /

지속성장을 위한 체질을 갖춘 기업으로 향하는 길
리스트럭처링과 리뉴얼을 향한 여정

경쟁이 심화되고 시장 상황이 악화되는 등 기업이 받는 압박이 증가함에 따라, 많은 기업들이 수익성 강화와 사업 확장을 위한 방법을 찾기 위해 고심하고 있다. 이러한 기업들은 유기적(Organic)·비유기적(In-Organic) 성장 옵션의 테두리 안에서 혁신적 서비스 또는 제품 개발, 신규 시장 진출, 더 나은 가치제안(Value Proposition) 개발 등의 돌파구를 모색하고 있다.

하지만 이러한 성장 기회를 창출하기가 점점 더 어려워지는 가운데, 기업들은 각 기업에 최적화된 성장전략을 모색할 필요성을 절감하고 있다. 기업들은 엄격한 절차를 통해 3~6개에 이르는 차별화된 강점을 포착하고 이를 회사의 "핵심 역량"으로 구축함으로써 해당 기업이 선택한 분야에서 보다 더 효과적으로 경쟁사와 경쟁할 수 있다. 그러나 이를 실현하기 위해서는 핵심 역량을 중심으로 기업의 전략을 수립하고, 그에 맞춰 비용 구조와 조직 구조를 조정해야 한다.

위에서 언급한 일련의 전략적 활동들을 수행하기 위해서는 신중한 선택들이 수반되어야 한다. 어떤 시장에 참여할지, 어떤 제품과 서비스를 유지할 것인지, 어떤 고객을 목표로 할지, 그리고 어떤 역량에 투자하고 어떤 역량을 간소화할 것인지 등 중요한 결정을 내려야 한다. 이러한 인고의 의사결정 과정을 통해 기업의 핵심 역량, 즉 기업이 경쟁적인 시장에서 승리하기위해 경쟁사보다 더 잘할 수 있으며, 잘해야만 하는 필수 역량이 무엇인지알아내고 핵심 역량을 중심으로 자원을 집중하기 이전에는 그 어떤 기업도성장을 위한 최적의 모습을 갖출 수 없다.

당신 기업의 지속성장 체질 확보 수준을 진단하기 위한 질문은 매우 단순하다.

1. 성장 전략의 핵심이 될 차별화 역량을 확보했는가?
2. 비용으로 대변되는 기업의 자원은 차별화된 역량을 중심으로 배분되고 있는가?
3. 조직 구성은 차별화 역량을 확보하고 강화하기에 적절한가?

차별화 역량을 바탕으로 구축된 명확한 전략과, 전략과 연계된 비용 구조, 그리고 조직은 지속성장을 위한 체질 확보의 3가지 핵심 요소이다. 이 3가지요소는 이 책에서 반복하여 언급될 것이다. 이 3가지 요소들이 조화롭게 충족되면 기업은 승리하고, 그렇지 못할 경우에 기업은 무너지게 될 것이다.

우리가 직면한 현실

다양한 산업 및 지역의 최고 경영자들은 세계 경제의 전반적인 디플레이션으로 인해 매력적인 시장이나 투자 기회를 찾기가 갈수록 어려워진다고 호소하고 있다. 신흥시장들은 여전히 매력적이지만, 아직까지 여러 난관이 기다리고 있을 것이며, 일정 규모로 성장하기까지는 인내를 요한다. 이러한 환경에 있는 기업들은 주가를 부양하기 위해 자사주 매입을 실시하며, 주주들에게 단기적인 고수익률을 제공한다.

이와 동시에 많은 기업들은 다양한 혼란을 겪고 있다. 아날로그에서 디지털로의 미디어 환경 변화, 오바마 케어로 인한 의료 산업 전반의 변화, 감독 당국의 강화된 규제로 인한 글로벌 금융 기업들의 재무 구조 개선 등이 혼란을 야기시키는 대표적인 요인들이다.

이러한 경제적 제약과 불연속적 변화가 만연한 환경에서, 기업 전체에 균일한 비용 절감을 요구하거나, 비용 절감에 초점을 맞춤으로써 높은 가치를 주는 시장을 배제하는 전통적 비용 절감 방식만으로는 적합하지 않다. 게다가 전통적 비용 절감 접근법은 자원 조달 재조정이나, 운전자본 관리, 그리고 인력 감축에 과도하게 집중되어 있다. 사실상 어떤 비용이 "좋은" 비용으로서 기업의 향후 성장에 중요한 영향을 미치는지, 그리고 어떤 비용이 "나쁜" 비용으로서 기업의 핵심 역량으로부터 자원을 유용하는지는 고려하지 않는다.

기업이 위의 3가지 요소 중 일부를 상실한 경우에 어떻게 대응해야 하는가?

먼저, 많은 기업이 위기에 직면한 상황에서 수십 년간 반복해온 일을 답습해서는 안 된다. 비대하고 비효율적인 비용 구조의 '상시적 개선'에 대해 신경 쓰지 않고 있다가 경영의 위기 상황에 맞닥뜨리는 순간, 위기를 타개하기 위해 급하게 비용 절감 활동을 추진하고 이 과정에서 자칫 불필요한 비용뿐만 아니라 '생산적 비용'까지 삭감하는 우를 범하고 마는 사례를 우리는 어렵지 않게 찾아볼 수 있다. 기업 전반에 걸친 예산 삭감, 명예퇴직, 그리고 해고를 반복하는 것은 일반적으로 행해지는 구조조정이지만, 이런 행태를 반복해서는 안 된다. 사람이 건강해지기 위해서는 식단 조절뿐 아니라 적절한 운동도 필요하다. 이는 기업에게도 마찬가지로, 기업은 엄격한 식단 조절만으로는 건강해질 수 없다. 기업에게 있어 운동이란 핵심 역량이 무엇인지 파악하고, 역량을 집중할 곳이 어디인지 결정하는 과정을 의미한다. 장기간에

| 그림 2.1 | 지속성장을 위한 체질 확보 프레임워크

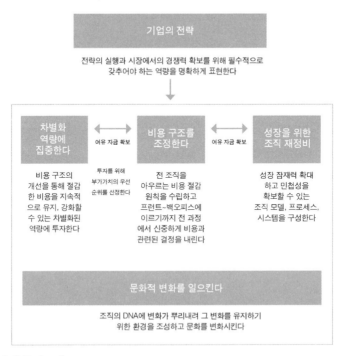

자료: PwC Strategy&

걸쳐 기업의 '건강한 체질'을 유지하기 위해 이는 필수적인 과정이다.

성공적인 지속성장을 위한 체질 요소는 기업 전체를 아우른 전략과 문화에 스며들어 아래와 같은 3개의 요소를 뒷받침한다(그림 2.1):

1. 차별화 역량에 집중
2. 비용 구조 개선
3. 성장에 적합한 구조로의 조직 변화

차별화 역량에 집중

진정한 비용 경쟁력을 갖기 위해서는 "비용"이라는 개념을 보다 전략적인 시각으로 바라보아야 한다. 비용은 자원을 어디에 투자할 것인지에 대한 기업 의사결정의 결과이다. 따라서 비용을 바라보는 올바른 시각은, 기업의 전략적 우선순위에 따라서 비용을 적절하게 배분하고 있는가의 관점에서 바라보아야 할 것이다. 전략적 우선순위란 기업을 차별화하고, 기업의 성공에 기여할 수 있는 핵심 역량에 따른 우선순위를 의미한다. 기업은 이러한 전략적 우선순위, 즉 핵심 역량에 자원을 과감하게 투입해야 한다. 반면, 기업 활동을 지속하기 위해 필요하기는 하지만 기업의 차별화에는 도움이 되지 않는 각종 비용은 철저한 검토를 통해 삭감되어야 한다. 이와 같이 핵심 역량을 기반으로 명확한 경영 활동 우선순위 수립을 통해 기업들은 유한한 자원을 현명하게 활용할 수 있다.

결과적으로 이러한 관점을 유지하는 기업들은 경영 상황에 맞춰 탄력적으로 비용 절감 활동을 수행할 수 있게 되며, 이는 비용 절감 활동을 보다 신속하고 효과적으로 실행하여 경영 리스크를 축소하고, 잠재적 비용 증가를 억제시켜 성장에 최적화된 모습으로 경쟁력을 강화할 수 있다. 위에서 소개된 비용 절감 방안을 실행에 옮기기 위해서는 새로운 사고방식을 바탕으로 역량을 바라보아야 한다. 즉, 역량을 특정 요소 기술이나 기능적 역량으로 보기보다는 프로세스, 툴, 지식, 기술의 통합적 관점에서 바라보아야 기업의 성과 향상에 도움이 될 수 있는 실질적인 역량으로서 작용할 수 있게 된다.

기업의 핵심 역량을 지속적으로 개발하고 육성하기 위한 비용은 기업의 비용 중 상당 부분을 차지해야 한다. 핵심 역량은 회사 기능의 일부에 국한되어 있을 수 있으나, 제대로 된 관점에서 도출한 핵심 역량은 대부분의 경우 전사의 다양한 기능에 걸쳐 연계되어 있다. 월마트의 "고도로 집중된" 공급망 관리, 사우스웨스트 항공의 고도로 활성화된 고객 서비스와 자산 활용, P&G의 개방형 혁신 모델 등을 그 예로 들 수 있다. 이와 같이 시장을 선도하는 기업들은 기업의 차별화를 위한 핵심 역량과 연계성이 낮은 영역에 투입되는 비용을 최소화하고 반대로 핵심 역량 중심의 투자를 강화해왔다.

기업이 지속가능한 성과를 창출하기 위해서는 단 하나의 역량만으로는 부족하다. 기업의 성공은 차별화되고, 영향력이 크며, 유기적으로 상호작용할 수 있는 3~6개의 역량이 충분히 내재화되고 제도화되었을 때 얻을 수 있는 결과이다. 이는 경쟁사가 따라 하기도 불가능한 유기적 핵심 역량의 집합체이며 우리는 이를 역량 시스템이라고 부른다.

예를 들면, 애플은 표면적으로 드러나는 세계 최고 수준의 디자인을 넘어서는 역량 시스템을 갖추고 있다. 애플에 내재된 핵심 역량이라 함은 급성장하는 소비자 니즈를 파악, 그에 부응하기 위한 기술 확보(애플 고유의 기술이 아니라 하더라도 상관없다), 직관적이고 우아한 인터페이스를 설계, 간결하고 멋진 방식으로 제품을 포장하고 광고하면서도 제품을 경쟁력 있는 가격대로 제공하는 총체적인 능력으로 정의할 수 있다.

어떠한 산업에서든 지속가능한 경쟁력을 갖추기 위한 첫 번째 단계는 기업의 시스템상에서 차별화 역량을 찾아내는 것이다. 이는 경영진들의 강력한 추진 의지와 더불어 내부적 합의가 필요한 전략적인 과정으로, 자세한 사항은 chapter 4에서 심도 있게 다룰 것이다.

비용 구조 개선

경영자들이 기업의 핵심 역량을 확인한 후에는 체계적 계획을 바탕으로 군더더기 없는 비용 구조를 구축하는 작업이 뒤따라야 한다. 이를 위해서는 성장을 위한 핵심적 차별화 역량을 중심으로 비용 구조를 구축하는 것이 필요하다.

지속성장을 위한 체질을 갖춘 기업은 비용을 철저하면서도 신중하게 관리한다. 이들 기업은 모든 비용을 부정적으로 인식하는 것이 아니라, 기업의 핵심 역량을 강화하는 데 지출되는 비용의 긍정적인 측면을 잘 이해하고 다른 모든 비용을 엄격하게 관리하더라도 핵심 역량 강화를 위한 비용은 늘리기도 한다. 이처럼 철저한 비용 관리를 통해 지속성장을 위한 체질을 갖춘 기업은 수익을 확대하면서 여유 자금을 확보하고, 차별화 역량에 투자를 강화한다.

우리가 고객사와 함께 지속성장을 위한 체질 확보 프로젝트를 수행하는 경우에는 고객이 지출하는 비용을 보다 깊이 이해하기 위하여 아래의 3가지 질문을 던진다.

1. What: 기업이 수행하는 활동은 무엇인가? 우선 기업이 수행하는 모든 활동을 분석하는 것으로 시작한다. 차별화 역량 강화에 도움이 되는 활동, 프로세스, 인적 자원 등 핵심적인 부문을 식별하여 필요한 자원을 충분히 공급하고, 그 모든 것이 성과로 이어지도록 한다. 우선순위가 낮은 역량이나 사업부를 과감하게 축소하거나 완전히 제거하고, 그와 관련된 비용을 최소화한다.

2. Where: 어떠한 영역, 지역에서 경영 활동을 수행하는가? 기업의 인력이

어디에 위치하는지, 실제 경영 활동이 어디에서 일어나는지 검토하고 그 결과를 바탕으로 부문 통합을 통한 규모의 경제나 범위의 경제 실현 가능 여부, 통합 시 확보 가능한 이익을 추정한다. 업무와 인력 배치를 재조정하고, 셰어드 서비스, 아웃소싱 또는 오프쇼어링도 고려한다.

3. How: 어떻게 (그리고, 얼마나 높은) 성과를 창출하는가? 비능률적인 경영 요소를 간소화한다. 경영 프로세스를 검토하고 자원이 낭비되는 부분을 포착해 제거한다. 자동화를 도입하고 비효율적인 프로세스를 개선한다. 전략적 구매를 통해 직간접 원료비를 절감한다. 조직을 가능한 한 수평화하고, 경영진의 직접적인 관리 범위를 최적화하고, 실제로 수행하는 업무의 난이도 등의 특성을 반영해 보수 체계를 재조정한다.

이러한 활동을 통해 기업은 차별화 역량에 투자되는 비용과 그렇지 못한 비용을 즉각적으로 파악할 수 있게 된다. 우리는 차별화 역량과 연관성이 낮은 비용을 '기초 비용' 또는 '필수 비용'으로 분류한다. 이러한 비용은 기업이 시장에서 경쟁을 계속해나가기 위해서, 또는 기업의 기본적 기능을 유지하기 위해서 지불해야 하는 비용일 뿐 그 이상도 그 이하도 아니다. 이러한 비용 중 일부는 완전히 제거할 수도 있다. 그림 2.2는 자원 조정을 통해 비용을 재분배한 소비재 기업의 사례이다.

기업의 비용 절감은 매우 신중하게 진행되어야 한다. 기업이 원하는 것은 경영 운영 방식을 수정하고, 경영 프로세스를 재설계하고, 업무 처리 방식을 재정립하여 불필요한 비용을 제거하는 것이다. 따라서, 기업에 도움이 되는 근육과 같은 역할을 하는 비용을 삭감하지 않도록 주의를 기울여야 한다.

이러한 과정을 통해 기업은 비용 구조를 체계적이고 객관적으로 평가함으로써 비용 절감 효과를 얻을 수 있으며, 이는 단순한 수익성 개선뿐 아니

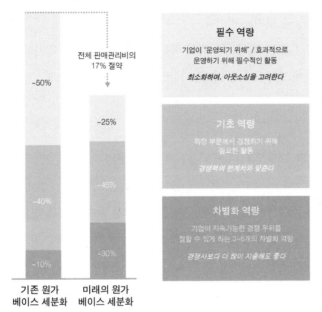

| 그림 2.2 | "좋은" 비용과 "나쁜" 비용을 구분한 한 소비재 회사의 사례

역량 믹스(Mix) 변화

전체 판매관리비의
17% 절약

~50%

~25%

~40%

~45%

~10%

~30%

기존 원가
베이스 세분화

미래의 원가
베이스 세분화

필수 역량

기업이 "운영되기 위해" / 효과적으로
운영하기 위해 필수적인 활동

최소화하며, 아웃소싱을 고려한다

기초 역량

특정 부문에서 경쟁하기 위해
필요한 활동

경쟁력의 한계치와 맞춘다

차별화 역량

기업이 지속가능한 경쟁 우위를
점할 수 있게 하는 3~6개의 차별화 역량

경쟁사보다 더 많이 지출해도 좋다

자료: PwC Strategy&

라 기업의 핵심 역량에 재투자할 수 있는 현금 확보로 이어져 궁극적으로 기업의 성장에 도움이 된다는 사실을 깨닫게 될 것이다.

물론, 기업이 언제든지 비용 구조를 체계적으로 수정할 수 있는 메커니즘을 보유하고 있는 것은 아니다. 그러한 메커니즘이 없는 기업은 어느새 막다른 길에 서 있다는 사실을 깨닫게 된다. 그들을 막다른 길로 몰아붙이는 요인은 불경기나 수익성 하락으로 인한 단기적인 대규모 비용 절감 압박, 또는 신규 전략 수립에 대한 압박 등이 있을 수 있다. 이러한 상황에 몰린 기업은 즉시 대규모 원가 구조 혁신 프로그램을 수립하고 시행해야 한다. 기업은 반드시 모든 활동과 그에 수반되는 모든 비용을 테이블 위에 올려놓고 이들을 객관적으로 검토해야 한다. 기업의 전략과 핵심 역량을 감안할 때, 기업이 반드시 해야 하는 일은 무엇이며 그 모든 것을 실현할 가장 좋은 방법은 무엇인지 질문을 던지는 것이다.

이 책의 PART 2에서는 기업의 비용 구조를 세부적으로 평가하고 비용 구조 최적화에 도움이 되는 다양한 레버에 대해 논의할 것이다.

성장에 적합한 구조로의 조직 변화

기업의 조직은 성장에 적합한 최적의 모습을 갖추기 위한 변화의 과정을 성공적으로 수행할 수도, 실패할 수도 있다. 성장에 최적화된 방식으로 회사를 변화시킨다는 관점에서 적절하게 조직을 설계하는 것은 2가지 측면에서 기업의 성장과 경쟁력에 도움이 된다. 먼저, 비용을 절감하고 비용 절감분을 차별화 역량에 재투자할 수 있는 자원을 확보하는 데 도움이 된다. 둘째, 관리자들이 성장을 추구할 수 있는 환경을 만든다.

우선, 잘 설계된 조직은 다양한 비용 절감 수단을 활용할 수 있는 기반을 제공한다. 대다수 대기업의 경우, 기업 본부, 지역 사업부, 셰어드 서비스 조직(인사, IT 부문 등) 간의 관계가 전략적 관점에서 구성된 것이 아니라 임시 방편적으로 구성된 후 오랜 시간 동안 유지되며 고착화된 경우가 많다. 지역 사업부가 너무 많은 권한을 보유하고 있는 경우가 다반사이며, 이러한 경우 경영 활동의 중복이 발생할 뿐 아니라 업무 수행의 일관성도 약화된다. 또한 기업 본부의 통제권이 필요 이상으로 강력하여 불필요한 업무가 발생하는 경우도 있을 수 있다.

기업은 적절한 조직 구조와 관리 범위를 재설계함으로써 불필요한 낭비를 제거할 수 있다. 경영진이 직접 관리하는 인원을 확대하고 기업의 보고 단계를 간소화하는 방안 등을 예로 들 수 있다. 업무의 복잡성에 따라 보상 수준을 차별화하는 등 보상 체계를 합리화하거나 부서 간 자원 공유를 활성화 또는 중요성이 떨어지는 프로세스를 아웃소싱하는 등의 접근도 가능하다. 이러한 활동을 지속적으로 밀어붙여 충분한 공감대를 얻을 경우, 대부분의 경우 직원들은 지지를 보낸다.

기업의 조직이 잘 설계된 경우, 각 하위 조직의 경영진들이 주인 의식을 가지고 경영 활동을 영위할 수 있도록 권한을 부여함으로써 성장을 독려할 수 있다. 경영진에게 명시적인 재무적 목표와 운영적 목표를 제시하는 것뿐만 아니라 주요한 부문의 의사결정 권한까지 부여함으로써 경영진이 목표를 달성하기 위해 할 수 있는 일과 할 수 없는 일을 명확하게 제시한다. 이 경우, 경영진은 강화된 통제력을 바탕으로 보다 유연하게 자원을 사용할 수 있으며 이에 따라서 보너스나 승진과 같은 인센티브 체계가 재조정되어야 한다. 이러한 체계가 정착이 되면 경영진들은 사업부의 목표와 기업 전체의 장단기 목표를 같은 연장선에 놓고 성과에 대한 책임을 공유하게 된다.

이처럼 권한, 책임 소재, 의사결정권, 인센티브가 서로 유기적으로 연계된 기업은 시장의 동향에 빠르게 대응하며 의사결정을 내릴 수 있다. 경영자들은 기회를 민첩하게 포착할 수 있으며, 기업의 본부는 지원 조직의 역량을 바탕으로 전사적으로 핵심적인 전략 실행과 성과 창출에 집중한다. 각 하위 조직의 관리자들은 기회에 재빠르게 대응하며, 부문별 경계를 넘어 서로 협력하고, 의사결정은 단호하게 실행하며, 결정된 사항은 효과적으로 수행한다. 임원들은 조직 내 세력 다툼을 최소화하고 고객과 경쟁업체에 대한 고민에 집중하게 된다. 비용 최적화 방안의 효과가 확대됨으로써 비용은 자연스럽게 축소되고 성장 잠재력은 확대된다.

전략을 효과적으로 수행하기 위해서 전략에 알맞은 조직 재설계는 필수적이며, 그 과정에서 4가지 요소를 고려해야 한다.

1. 운영 모델

기업 조직 재설계에 본격적으로 착수하기 전에, 우선 기업이 보유하고 있던 기능에는 어떤 것들이 있으며, 그러한 요소들이 어떻게 상호작용하는지에 대한 개괄적인 그림을 그려야 한다. 즉, 운영 모델 수립이 필요하다.

간단하게 말하면, 기업의 운영 모델이란 사내에서 어떤 부서가 어떤 업무를 담당하는지, 그리고 부서 간 협업이 어떤 방식으로 이뤄지는지를 결정하는 틀이다. 조직 재설계 과정에서 기업은 조직 구조, 부문별 역할 및 부문 간 상호작용 방식을 재정립해야 하며 그를 위해 원점으로 돌아가 질문을 던져야 한다. 기업은 어떤 사업부로 구성되어 있으며, 각 사업부가 고객에게 대응하고 시장에서 경쟁하는 방식은 어떠한가? 사업부 구성을 결정한 후에는 기업 본부, 사업부, 셰어드 서비스 조직의 역할과 부문 간 상호작용에 깊은 관심을 기울여야 한다. 예를 들어, 제품 기반의 사업부와 지역 기반의 사업부 중 어느 쪽이 손익을 관리하도록 할 것인가? 기업 본부는 지주회사 운영과 같은 형태로 사업부에게 최대한의 권한을 위임할 것인가? 아니면 보다 적극적으로 경영 과정에 참여할 것인가? 전사적으로 공유하는 서비스 조직의 보고 체계는 기업 본부와 개별 사업부 중 어느 쪽으로 둘 것인가? 매트릭스 구조는 조직 내에 얼마나 깊이 스며들도록 할 것인가? chapter 7에서 보다 세부적으로 논의하겠지만, 운영 모델과 역량 시스템, 비용 구조를 체계적으로 조정하는 것은 지속성장 가능성 제고를 위한 체질 개선 혁신 과정에서 필수적인 일이다.

2. 조직 DNA의 4가지 구성 요소

운영 모델에 대한 의사결정이 완료되고 나면 기업은 본격적인 조직 설계에 착수할 수 있다. 궁극적으로 조직의 역량을 결정하는 4가지 구성 요소로는 의사결정권, 정보의 흐름, 동기 부여, 그리고 조직 구조가 있으며 이 구성요소를 조직의 DNA라고 부른다.

1. 의사결정권: 의사결정권은 의사결정의 권한과 책임 소재를 설명하고 의사결정 권한이 조직 내에서 어디에 있는지를 나타내는 요소로, 조직 성과에 큰 영향을 미친다. 만약 결정권이 지나치게 중앙 집중화되어 있는 경우, 조직은 경영진이 모든 결정을 승인하기를 기다리느라 꼼짝달싹 못 하게 될 것이다. 반대로, 결정권이 과도하게 분산될 경우 각 부서가 전사 또는 타 부서를 고려하지 않은 채 개별적으로 의사결정을 내림으로써 전반적인 비효율과 업무 중복으로 이어질 수 있다. 최악은 의사결정권이 불확실한 상황이다. 이 경우 기업 내 모든 사안에 대해 일관성 없는 결정이 내려지거나 또는 그 어떤 의사결정도 내려지지 않는다.
2. 정보 흐름: 의사결정권을 적당하게 배분하는 것은 정말 중요하지만, 정확한 정보 없이는 아무런 의미도 없다. 정보가 적시 적소에 공급되지 않는 것은 조직적 비효율과 고비용의 가장 큰 원인이 된다.
3. 동기 부여: 적절한 동기 부여 요인은 조직이 효율적으로 움직이는 데 크게 기여한다. 시대에 뒤떨어진 고정적 급여와 복리 후생 제도를 고수하

고 있는 많은 기업은 동기 부여 기회를 충분히 활용하지 못하고 있다. 그러한 기업들은 부문 간 이동을 통한 업무 전환을 장려하고 지원하는 대신 계속해서 "앞으로, 그리고 위로" 전진할 것을 강조함으로써 조직을 복잡하게 만들어왔다. 또한, 성과급이 큰 차이가 없을 경우 우수 직원의 의욕은 꺾이고 저성과 직원들에게는 과잉 보상을 하게 된다. 결과적으로 비용은 증가하지만, 직원들의 역량은 증가하지 않는다.

4. 조직 구조: 조직 구조를 단순하게 표현하면 기업 조직도의 "선과 박스"를 의미한다. 조직 개편은 대부분의 기업 혁신 과정에서 가장 큰 관심의 대상이 된다. 그러나 우리의 연구에 따르면 조직 구조는 부문별 핵심 역할과 결정권이 수립된 후 가장 마지막 단계에서 논의되는 것이 효과적이다. 조직 구조에 기반을 두고 도출된 솔루션은 필수적이며 큰 가치를 지닌다. 조직 구조를 개편함으로써 의사결정의 속도를 높이고, 책임 소재를 분명히 하고, 조직을 수평화하여 비용을 삭감하고, 불필요한 보고를 간소화하여 직접적인 보고를 확대하는 등의 방안을 도입하여 경영자의 관리 범위를 확대해야 한다. 임원들은 1차, 2차에 걸쳐 조직 관점에서 자원 운용의 절감 가능성을 평가하고 전략적 우선순위에 따른 비용 절감 노력을 기울여야 한다. 중앙 집중화의 효과가 희석되지 않으면서도 효율성을 증가시키는 선에서 부문별로 흩어진 기능들을 통합해야 한다.

3. 인적 자원

기업의 성공은 궁극적으로 그 직원들에 의해 결정된다. 기업 구조를 재설계할 때, 인적 자원에 미치는 영향을 충분히 검토해야 한다. 예를 들어, 혁신을 뒷받침하고 기업의 차별화 역량을 강화하기 위해 조직 내에서 가장 중요한 역할은 무엇이며, 그러한 역할을 성공적으로 수행하기 위해서는 어떠한 역량을 지닌 인재가 필요한지 질문을 던져야 한다. 그뿐 아니라, 그러한 인재를 내부적으로 육성할지 외부에서 영입할지에 대한 고민 역시 필요하며 만약 인재를 내부적으로 육성한다면 역량 개발을 위해 어떤 방법을 활용할 것인지(멘토링, 순환 업무, 교육 개발 등), 부서별 전문성과 전반적인 관리 및 리더십 역량 중 어느 쪽을 중시할지에 이르기까지 폭넓은 관심을 기울여야 한다.

기업에게 있어 조직 개편은 핵심적인 역할을 수행하는 인재 풀을 새롭게 조직하기 위한 완벽한 기회이다. 즉, 계산된 리스크를 기꺼이 안고 "조직을 환기"시킬 수 있는 기회로 작용할 수도 있으며, 오래 재직했으나 성과는 평범한 수준인 중간 관리자에게 성과 창출의 기회를 빼앗긴 신규 인재들에게 기회를 열어줄 수도 있다. 때때로 이러한 변화는 필요하다. 기업에서 오랜 시간 자리를 차지해온 직원들은 새로운 시대에 적응하기를 거부할 수 있다. 어쩌면, 그들에게 있어 새로운 시대에 적응하는 것은 불가능한 일일지도 모른다.

4. 경영 프로세스

기업의 대표적인 관리 프로세스, 전략 수립, 핵심 역량의 우선순위화, 예산의 예측 및 설계, 경영 성과의 모니터링 등은 모든 기업에게 있어 매우 중요한 요소들이다. 장단기 기획 프로세스상에서 기업은 우선순위에 따라 예산과 여타 자원을 배분하는가? 좋은 아이디어에 투자하고 올바른 투자 의사결정이 이뤄지는 과정에서 선택과 포기가 합리적으로 이뤄질 수 있도록 하는 적절한 토론 과정이 존재하는가?

이러한 4가지 경영 관리 요소에 대한 준비는 기업의 견고한 성장 기반이 된다. 그러나, 그보다 더 중요한 것은 비용 혁신의 성과를 유지하고 조직의 새로운 문화를 내재화·제도화하는 것이다.

변화의 물결을 일으키고 새로운 문화를 정착하라

지속성장을 위한 체질 개선 혁신을 추진함에 있어 전사적 변혁의 수준에 대한 의사결정뿐만 아니라 반드시 기업의 문화적 측면을 고려해야 한다. 영업과 같이 최전방에서 일하는 직원들과 지원 부서에서 일하는 직원들이 모두 변화를 받아들이고 변화에 동참하도록 유도하기 위해서는 기업의 문화를 활용해야 한다. 기업의 변혁은 인고의 과정으로, 대부분의 직원은 업무뿐 아니라 일상적인 행동 방식까지 바꾸어야 한다. 이처럼 커다란 변화를 일으키는 것은 기업 문화를 활용하지 않는 한 불가능하다.

협력을 장려하기 위한 것이든, 혁신을 개시하기 위한 것이든, 아니면 생산성을 개선하기 위한 것이든, 그 규모는 상이할지라도 모든 기업 혁신은 업무 방식의 변화를 가져온다. 그러나 비용 구조 조정은 어떠한 다른 혁신과 비교하더라도, 직원들에게 가장 큰 혼란과 불안감을 줄 수 있다. 비용 구조 조정을 위해 몇몇 직원은 부수입을 포기해야 할 것이고, 회사를 아예 떠나야 할 직원도 있을 것이며, 다른 도시로 이동하거나 심지어는 다른 국가로 이동해야 하는 직원도 생길 것이다. 이러한 혼란 속에서 직원들이 새로운 체계에 동참하고 적응하도록 하기 위해서는 기업 문화를 활용해야 한다. 기업 문화라는 무형 자산은 본능적이며 반복적인 습관과 감정적 반응으로서, 직원이 느끼고, 생각하고, 믿는 방식에 중대한 영향을 미치기 때문이다.

문화는 벤치마크가 불가능하다. 쉽게 이해할 수도 없다. 그렇다면 어떻게 문화를 활용하고, 문화에 영향을 미칠 수 있단 말인가? 쉽지 않은 일이다. 문화를 변화시키거나, 새롭고 다른 문화를 도입하기 위한 공식적인 노력은 반드시 실패한다. 그런 방식으로는 직원들의 가슴과 마음이라는 목표에 닿을 수 없다.

이미 조직 내에서 자리 잡은 문화를 다른 것으로 교체할 수 있다는 잘못된 전제에서 출발하는 계획이 많다. 하지만, 문화는 오래된 기계처럼 간단히 갈아 치울 수 없다. 만약 그게 가능하다면, 그건 애초에 문화도 아니었던 것이다. 그 대신, 보다 유용한 방향으로 세부적인 톱니들을 조정할 수는 있다. 기존 문화의 긍정적인 요소를 활용함과 동시에 감정적 힘에 호소하고 변경할 수 없는 요소를 활용함으로써 원하는 변화를 일으켜야 한다.

따라서, 변화관리 캠페인은 소수의 가장 핵심적인 행동에 집중해야 한다. 시간이 흐를수록, 행동은 기업 문화에 스며들어 사고방식에 영향을 미치고 직원들을 동기 부여한다. 예를 들어, 직원들로 하여금 기업의 모든 비용이 마치 자신의 것인 것처럼 생각하도록 할 수 있다. 기업이 소수의 핵심적인 행동에 어떻게 영향을 미칠 수 있는지, 더 나아가 문화에 영향을 미칠 수 있는지는 chapter 16에서 살펴볼 것이다.

지속적인 비용 최적화

과체중인 사람이 다이어트를 하는 것과 마찬가지로, 기업의 비용 개선에도 빠르고 쉬운 길은 없다. 그 길에는 노력과 인내가 필요하며, 수익의 압박, 공급망의 혼란, 조직 내부의 저항과 같은 어려운 상황을 헤쳐 나가야 한다.

그 길은 기업의 전략으로 시작하여 조직과 문화로 끝난다. 즉, 기업에게 경쟁력을 부여하는 핵심 역량을 뒷받침하는 자원이 무엇인지 먼저 이해하고 이를 재배치한 후 직원과 기업이 변화를 받아들이고, 성과를 유지하기 위해 다양한 레버를 활용해야 한다. 그 과정에서 체계적이며 다면적인 접근법을 통해 군더더기 없는 비용 구조를 구축하여 기업의 장기적인 성장을 도모해야 한다.

사실, "시작"과 "끝"은 지속적 변화를 추구하는 기업에 적합한 표현이 아니다. 진정으로 올바른 비용 구조 구축의 핵심은 개선 활동의 지속성에 있다. 'Fit for Growth' 기업은 지속적으로 역량을 강화하고 비용 구조를 개선하며 몇 년마다 반복하여 대형 비용 절감 프로젝트를 진행한다. 이와 같이 지속적으로 성장 기회를 모색하고 자원 배치를 모니터링하고 조정하는 것은

지속성장을 위한 체질을 갖춘 기업의 모습은 어떠한가

모든 기업은 각기 다르지만, PwC는 지속성장을 위한 체력 인덱스 분석을 통해 3개의 프레임워크 관점에서 가장 지속성장을 위한 체질 개념에 일치하는 기업을 구분하는 공통적인 특성을 찾아냈다.

역량에 기반을 둔 명확한 전략: 지속성장을 위한 체질을 갖춘 기업에서 전략적 우선순위는 상세하며, 행동으로 옮기기 쉽다. 그리고 무엇보다도, 전사의 모든 직원들이 전략적 우선순위를 이해하고 있다. 경영진은 명확한 결정을 내리고, 기업이 지속적으로 경쟁 우위를 점하는 데 도움이 되는 차별화 역량에 대해서만 "업계 최고"가 되기 위해 노

력하며 나머지 부문에 대해서는 "적당한" 수준에 머무는 것을 받아들인다. 철저하며 전향적인 검토 프로세스를 통해 전략은 적절하고, 시장 변화를 재빠르게 알아채고 그에 맞출 있게 된다. 이들은 한발 앞서 혁신을 진행하고, 계산된 리스크를 기꺼이 감당하며, 기업에 도움이 되지 않는 부문에 대한 투자를 줄임에 있어 주저하지 않는다.

비용 구조 조정: 지속성장을 위한 체질을 갖춘 기업은 철저한 프로세스를 통해 고성장 핵심 활동에 자금을 투자한다. 명확하고 객관적인 투자 기준을 통해 부문 간 경쟁과 여타 지역주의적 혹은 부서 이기주의적 이슈가 자금 할당에 관여하는 것을 방지한다. 이러한 기업들은 전략적으로 지출을 관리하며, 비용 투명성과 가치가 창출되는 곳에 대한 명확한 이해를 바탕으로 철저한 트레이드오프 결정을 내린다. M&A는 기업의 전략적 포지셔닝에 도움이 될 경우에만 진행하며, 대상 회사의 문화가 기업과 맞지 않을 경우 지양한다.

성장에 적합한 조직 구조: 지속성장을 위한 체질을 갖춘 기업들은 조직적으로 효율적이며, 유연하고, 단순하다. 권한 체계를 조정하고, 과거의 관습을 따르는 대신 전략적 우선순위와 현실에 가장 적합한 형태로 결정권을 할당한다. 신속한 메커니즘을 바탕으로 관리 체계와 사업부 간 협력 체계를 구성한다. 인력 관리를 통해 가장 능력 있는 직원에게 중추적인 역할을 맡김으로써 핵심 역량을 지원한다. 일관성 있는 문화는 승리에 필요한 요건을 반영하는 표준과 기대를 담는다. 탁월성과 지속적인 개선의 정신이 조직 내에 널리 퍼져 있으며, 성과 보상 시스템에 의해 계속해서 강화된다.

문화적 변화를 통한 지속적인 효과: 지속성장을 위한 체질을 갖춘 기업은 성장에 적합한 상태를 유지할 수 있는 문화를 확보한다. 문화적 표준은 기업이 원가 효율성에 초점을 둘 수 있도록 돕고 시장에서 경쟁하여 승리할 수 있도록 해준다. 직원들은 회사에 대한 소속감과 열정이 있으며, 고객, 지역 사회, 동료들을 위해 최선을 다할 마음을 굳게 먹고 있다. 변화가 필요할 경우, 경영자는 필요한 변화와 알맞은 기존 문화의 긍정적인 요소와 감정적인 힘을 활용한다.

기업이 꾸준히 성과 목표를 달성하는 데 도움이 된다.

성장에 최적화된 기업의 모습으로 향하는 길은 험난한 가시밭길처럼 보일지도 모르겠다. 그러나, 이는 성장을 위한 선순환 구조를 구축하는 길이다. 불필요한 부분에서 발생하던 지출이 핵심적인 영역으로 옮겨 감에 따라,

기업은 성장 전략을 위한 투자를 확대할 수 있게 된다. 회계 장부의 비용 항목은 무거운 짐이 아니라, 기업의 성공과 직접적으로 연결되는 핵심 역량 리스트가 될 것이다.

3 /

경영자의 역할
전략과 비용 구조의 일치

우리는 많은 기업과 협업하여 광범위한 지속성장을 위한 체질 확보 프로젝트를 다수 진행했다. 그중 대다수는 큰 성과를 거두었지만 일부 실패하는 사례도 목격하게 되었다. 이 과정에서 우리는 프로젝트 상황이나 결과와 상관없이, 리스크를 최소화하면서도 대규모의 혁신을 성공적으로 달성할 수 있도록 리드하는 경영자의 일정한 패턴을 발견할 수 있었다.

우리가 함께 일한 리더 중 대부분은 충분한 경력을 지닌 기업 전문가였다. 그들은 조직의 변화를 추진한 경험이 있으며 많은 수가 그 과정에서 실패를 경험했다. 그들은 조직 변화의 성공이 결코 최신 방법론이나 비즈니스 전문 용어로 가득한 공식을 적용함으로써 얻어지는 결과가 아니라, 그보다는 경험에서 체득한 일반적인 상식의 실행을 통해 얻어진다는 사실을 절감하고 있다.

아쉽게도, 특히 대규모 비용 혁신 과정에서 상식을 신뢰하고 적용하는 일은 매우 드물다. 그렇다면 모든 CEO가 그 상식의 중요성을 절감하고 있음에도 말 그대로 다양한 혁신 과제를 '상식적으로' 우선순위화하여 지속적으로 집중하는 것이 왜 그렇게 어려운 걸까? 과정의 불확실성이 그 이유를 일부 설명할 수 있으리라 생각된다. 조직의 기본적인 운영 방식을 변경하고자 하는 모든 혁신은 보통 사업에 영향을 미치며, CEO를 포함한 경영진으로부터 시작하여 모든 조직원들로 하여금 오랜 시간에 걸쳐 자리 잡은 행동 방식을 바꿀 것을 요구한다. 그들은 기존의 습관을 조정하고 낯선 구조, 업무 방식, 가이드라인에 적응해야 하지만 그 모든 노력의 결과는 명확하게 제시되지 않는다. 변화의 필요성과 시급성, 목표는 명확하게 전달되겠지만, 이 모든 여정이 실행되는 방식은 모호하다. 그 대부분이 미지의 상태에 있다.

이러한 불확실성은 직원들을 불안하게 하며, 최고 경영진에게는 부정적인 메시지가 전달된다. 실제 프로세스가 공개되었을 때, "이런 식으로는 일할 수 없다"는 우려와 불만 섞인 피드백을 받게 될 것이다. 혁신을 실행하기 위해 경영진은 목표를 향한 길이 완벽하게 계획되어 있다 할지라도 신념을 지니고 직원들을 독려해야 하며 이 모든 과정에서 매사에 겸손한 태도를 보여야 한다.

변화가 필요한 시점을 어떻게 포착할 것인가?

현 상태에 머무를 수 없다는 변화를 향한 갈망은 경영자들로 하여금 지속 성장을 위한 체질을 갖춘 기업으로의 첫발을 떼도록 동기 부여하는 궁극적인 요소다. 아마도 당신의 회사는 아래 중 하나의 상황에 처해 있을지도 모르겠다:

- 활동주의 투자자가 기업의 원가 구조에서 급격한 비용 절감을 요구한다. 만약 주요 경쟁사가 외부로부터 비용 절감에 대한 요구를 받고 있다면 다음은 당신의 회사가 될 가능성이 높다.
- 비용의 상승폭이 수익보다 더 크며 이러한 추세를 개선할 수 없다.
- 새로운 분야에 투자해야 하지만, 기존 프로세스에 지속적으로 자원이 투입됨에 따라 신규 역량에 투자할 여유 자원을 찾을 수 없다.
- 경쟁자들이 당신의 본질적인 비즈니스 모델을 위협하고 있으며 회사는 그에 즉각적인 대응이 필요하다.
- 회사는 사업을 처분하고 있으며 처분 대상 사업에 비용이 소요되는 것을 최소화하고자 한다.
- 시장 상황 악화가 감지되며, 시장에 밀려 강제적인 변화에 맞닥뜨리기 전에 사업을 혁신해야 함을 알고 있다. (이처럼 사전적으로 대처하는 것이 바로 기업이 지속성장을 위한 체질을 유지하기 위해 필요한 태도다.)

근본적인 문제가 시장 경쟁력이든 기업의 재무적 안정성이든 간에, 지속성장을 위한 체질 개선 프로그램을 추진해야 하는 이유는 다양하며 매우 경쟁력 있고 안정적인 회사들조차도 이 프로그램을 추진할 필요가 있다. 기업의 시장 경쟁력과 재무적 안정성에 따라 기업의 지속성장을 위한 체질 개선 프로젝트의 출발점은 변화할 수 있다. 당신의 기업은 어떠한가? 압력을 받고 있는가? 힘겨운 상태인가? 안정적인가? 경쟁력이 있는가?(그림 3.1) 좌측 하단은 생존을 위해 가능한 한 빨리 비용을 제거하려는 기업이며 우측 상단은 경쟁에서 앞서 나가기 위하여 핵심 역량에 투자 기회를 찾는 경쟁력 있는 기업이다.

우리의 경험에 의하면, 전형적인 기업은 80/20 비율로 비용 절감과 역량

| 그림 3.1 | 지속성장을 위한 체질 확보 여정은 기업의 시작점에 달려 있다

| 그림 3.1 | 지속성장을 위한 체질 확보 여정은 기업의 시작점에 달려 있다

자료 : PwC Strategy&

구축에 집중한다. 몇몇 경우에 이는 70/30의 비율을 보이기도 하지만 60/40 까지 가는 기업은 극소수다. 우리는 고객에게 비용 절감과 역량 강화 사이에서 균형을 유지할 것을 지속적으로 권장한다. 그리고 우리는 특히 성공적인 기업들이 바로 그렇게 움직이는 것을 목격하고 있다.

경영자에게 필요한 3가지 질문

많은 기업들이 지속성장을 위한 체질 확보 여정의 다양한 프로세스를 추진함에 있어 불확실성과 어려움을 절감한다. 대부분의 기업이 그 여정에 대해 적극적인 태도를 취하기보다는 소극적인 태도를 취한다는 것을 알게 되었다. 이러한 상황에서 우리는 지속성장을 위한 체질 확보 프로그램을 실행하는 리더들에게 어떤 제언을 할 수 있을까? 수년간, 우리는 CEO와 기타 최고 경영진들이 공통적으로 3가지 질문을 지니고 있음을 발견했다:

1. 어떻게 혁신에 대한 열정을 북돋을 것인가?
2. 성장을 유지하면서도 비용 절감을 동시에 달성할 방법은 없을까?
3. 혁신을 어떻게 관리해야 하며, 어떻게 하면 그 효과가 오래 지속될 수 있을까?

PwC는 이러한 질문에 대한 해답을 제공하는 10개 리더십 원칙을 선별했다. 10가지 원칙은 행동주의 투자자와 주주가 "뉴노멀" 흐름에 따라 요구하는 신속한 가치 창출과 전략적 비용 절감과 관련된 사항들을 모두 포괄하고 있다. 아래에서 우리는 각 질문들을 차례로 검토하고 질문과 관련된 원칙을 살펴볼 것이다.

질문 1: 어떻게 혁신에 대한 열정을 북돋을 것인가?

CEO들은 상위하향식으로 대규모의 복잡한 변화의 실행을 독려함으로써 신속하고 성공적으로 목표를 달성한다. 그들은 거울을 들여다보고 묻는다: "어떤 혁신 방안을 제시해야 고위 임원들이 혁신을 실행에 옮기고 조직 전체가 한목소리를 가지도록 할 수 있을까?" CEO의 과제는 기업의 사업부의 각 기능을 실행하는 직원들을 개인적으로 만나 그들이 프로젝트를 적극적으로 추진하게 하여 전략 실행에 대한 열정과 위기감을 느끼도록 할 것인가 하는 것이다. 기업의 모든 경영진 개개인이 책임감을 느끼기 전까지 기업은 필요한 도약을 이룰 수 없다.

원칙 1: 혁신 방안을 수립하라. 대부분의 사람들은 경영 환경이 어렵다는 사실을 알고 있다. 극심하게 경쟁이 과열된 시장에서는 기업이 시장의 동향을 예측하기가 불가능하며 이는 종종 경영 활동에 극도로 부정적인 영향을 미친다. 변화의 필요성에 대한 확신을 가질 수 있다면, 어려운 상황에 직면한 회사는 대규모 변화를 받아들이고 지원할 준비가 되어 있다. 그러나 이러한 상황을 조성하기 위해서 CEO는 현 경영 환경과 기업의 불안정한 위치에 대한 설득력 있고 객관적인 분석으로 이를 입증해야 한다. CEO는 기업에 변화가 필요한 이유에 대해 임직원이 의심할 여지가 없도록 명확히 그 목적과 배경을 제시해야 한다.

PwC와 함께 일했던 한 CEO는, "당신이 리더라면, 바로 당신이 문제를 정의해야 한다. 문제가 얼마나 심각하든, 그것이 당신의 일이며 그 과정에서 정직하고 분명한 언어를 사용해야 한다. 당신의 직원들은 그런 일을 할 수 없다. 당신의 임원들 역시 마찬가지다. 오로지 당신만이 직원들에게 기업이 직면한 현실에 대한 이야기를 할 수 있다. 만약 당신이 직접 말하지 않으면, 그들은 절대로 이러한 현실을 받아들이지 않을 것이다"라고 말했다.

경영 환경은 시장의 관점에서 분석되어야 한다: 고객의 니즈뿐만 아니라 경쟁자들을 정확하게 분석해야 한다. 기업의 차별화 역량을 설명하고 그 역량 강화를 위한 투자의 중요성을 강조해야 한다. 분석의 최종 결론은 전향적인 성격을 띠어야 하며 기업이 어떤 모습으로 변모할 수 있는지에 대한 설득력 있는 그림을 제공해야 한다.

CEO가 세부 사항을 모두 계획할 필요는 없다. 하지만 그는 변화의 규모를 명확하게 제시해야 하며, 새로운 목표에 대한 확신은 세부 사항이 작성되는 과정에서 확고하게 표현되어야 한다. CEO는 조직에 압박을 지속함으로써 절박감을 유지해야 하며, 실행 과정 전체를 통해 혁신 방안을 상세히 설명해야 한다. 한편, 경영진은 목표에 조금 더 집중하며, 성장에 적합한 기업으로 탈바꿈하는 것의 가치를 분명히 표현하고 기대되는 행동을 모델링함으로써 직원에게 제시하는 메시지를 과감하게 강화해야 한다.

주주 등 외부 이해관계자에게 비용 절감 목표와 달성에 대한 단호한 의지를 표명하고 의사소통함으로써 내부 직원에게 비용 절감 목표를 강조할 수 있다. 프로젝트 초기 단계에서 지속성장을 위한 체질 확보 프로그램의 재무적 영향을 공개적으로 발표하는 것은 (애널리스트 컨퍼런스 등) 본 프로젝트의 전략적 중요성을 내외부적으로 강력하게 전달하여 프로젝트 성공을 위한 강력한 추진력으로 돌아온다.

원칙 2: 경영진의 동의를 얻어라. 고위 경영진은 혁신 활동 추진에 최우선으로 참여해야 한다. 그들은 전사 목표를 성취하는 데 필요한 각 프로세스를 실행하기 위하여 통일되고, 동조적이며, 헌신적이어야 한다. 이는 어려운 일이다. 변화의 규모가 클수록, 기존 체계에서 높은 지위와 많은 권한을 지니고 있던 사람들은 이에 저항할 가능성이 크다. 기존 경영진 중 일부는 지속성장을 위한 체질 확보 프로그램을 수행하기 위해 필요한 역량이나, 사고방식 또는 의지력이 부족할 것이다. 이러한 문제를 사전에 예방하기 위해 모든 혁신에 있어서 가장 먼저 해야 할 일은 신속하고 신중하게 임원진의 동의와 참여를 약속받는 것이다. 회의론자들을 공개적으로 공격하지 말아야 한다. 그들과 1:1로 대화를 나누며 그들로 하여금 혁신이 반드시 일어날 것이라는 믿음을 가지도록 하는 것이 효과적이다. 많은 경영진들이 기업에 대해 깊이 우려하고 있음을 인지할 필요가 있다. 공동의 여정을 위해 협력을 얻어내기 위한 노력에는 그만한 가치가 있다. 왜냐하면, 그들이 혁신을 받아들이게 되면, 그들은 많은 경우 변화에 대해 가장 효과적이고 열정적인 지지자가 되기 때문이다.

경영진 휘하의 모든 직원은 자신의 사업이나 기능에 국한된 부문뿐 아니라 전사적 혁신 관점에서 혁신 활동을 견지해야 한다. 어떤 CEO가 말했듯이, "설령 그들이 원하지 않는다 하더라도, 모든 사람이 문제를 스스로의 것으로 받아들여야 한다. 그들은 문제를 이해하고, 믿고, 깊이 받아들이고, 앞으로 전진해야 한다". 그는 프로세스 초반에 경영진을 불러들여 혁신 방안을 설계하고, 구성원 하나하나에게 그들이 혁신에 적극적으로 동참해야 할 이유를 정확한 언어로 표현할 것을 요구했다. 모두에게 혁신 활동에 대한 주인의식을 표현하게 함으로써, 그는 어려운 상황에서도 구성원의 동의를 얻어낼 수 있었다.

경영진의 동의를 얻어내기 위해서는 최소한 단기간 동안이라도 기존 업무 관행을 벗어나 혁신 활동을 경험할 수 있도록 해야 한다. 이를 통해 그들은 기존의 일상 업무 관행에서 벗어나 관점을 확대할 수 있다. 예를 들어, 한 CEO는 그의 자문위원으로 하여금 혁신 기간 동안 기업의 신흥 시장 성장 전략을 담당하게 했다. 변화의 궁극적인 성공에 대한 명확한 권한과 책임을 지닌 팀장을 위해 인센티브를 제공해야 한다. 재무적 인센티브가 필요하지만 이것만으로는 충분하지 않다. 회사의 인정은 또 다른 동인으로 작용한다. 한 CEO는 중앙 집중화에 가장 회의적이던 임원을 중앙 집중화 프로젝트의 책임자로 삼았다. CEO는 프로젝트의 성공이나 실패에 대한 책임 소재를 분명히 해당 임원에게 두었고, 또한 해당 임원으로 하여금 임원의 담당 사업 부문의 시각을 넘어 전사적 시각으로 문제를 바라보도록 했고 결과는 성공적이었다!

원칙 3: "새로운 시작"을 선언하고 미래를 향해 나아가라. 기업이 변화시키려 하는 대상을 명확히 하는 것도 중요한 반면, 기업이 향하는 미래의 목표에 대해 설득력 있는 청사진을 제시하는 것 역시 중요하다. 기업의 미래에 대해 사람들이 관심을 가지고 혁신에 동참할 만큼 매력적인 비전과 성장 가능성을 제시해야 한다.

모든 대규모 혁신 프로젝트에는 승자와 패자가 존재한다. 전략과 연계성이 낮은 역량과 사업을 선별하는 과정에서, 그 사업에 오랫동안 소속되어 있는 세력은 위협을 느낄 것이다. 이처럼 논란이 많은 의사결정과 골치 아픈 이슈에 대해서는 포괄적이고 건설적인 방식으로 논의하라. 과거가 아니라 미래에 초점을 맞춰라. 즉, 향후 예상되는 위협이나 어려움 대신 희망과 달성하고자 하는 목표에 집중하라. 팀원들에게 경영진이 제시하고자 하는 아이디어가 있을 때는 자기 검열 없이 자유롭게 발언하도록 해야 한다. 변화 과정에서 제거되거나 축소된 모든 것들을 미래의 더 큰 이익과 연관 지어야 한다.

과거를 용서하는 것으로 시작하라. 뒤를 돌아보며 과거의 행정 절차나 의사결정을 탓해서는 아무것도 얻을 수 없다. 앞으로의 희망과 비전의 긍정적인 측면을 강조하고, 과거의 행동에 대한 비난이나 제재는 분명하게 배제하라. 이제는 새로운 시대다. 과거를 모두 흘려보냄으로써 "우리는 항상 이렇게 일했습니다"라는 말과 같은 과거의 장애물과 변명에 대해서도 정면으로 맞닥뜨려야 한다. 관리자들은 과거에는 판별하기 힘들었던 우선순위에 대해 재검토하게 될 것이다. 과거를 용서하는 것이 과거의 나쁜 행동을 지속해도 된다는 의미가 아니다. 직원이든 경영진이든, 앞으로 펼쳐질 혁신 과정에 저항하거나 거부하는 사람은 새로운 기업 문화에 적응하든지 떠나든지, 둘 중 하나를 선택해야 할 것이다.

모든 과정에서, 사람들이 방어적인 태도를 갖지 않도록 해야 한다. 만약 기업의 정책이 단순히 인원 감축에 초점을 두고 있다면, 사람들은 공포를 느끼게 될 것이다. 공포로는 변화를 일으킬 수 없다. 공포는 사람들을 움츠러들게 하며, 스스로의 영역을 방어하게 한다. 따라서, 혁신 이후의 미래에 대한 긍정적인 시각을 제시하는 것이 매우 중요하다. 잭 웰치나 스티브 잡스와 같이 유명한 기업 경영자들은 경영 초창기에 공격적인 비용 혁신을 통해 성공적인 기업을 일궈냈다. 만약 혁신의 끝에 더욱 성공적이며 기존의 관행보다 덜 관료적인 조직을 구성하게 될 것을 이해하고 믿게 된다면 사람들은 혁신에 적극적으로 참여하게 될 것이다.

원칙 4: 단기적인 성공을 널리 알려라. 전사적으로 자신감을 불러일으키고 변화의 모멘텀을 가속화하기 위해서는, 단기적인 혁신 성공 사례를 초기 단계에 찾아내고 이를 널리 홍보해야 한다. 상대적으로 적은 비용으로 큰 비용 절감 효과를 신속하게 달성할 수 있는 요소가 있을 것이다. 이러한 사례를 발굴하여 공개하라. 이러한 신속한 홍보활동은 기업이 진지한 태도로 전략에 도움이 되지 않는 비용을 절감하고, 차별화 역량에 투자하기 위해 자금을 축적할 것이라는 분명한 메시지를 준다.

신속하게 달성한 성공은 모든 비용 절감 과정에서 찾아볼 수 있는 일반적 사례를 넘어 더 많은 것을 아우른다. 단기적 비용 절감 사례는 주로 3개의 영역에서 찾아볼 수 있다.

1. 자유재량에 의한 지출: "있으나 마나 한, 없어도 상관없지만 있으면 좋은" 비용을 반으로 줄여 비용을 절감하라. 비용 지출 정책을 확고히 하고, 비용 승인 기준을 낮추고, 전략과 관련 없는 일에 "과도한 수준"으로 몰입하는 사람들의 혜택을 제거하라. 지원 서비스를 줄여라. 재무 직원의 일을 늘리는 보고서나 분석의 수를 줄이고 셀프 서비스나 표준화

된 보고서 양식을 도입하는 것도 좋다. 출장 정책을 재설계하고 장거리 출장에 대해서는 승인 기준을 더욱 어렵게 하라.

2. 외부 지출: 공급자 업체들과의 가격 협상에 공격적으로 임하라. 특정 카테고리에 대해서는 전면적으로 양보하고, 다른 부분에 대해 보다 저렴한 가격을 요구하라(주문 규모 확대 또는 계약 기간 장기화).

3. 관리 체계: 기업의 중간 관리자 및 고위 관리자의 결재 단계를 검토하고 관리 범위를 평가하라(직접 관리하는 직원의 수 등). 관리 직위를 통합하거나 관리 범위를 확대할 기회를 찾아라. 중간 관리자의 연공서열과 급여 상승폭을 살펴보고, 일회성으로 급여 체계를 조정하라.

질문 2: 성장을 지속하면서도 비용을 효율화할 수 있는 방법은 무엇일까?

지속성장을 위한 체질 확보 프로젝트의 계획은 신중하게 추진되어야 한다. chapter 2에서 언급된 바와 같이, 핵심 역량에 집중하고, 비용 구조를 조정하고, 성장을 위해 조직을 재구성한다. 그리고 이 모든 과정은 변화 의지가 확고한 리더의 권한 이행, 문화적 변화에 의해 뒷받침된다. 대다수의 경우 비용은 즉각적인 조치가 필요한 위험 신호와 같이 간주된다. 특히 기업이 재무적으로 어려운 상황에 있을 때는 더더욱 그러하다. 재무제표상에 상환할 방법이 없는 부채 비중이 크거나, 조직 구조가 제대로 돌아가지 않고 있을 가능성이 높다. 그러나, 기업은 무엇을 기준으로 조직을 재구성해야 할지 확인하기 전까지, 즉 차별화 역량이 무엇인지 파악하기 전까지는 비용 구조를 수정해서는 안 된다. 이는 비용을 줄이면서도 성장을 지속하기 위한 유일한 방법이다.

원칙 5: 모든 것을 테이블 위에 올려두어라. 신뢰를 얻기 위해서는 문자 그대로 모든 것을 테이블 위에 올려두어야 한다. 과거 CEO가 운영하던 사업이나, 갓 취득한 부문 등 기업 내에서 "금지된 영역"과 같이 취급되던 모든 것들이 이에 포함된다. 전용기, 임원 식당, 기부, 직원 혜택까지 포함하여 모든 것이 고려 대상이 되어야 한다. 이는 조직 전반에 "우리는 이 과정에서 함께 하고 있다"는 강력한 메시지가 된다. CEO가 아끼는 사업이 도마에 오르는 모습을 통해 상황의 시급성을 보여줌으로써 관리자들이 담당하는 부문을 혁신 대상에서 면제해달라는 건의를 좀 더 신중하게 하도록 유도할 수 있다.

사실상 모든 것이 제거 대상이라는 것을 공공연하게 알리기 위하여, 최근 한 미디어 회사는 핵심 자산의 하나인 오피스 타운과 떨어져 있던 기업 사옥 매각을 시작으로 하여, 임원의 혜택을 모두 제거했다. 임원들이 다른 직원들이 일하던 건물로 들어온 일은 주주와 대중에게 큰 충격을 주었지만, 그건 단지 시작일 뿐이었다. 해당 기업은 비용 정책을 재구성하고 조직 문화를 보다 평등하게 발전시켰다. 변화 중 일부분은 단순히 상징적 차원에서 추진되기도 했다. 임원들은 정장을 벗고, 모든 사람이 청바지와 기업 로고가 박힌 티셔츠 차림으로 일하기 시작했다. 그러나, 그러한 변화는 자유 좌석제나 임직원 혜택을 보다 균등하게 배분하는 등, 다른 실질적인 변화를 유발했다.

이러한 사례를 통해 우리는 잠재적 비용 절감 기회를 찾아내는 프로세스를 수평적으로 실행하는 것이 얼마나 중요한지 알 수 있다. 경영진과 혁신 팀이 모든 기회를 찾아내기는 어렵다. 미래를 향한 시각으로 기업 전반에 걸쳐 다양한 사람을 참여시켜 공정하게 비용 구조를 평가하라. 아이디어를 적극적으로 제안하도록 격려하고, 그들이 두려움이나 앙갚음 없이 솔직하게 의견을 밝힐 수 있도록 지원하라.

원칙 6: 대상, 방법, 성과에 집중하라. 추구하는 변화의 본질에 집중하며 규모를 달성하기 위해서는 고비용에서 비롯되는 표면적 현상들이 아닌 근본 원인에 집중해야 한다. 어떤 작업을 어떻게, 또는 얼마나 잘하는지 알아보는 것으로 끝내는 것이 아니라, 무엇을 하는지를 가장 먼저 살펴보아야 한다. 이러한 철저한 탐색을 통해 기업의 비용 구조가 결정된다. 기업의 사업 포트폴리오와 제품 및 서비스, 고객과 시장, 투자 역량, 운영과 관리 형태를 주의 깊게 평가해야 한다. 운영 및 지원 부문이 어떤 지역에 위치하고 있는지 검토해야 한다. 전략적 시각으로 이러한 구조적 질문을 던져보지 않고는 비용 기반을 점진적으로 악화하는 결과로 이어질 뿐이다. 기업에게 필요한 것은 빠르게 도약하는 것이다.

대승적 관점에서 미래의 견고한 성장 기반을 고려하여 비용 구조를 객관적으로 평가하고, 차별화 역량 구축에 도움이 되지 않는 사업과 제품을 과감하게 축소하며, 충분한 이윤으로 이어지지 않는 고객을 정리하거나 적절한 비용으로 효과적으로 고객을 응대할 수 있도록 조직을 재편해야 한다.

모든 것에서 최고가 되려는 욕심은 버려라. 욕심은 낭비를 만드는 지름길이다. 전략을 수행하거나 차별화 역량을 강화하는 데 필수적인 요소가 아닌 사업 부문, 프로세스, 또는 활동에 대해서는 적당한 수준에서 만족할 필요가 있다. 이러한 새로운 시각을 전체 사업에 적용하여 대규모 원가 변동 기회를 찾을 수 있다. 대규모 인원 감축, IT 투자 삭감, 전체 프로세스 축소가 그 답이라 하더라도 상관없다.

원칙 7: 비용 절감과 역량 강화를 위한 투자 사이의 균형을 맞춰라. 무언가 완전히 특별한 것을 위해 노력한다는 사실은 비용 절감과는 달리 대부분의 직원에게 큰 동기 부여가 된다. 따라서, 조직의 비용 구조를 재조정하는 프로젝트는 기업 고유의 차별화된 경쟁력을 구축한다는 메시지를 긍정적인 프레임으로 홍보해야 한다.

비용 혁신이 손익에 미치는 영향은 정량적으로 측정 가능하며 주주와 같은 주요 이해관계자에게 매력적인 신호로 받아들여진다. 그래서 많은 CEO들이 이를 먼저 대외적으로 홍보하는 것이다. 그러나 기업이 차별화 역량에 투자한다는 명확한 투자 결정 또한 매우 중요하며 비용 혁신과 차별화 역량에 대한 투자를 동시에 달성하기 위해서는 혁신을 일으키는 직원들의 지원을 포함하여 다양한 협조가 필요하다.

우리의 고객 중 하나는 미래의 성장을 위해 핵심 역량에 집중하며 동시에 비용을 절감할 계획을 설계하고 이를 분명하고 확실하게 전달했다. 그 회사는 신규 마케팅 전문 기술, 아웃소싱 업체 관리, 브랜딩에 대해 명확하게 집중하여 핵심 역량을 강화했다. 이렇게 역량이 전략과 비전과 일치되는 과정을 표현하고 직원들에게 전달함으로써 CEO는 새로운 성장 방법을 모색할 수 있을 뿐 아니라 혁신을 통해 기업 고유의 경험과 역량을 쌓을 수 있다는 점을 직원들에게 납득시킬 수 있었다. 이러한 설득은 조직의 변화에 큰 도움이 된다.

종종 기업의 경영진이 비용 절감을 우선시하여 역량 구축을 차후에 실행하는 실수를 범하는 것을 목격하게 된다. 그들은 나중에 성장에 집중할 시간과 에너지가 있으리라고 생각한다. 그러나 성장 엔진에 불을 지피지 않고는 대규모 혁신을 성취할 수 없다. 만약 기업의 차별화 역량을 확인하고, 표현하고, 키우지 않는다면 이는 새로이 재편성한 기업의 앞길에 방해가 될 것이다.

질문 3: 어떻게 혁신을 관리하고 지속성을 유지할 것인가?

대규모 혁신 프로젝트를 진행할 경우, 프로젝트 단계마다 특유의 리스크가 필연적으로 발생한다. 그러한 리스크를 최소화하기 위해 가장 좋은 방법은 무엇일까? 기업의 문화와 혁신의 규모에 따라 넓은 스펙트럼의 솔루션을 도출하는 경향이 있지만, 우리는 일관된 계획에 기반을 두고 문제에 접근할 것을 권고한다. 이러한 계획은 비용 절감 계획을 감독하는 소규모 운영 위원회, 혁신 담당 임원, 조직 전반에 걸친 변화의 설계와 실행을 담당하는 다수의 책임자로 이뤄진 PMO(Program management office)에 이르기까지 전 사업 영역에 걸쳐 다양한 기구와 리더십을 통해 추진된다. 이러한 노력이 기업의 문화에 깊이 스며들수록 변화는 조직 속에 뿌리내리고 오래 지속될 것이다.

원칙 8: 사업의 변화를 동시에 주도할 수 있는 조직을 수립하라. 비용 혁신은 평상시 업무가 아니다. 따라서 조직 전반에 필요한 변화를 설계하고 그와 관련된 결정을 내리는 과정에도 본연의 사업은 평상시와 같이 진행해야 한다. 이를 성취하기 위해 가장 좋은 방법은 혁신을 주 업무로 수행하는 PMO를 구성하여 혁신 프로젝트의 실행을 감독하도록 하는 것이다. 이는 다수의 분산된 비용 절감 프로젝트를 실행하는 것보다 훨씬 효과적인 방법이다. 회사의 신뢰를 받으며 다양한 사람들에게 존경을 받는 임원을 리더로 선임하고, 기업 내 다양한 분야의 가장 창의적이며 능력 있는 관리자와 직원을 모아 혁신 프로젝트에만 집중하도록 한다. PMO는 프로젝트의 목표를 성취하고 임원진과 협업하여 최종적 전사 목표를 달성한다.

PMO의 업무는 복잡하게 구성되어 있다. 때로는 일상적 경영 활동에 부담을 가하는 혁신을 위한 조언을 제공하고, 혁신을 이끄는 다양한 분야의 업무 팀의 권한과 책임을 조정하는 것이다. 이러한 팀들은 근본적으로 조직의 미래를 설계하는 역할을 맡게 되므로 "최고의" 인력을 배치하고 이해 상충 상황에서 필요한 정보와 권한을 제공해야 한다. 개별 팀에게는 명확한 목표와 업무를 배정하라. PMO는 수익을 기준으로 표준화된 방법으로 프로젝트 진행 상황을 모니터링하고 경영진과 빈번하게 마주하여 진행 상황을 평가하고, 결정을 내리고, 진행 중인 결과를 보고한다. 마지막으로, PMO는 조직이 지속적인 개선 방법들을 도입하는 과정을 지원하여 공식적으로 혁신 프로젝트가 완료되더라도 그 효과가 지속되도록 한다.

원칙 9: 프로젝트 이전에도, 추진 중에도, 끝난 후에도 지속적으로 의사소통하라. 전사적 혁신에 대한 직원의 지원을 성공적으로 이끌어낸 CEO는 "대규모 혁신 캠페인 중에는 신속하고, 빈번하게 의사소통하는 것이 필수적이다. 그러나 혁신 프로젝트의 일상화된 변화에 휩쓸려 적극적인 의사소통을 지속하는 기업은 극소수뿐이다.

직원들이 미래에 대한 명확한 생각을 가지고 있지 않는 한, 대규모 변화는 절대로 일어나지 않으며 변화가 생긴다 하더라도 그 효과는 지속되지 않는다. 전략과 결부된 능숙한 내부 및 외부 의사소통은 필수적인 요소이다. 내부적으로, CEO는 직설적이고, 현실적이며, 명료한 언어로 혁신 방안을 전달해야 한다. 경영진에서 내려오는 모든 정보에 대해서는 일관성이 있어야 하고, 개별 이슈나 사업부의 문제를 꿰뚫고 있어야 한다. 가장 중요한 내부의 청중은 혁신 이후 기업에 남아 계속 일을 할 사람이라는 것을 잊어서는 안 된다. 이메일 커뮤니케이션이 흔한 네트워크 환경에서는 마우스 클릭 한 번만으로도 메시지를 포워딩할 수 있다. 이러한 환경 속에서 정보를 전달하는 사람들은 그들이 내부의 청중을 대상으로 전달하는 모든 메시지가 애널리스트, 리포터, 경쟁자에게 전달될 수 있음을 염두에 두어야 한다.

증권가의 애널리스트나 미디어 등 외부와의 의사소통은 주도적이며 명료하고 혁신의 목표를 성취하는 동안 지속적으로 이뤄져야 한다. 특히 단기 및 장기적 관점에서 기업에 나타날 효과를 상세하게 설명해야 한다. 혁신의 초기 단계에 애널리스트들을 만나 시장 현황에 근거한 혁신 활동의 효과성을 근거로 전달하는 것은 투자자들이 혁신을 이해하고 지원하도록 하는 데 종종 커다란 효과를 발휘한다. 이사회를 상대로 한 의사소통에서는 모든 목표를 보다 큰 전략적 비전과 신규 운영 모델의 프레임으로 정리하여 전달한다.

혁신 전략의 기반이 되는 논리를 설명하기 전에 너무 오랜 시간을 소요하는 것이 가장 흔하게 일어나는 경영진의 실수다. CEO가 모든 문제에 대한 답을 가지고 있지 않다고 생각하여 세부 계획이 자리를 잡기 전에 발표를 먼저 하는 것에 대한 두려움을 지닐 경우 이러한 시간 소요가 발생한다. 그러나 발표를 너무 오래 지연하는 것은 상황의 긴급함을 희석시키며 혁신의 추진 기반을 약화시킨다. 정보의 공백으로 조직 내에 루머가 만연하기도 하며, 이 경우 경영진은 직원들을 이끌기보다는 직원들의 질문에 반응하기만 하는 상황이 될 수 있다.

원칙 10: 체중을 감량하라. 비용 혁신은 그저 기업의 비용과 전략을 재조정하는 프로세스가 아니다. 만약 그것이 전부라면 혁신은 결국 실패할 수밖에 없다. 진정한 혁신은 조직을 구성하는 사람들의 행동과 실행 속에 존재한다. 이들이 변화하지 않는다면 변화는 지속될 수 없다.

모든 대규모 혁신 과정에서는, 각자에게 주어진 책임을 성취하고 성과를 배분하고 인센티브를 분배하고 결과를 모니터링하는 새로운 방법을 적용하게 된다. 이들은 재무적 목표를 달성한 후에도 그대로 유지되어야 한다. 일부 기업에서 혁신 프로젝트 종료 후 단기적으로 성취한 성과를 확인하고는 혁신 이전의 운영 방식으로 회귀하려고 하는 시그널에 대한 후속 조치를 취하지 않는 것은 흔히 볼 수 있는 실수이다.

이런 문제를 피하기 위해서 프로젝트가 종료된 이후에도 일정 기간 PMO를 유지해야 한다. PMO는 혁신의 과정에서 변화된 업무를 수행하고, 예산을 수립하고, 인센티브를 배분하는 새로운 방식을 제도화하는 데 도움을 줄 수 있다.

성공적으로 다이어트에 성공한 사람을 통해 알 수 있듯이, 과거의 습관으로 돌아가지 않기 위해서는 방심하지 않고 규칙을 지켜나가야 한다. 경영진은 새로운 정책, 절차, 자원 배분 방침을 강화함으로써, 비용을 철저하게 관리하고 핵심 역량에 계속해서 집중적인 투자가 이뤄질 수 있도록 해야 한다.

지속성장을 위한 체질 확보 방법론의 차별성

PwC가 수십 년간 비용 혁신을 위해 수많은 기업들과 협업한 과정에서 얻어낸 중요한 원칙 10개를 지금까지 살펴보았다. 이는 지속성장을 위한 체질 개선 접근법이 진화하는 과정에서 PwC가 얻은 경험과 지식을 총집합한 것이다. 지속성장을 위한 체질 확보 프로젝트는 단지 비용을 절감하는 과정이 아니며, 전통적인 비용 절감과는 근본적으로 다른 전제에서 시작한다. 지속성장을 위한 체질 개선 접근법은 성장을 지원한다. 일반 주택의 앞마당만 보더라도, 원하는 방향으로 나무를 성장시키기 위해서는 가지치기가 필요하며, 때로는 심할 정도의 가지치기가 필요한 경우도 있다는 것을 알 수 있다. 죽은 나무와 잘못 뻗어 나간 가지를 잘라내어 충분한 영양분이 필요한 부분으로 가도록 해야 하는 것처럼, 기업도 마찬가지다.

표 3.1에서 볼 수 있는 것처럼, 지속성장을 위한 체질 개선 접근법은 전통

| 표 3.1 | 지속성장을 위한 체질 개선 접근법의 중요한 차이점

원가절감 접근법		지속성장을 위한 체질 개선 접근법
경쟁에 초점을 둔 벤치마크 기반 접근법	철학	"좋은 비용"(차별화 역량)을 보호하고 "나쁜 비용"을 축소하는 전략 기반 접근법
모든 원가 부문에 포괄적인 원가절감 레버를 일괄적으로 적용한다	방법론	역량의 우선순위를 정하고, 비용을 세분화하고, 절감 레버를 적절한 강도로 적용한다
조직 구조에 집중한다("조직도" 및 "관리 범위와 체계")	조직 연관성	새로운 비용 구조를 구성하고 지속함에 있어 필요한 핵심 요소로 전사적 조직 설계를 바라본다
하향식 리더십 조정과 의사소통을 독려한다	변화관리	소수의 핵심 행동과 "멘토"를 활용한 문화 기반의 변화를 선호한다
실행 도중 지속가능성을 논의한다	지속가능성	첫째 날부터 지속적인 비용 관리를 가능하게 하는 조직, 프로세스, 인재, 문화적 요소를 모두 포함한다

자료: PwC Strategy&

적인 비용 절감 접근법과는 철학, 방법론, 조직, 변화관리 및 지속가능성 측면에서 다르다. 이에 대해서는 PART 3에서 더욱 상세하게 논의할 것이다.

본질적으로, 지속성장을 위한 체질 개선 접근법은 전통적인 방법론과는 비용 절감을 바라보는 관점부터 다르다. 지속성장을 위한 체질 개선 접근법은 전략에서부터 시작된다. 무엇을 제거할지 고민하기보다는 무엇을 유지할지 고민하는 것에 초점을 둔다. 지속성장을 위한 체질 개선 접근법하에서 모든 지출은 투자이며, 모든 비용은 선택 가능한 옵션이다. 비용 절감을 통한 성장 동력 창출의 비밀은, 제거할 부문만을 골라내는 것이 아니라 투자할 부문도 선택하는 것에 있다.

PwC가 보는 올바른 선택이란 전략과 실행 사이의 간극을 축소하는 것이다. 이는 차별화 역량, 즉 지속적으로 가치를 전달하고 기업을 경쟁사와 차별화하는 프로세스, 툴, 지식, 기술, 조직의 조합에 투자하는 것을 의미한다. 기업은 차별화 역량에 기반을 두고 경쟁하게 된다. 차별화 역량은 시간, 자금, 관심을 필요로 할 만큼 복잡하며, 비용이 많이 들지만, 차별화 역량이 없이는 그저 다른 모든 기업과 같은 기업이 될 뿐이다.

글로벌 경쟁, 시장 점유율 하락, 이윤 압박 등이 난무하는 뉴노멀 시대 속에서, 다른 모든 기업과 같은 방식을 고수하며 경쟁에서 승리할 수 없다.

PART 2

전략적 구조조정 및 원가절감 가이드

FIT
for
GROWTH

4 /

비용 절감 레버
무엇을, 어디에서, 어떻게 절감할 것인가?

PART 1을 통해 지속성장을 위한 체질을 갖춘 조직의 특징을 파악할 수 있었다. 그 특징들은 첫째, 지속성장을 위한 체질을 갖춘 조직은 차별화 역량에 지속적으로 집중한다. 둘째, '비용 최적화' 원칙이 기업 문화에 녹아들어 있다. 셋째, 성장을 유도하는 조직 구조 및 지원 체계가 구축되어 있다. 조직 적합성이란 지속적인 활동으로서, 운동선수가 체계적인 방법을 통해 규칙적으로 훈련하는 것과 같으며 이는 일회성 활동이 아니다. 그러나 대부분의 회사는 마치 의사로부터 심각한 경고를 받기 전에는 버릇을 고치지 않는 환자와 같이 수익성 악화, 시장 점유율 감소, 주가 하락 등의 문제에 직면하기 전까지는 조직 적합성을 고려하지 않는다. 그러한 문제를 마주하게 된 회사는 선의의 목표를 위해 점진적 노력보다는 기업의 단기적 생존을 위한 비용 절감 차원의 조치를 취한다.

PART 2에서는 기업이 비용 절감 차원에서 추진할 수 있는 여러 가지 레버에 대해 논의할 것이다. 우리는 개별 레버의 상세한 설명을 위해 철저한 계획하에 수립된 지속성장을 위한 체질 개선 혁신 과정에서 이러한 레버들이 어떻게 활용되는지에 대해 설명할 예정이다. 이러한 비용 절감 레버들은 이미 '건강한' 기업이 기존의 체질 수준을 향상시키기 위한 목적으로 또는 새로운 전략을 추진하거나 이미 완료된 혁신 과정의 지속성을 확보하기 위한 목적으로도 사용 가능하다. 이번 PART 2에서 논의될 레버들은 고성과 기업에게는 친숙한 개념일 것이며, 또한 성공적인 기업의 원인을 설명하는 데도 도움이 될 것이다.

모든 지속성장을 위한 체질 개선 혁신 계획은 주로 3가지 요소를 포함한다:

1. 목표 설정. 종합적인 비용 절감 목표 설정 및 목표 달성 일정 계획
2. 차별화 역량 파악. 기업이 이미 보유한 차별화 역량 확인 및 비용 절감 과정에서 보존 또는 강화가 필요한 차별화 역량 파악
3. 활용할 레버 결정. 수익선 개선 또는 차별화 역량 재투자에 필요한 자금 확보 차원에서 활용할 수 있는 레버 결정

목표 설정

비용 혁신 프로그램은 기대 효과를 수치화된 도전적인 목표로 설정해야 한다. 목표 설정은 거시적 관점에서 재무 목표를 제시하는 것 이외에도 2가지의 목적을 가지고 있다. 첫째, 목표는 기업이 직면한 일시적(감당할 수 있는 규모의 단기적 수익 부진) 또는 존속 위협(파산 임박) 등 어려움을 명확하게 드러내야 한다. 둘째, 목표는 조직 구성원을 자극하여 기존 운영 방식에 익숙한 조직을 변화시킬 수 있는 공격적이고 창의적인 생각을 유도해야 한다. 예

를 들면, 기업이 20% 비용 절감을 목표로 설정했으면, 조직 구성원은 기존 운영 방식의 수정을 통해 목표 달성이 어렵다는 것을 인식하고 새롭고 혁신 적인 접근법의 필요성을 인지할 수 있어야 한다.

비용 절감 목표는 경영진이 결정하며, 이는 대내외적 기업의 목표일 뿐만 아니라 투자자의 기대를 대변하게 된다. 목표의 "산출" 및 "검증"을 위해 다 양한 측정 방법을 활용한다. 고위 경영진은 각 측정 방법에서 산출된 추정치 또는 범위를 사용해서 공격적인 목표를 설정한다. 주가 상승, EBIT(Earnings before Interest and Tax) 개선, 수익 대비 비용 비율 등은 주요 목표 지표와 측 정 방식으로 사용된다. 경쟁기업의 지표를 벤치마킹하는 경우도 많다. 예를 들어, 특정 행동주의 투자자들이 불황으로 인해 주가가 급락한 IT 기업의 지 분을 대량 인수했을 때, 인수 당시 기업의 EBIT는 주요 경쟁기업 대비 1/3 수준에 불과했으며, 투자자들은 경영진에게 경쟁 열위 수준을 축소하라고 요구했다.

실제 혁신 과정 시행 전에, 경영진은 수익 개선이 필요한 부문뿐만 아니라 이를 개선하기 위해 어떤 노력이 필요한지 파악해야 한다. 성과 향상 과정의 첫 단계인 수익 개선 목표는 4개의 방식으로 추정치를 추출할 수 있다.

1. EBIT 기준으로 경쟁기업 상위 25% 수준인 3.5억 달러 목표 설정
2. 투자자의 기대수익 분석을 통해 개선 목표 4억 달러 설정
3. 유사기업의 경영 활동과 비용을 평가하여 수익 개선 목표 3.25억 달러 설정
4. 경영진의 경험 및 노하우를 바탕으로 수익 개선 목표 3억 달러 설정

추정치를 종합하여 경영진은 수익 개선 목표를 3억~3.75억 달러로 잡았

| 그림 4.1 | 이윤 개선 목표치 측정 방식

경영 목표
3억 달러

벤치마크 기반 추정치
3.25억 달러

확고한 추정치
3억~3.75억 달러

평균 EBIT 마진 추정치
3.5억 달러

투자자의 수익 기대
4억 달러

자료: PwC Strategy&

으며, 도전적인 목표는 4억 달러로 잡았다(그림 4.1).

이러한 방식의 수익 개선 목표 산출은 기업으로 하여금 공격적이지만 믿을 만한 목표를 설정할 수 있도록 해주며, 목표 미달 시에도 재무적 목표와 성장 투자에 필요한 자금을 확보할 수 있도록 도와준다.

목표를 결정한 후 비용 절감 도입 기간을 정해야 한다. 경험에 의하면, 2년 이내 신속한 진행이 효과적이며 도입 기간이 짧을수록 조직 구성원의 창의성 발휘, 경영진의 목표를 향한 집중 및 혁신에 대한 조직적 나태함을 최소화할 수 있다.

차별화 역량을 도출하는 방법

지속성장을 위한 체질 개선 혁신은 기업의 차별화 역량을 보존 및 강화하는 것에 초점이 맞춰져 있으며 일반적 비용 절감 활동과는 다르다. 지속성장을 위한 체질을 갖춘 기업이 되기 위해서는 임의적·일률적인 방식으로 또는 기업의 핵심 역량을 무시한 채로 비용 절감을 해서는 안 된다. 경영진은 반드시 부문별 균형적인 시각을 가지고 접근해야 한다. 경영진은 각 부문에 대해 대폭 비용을 절감할 것인지, 소극적으로 비용을 절감할 것인지 또는 추가적 투자를 감행할 것인지에 대해 신중한 판단을 내려야 한다. chapter 2에서 확인했듯이, 필수 역량 및 기초 역량에 대한 비용을 적극적으로 절감하는 반면 차별화 역량에 대해서는 신중한 태도를 취하여 효율성을 극대화할 수 있는 방식으로의 접근이 필요하다.

역량은 조직의 프로세스, 도구, 지식, 능력, 조직 구조가 결합되어 나타나는 결과물이다. 차별화 역량은 기업이 경쟁기업보다 월등한 성과를 창출하고 고객에게 더 나은 가치를 제공하는 능력을 말한다. 기업이 경쟁 우위를 점하고 경쟁기업과 경쟁하여 승리할 수 있는 충분한 경쟁력을 갖추는 시점은 3~6개의 차별화 역량을 시스템화에 성공했을 때이다.

기업의 성공 여부는 3~6개의 차별화 역량의 체계적 내재화 가능성에 따라 달라지며, 기업은 지속성장을 위한 체질 개선 혁신 과정에서 상기 역량을 지속적으로 유지하고 강화해야 한다. 따라서, 혁신 프로세스를 추진하는 동안 경영진은 반드시 기업의 차별화 역량에 대해 합의하고 결정해야 한다.

차별화 역량을 결정하기 위해서는 다수의 관문을 통과해야 한다. 첫째, 기업이 차별화 역량을 너무 광범위하게 정의했을 때, 경영진들이 자신의 기업의 차별화 요소를 정확하게 인식하지 못하게 되는 경우이다. 예를 들어, 한 소비재 의료 기업은 "제품 개발"과 "마케팅"을 차별화 역량으로 선정했으나 이를 활용하여 경영진 의사결정에 유익한 정보를 추출 가능할지는 불투명하다. 화이자제약이 소비자 의료 부문 사업부 소유 당시, 해당 사업부의 역량을 다음과 같이 정의했다: ① '고객의 건강'이라는 가치제안을 기반으로 한 마케팅 역량, ② 제약 관련 감독 기관과 정부 정책 방향에 개입할 수 있는 영향력이었다. 상기 요소들은 화이자제약 소비자 의료 부문의 핵심 '역량 시스

템' 요소였으며, 시장 경쟁력 및 해외에서도 화이자제약 제품을 판매하는 데 도움이 되었다.[1]

둘째, 경영진은 다양한 조직 기능 분야별로 균형된 관점에서 차별화 역량을 정의해야 한다. R&D 부문 본부장은 제품 기능적 혁신의 관점, 생산 부문 본부장은 유연한 제조 공정의 관점, 영업 부문 본부장은 주요 고객 관리의 관점 등 상이한 차별화 역량을 선정할 것이다.

셋째, 경영진은 기업의 다수 역량 중 3~6개의 핵심 차별화 역량을 추려내는 것에 어려움을 겪는다. 경영진에게는 기업의 수많은 활동이 특별한 것으로 간주되며, 이 중 차별화 역량으로 꼽지 못하는 것은 경쟁기업 대비 진정한 차별적 요소가 없는 것을 의미한다.

만약 차별화 역량을 명확하게 표현하지 못하거나, 또는 차별화 역량을 명시한다 하더라도 구성원 간 합의가 이뤄지지 않는다면 경영진이 각 부문의 비용 절감 또는 투자를 집행함에 있어 오판할 위험이 존재한다. 어떻게 하면 기업의 차별화 역량을 명확하게 밝힐 수 있을까?

기업의 차별화 역량에 대한 전사적 합의를 구하는 효과적인 방법은 다양한 방식으로 측정하며 검증하는 절차를 거치는 것이다. 첫째, "경쟁자 대비 자사가 특별히 잘하는 부문이 무엇이라고 생각하는가? 그 요소가 시장에서 왜 중요한가?"와 같은 내부 진단을 시행한다. 둘째, 외부 고객의 평가를 통해 내부 진단 결과가 유효한지 검증한다. 고객과 조직 구성원이 생각하는 기업의 핵심 역량이 동일한가? 이러한 과정은 기업의 차별화 역량에 대해 객관성을 부여한다. 셋째, 경쟁사 대비 기업의 역량 평가에 대한 추가적 조정이다. 이 과정에서는 기업이 잘하는 것과 경쟁사가 잘하는 것이 무엇인지, 그리고 기업이 가진 역량 중 경쟁사보다 더 강한 역량이 어떤 것인지 객관적으로 평가해야 한다. 벤치마킹은 기업이 보유하고 있는 역량과 무엇을 해야 하는지에 대한 의문점을 해소해준다, 예를 들어 진정한 차별화 포인트가 될 가능성을 지닌 역량을 더욱 강화해야 할지, 아니면 틈새 공략 차원의 다른 역량을 만들어야 할지에 대한 답을 찾는 데 도움이 된다. 역량 측정 및 검증 과정에서, 경영진은 편견 없이 기업이 시장에서 경쟁해서 승리할 수 있는 3~6개의 역량의 우선순위를 선정해야 한다.

비용 절감 레버의 선정

경영진이 공격적 목표를 설정하고 차별화 역량을 확정하게 되면, 어떻게 비용을 절감할 것인가에 대하여 고민해야 한다. 지속성장을 위한 체질을 갖춘 기업들은 최소한의 자원으로 최대의 결과를 산출한다. 고정관념에 매달리지 않는다. 지속성장을 위한 체질을 갖춘 기업들은 명확히 파악된 차별화 역량을 바탕으로 자주 문제가 되는 영역을 중심으로 자원 투입의 우선순위를 조정한다. 그들은 목표 달성을 위해 '적은 자원으로 적은 일'을 해야 한다는 사실을 이해한다.

우리는 실제 컨설팅 프로젝트에서 다양한 비용 절감 레버를 체계화하는 지속성장을 위한 체질 확보 프레임워크를 사용했다(그림 4.2, 표 4.1). 이 프레임워크는 기업에게 "무엇을 할 것인가?", "어떠한 영역, 지역에서 경영 활동을 수행하는가?", "어떻게 (그리고, 얼마나 높은) 성과를 창출할 것인가?"와 같은 질문을 통해 기업의 기본 원칙을 재평가하도록 한다.

"무엇을 할 것인가?": 사업 포트폴리오와 역량의 선택

이러한 질문들은 한 기업이 본질적으로 선택해야만 하는 투자와 원가에 관한 것이다. 즉, '어떤 제품과 서비스를, 누구에게, 어떤 시장에서, 어떤 경로로 판매하는가' 등의 질문이 바로 그것이다. 그중 어떤 것이 차별화 역량이고, 어떤 것이 기초 역량이며, 필수 역량인가? 핵심 역량과 연관된 비용 항목이라고 해도 철저한 검토 대상이 되어야 한다. 회사는 운영을 단순화하는 차원에서 비즈니스 포트폴리오의 일부를 처분하거나, 저수익 고객을 정리하

| 그림 4.2 | 지속성장을 위한 체질 확보 비용 절감 프레임워크

가치

사업 포트폴리오 및 역량 결정 "사업"	기업이 수행하는 활동은 무엇인가?
	포트폴리오 합리화 / 제로베이싱 역량

조직 및 활동 지역 "위치"	어떠한 영역, 지역에서 경영 활동을 수행하는가?
	사업 운영 모델 / 아웃소싱 / 풋프린트 최적화

운영 탁월성 "운영"	어떻게 (그리고, 얼마나 높은) 성과를 창출하는가?
	프로세스 엑설런스 / 관리 범위와 단계 / 전략적 공급 관리
	디지털화

자료: PwC Strategy&

고, 특정 지역 시장에서 철수하는 등의 방법을 취할 수 있다. "무엇을 할 것인가?"라는 질문에 적용되는 2가지 레버는 다음과 같다:

1. 포트폴리오 합리화: 순이익 및 제품, 고객, 지역, 사업 단위 간의 전략적 일관성을 평가 후 기업 전략 및 운영 방식에 핵심적인 요소를 결정하는 과정
2. 제로베이싱: 기존 역량 평가 후 축소 또는 제거할 요소를 결정하는 과정으로서, 과거 경험에서 비롯된 선입견에서 벗어나 정당한 근거에 기초하여 어떤 요소에 집중할 것인지에 대해 탐색하는 과정

"어디서 할 것인가?": 조직 및 로케이션

기업의 운영 모델은 기업의 사업 활동과 지원 활동을 어떻게 구성할 것인지, 사업 및 지원 활동이 어떻게 전달되도록 할 것인지, 그리고 어디서 그런 활동이 벌어지도록 할 것인지를 정의한다. 이러한 의사결정은 전사 셰어드 서비스 센터 내에서 단위 업무의 표준화를 의미하기도 하며, 생산 및 지원 활동을 저비용 국가로 이전시키거나 아니면 아웃소싱 등의 의사결정을 의미하기도 한다.

이 카테고리에 관련 레버는 다음과 같다:

1. 운영 모델: 본사, 사업부, 전사 공동 지원 부서 간의 역할과 책임의 재배분을 통해 조직의 중앙 집중화 및 표준화 수준을 결정할 수 있음
2. 아웃소싱: 기업의 내부 역량과 외주 기업의 역량을 비교 평가하여 가치

사슬 중 제조, 유통, R&D, 경영지원 서비스 등 상당 부분을 외주화할 수 있음

3. '풋프린트(Footprint)' 최적화: 기업의 물류 센터, R&D 센터, 경영지원 사무실 등 물리적 위치를 조정함으로써 시설 통합, 저비용 국가로의 이전 등을 통해 비용 절감 및 자산 활용도 개선 가능함

| 표 4.1 | 선별적 비용 레버를 활용한 비용 절감 기대 효과

비용 절감 레버 분류	레버	소요 시간	절감 예상 효과
비즈니스 포트폴리오와 역량 결정	포트폴리오 합리화	~1년	20~30%
	제로베이싱 역량	6~18개월	20~35%
운영 모델	사업 운영 모델	12~24개월	15~25%
	아웃소싱*	6~18개월	5~50%
	풋프린트 최적화	12~24개월	15~20%
운영 탁월성	프로세스 엑설런스	3~15개월	10~20%
	관리 범위와 체계	3~4개월	10~15%
	전략적 비용 관리	6~12개월	5~10%
	디지털화	1~3년	20~25%

* : 제조, 교통, 보관 부문의 아웃소싱은 5~10%의 절감 효과로 이어질 수 있다.
  IT와 백오피스 프로세스의 아웃소싱은 30~50%의 절감 효과로 이어질 수 있다.
자료: PwC Strategy&

"어떻게 (그리고, 얼마나 높은) 성과를 창출할 것인가?": 오퍼레이션 엑설런스

오퍼레이션 엑설런스(Operation Excellence)를 통해 기존 운영 방식의 효율성을 향상시킬 수 있다. 프로세스 최적화, 조직의 수평화 및 경영진의 통제 범위 확대, 전략적 구매를 통한 이익 확보, 프로세스 디지털화 등이 오퍼레이션 엑설런스를 달성하기 위한 레버에 해당된다. 오퍼레이션 엑설런스 달성을 위한 영역은 전사 혁신 기간 동안에만 이목을 끄는 영역이 아니라, 평

상시 지속적으로 재평가되는 영역이다. 오퍼레이션 엑설런스 레버는 다음과 같다:

- 프로세스 엑설런스: '린(Lean)', '식스 시그마' 등의 방법론을 활용하여 프로세스 최적화 및 효율성 향상
- 책임 범위와 조직 단계(Layer) 조정: 직접 보고 비중을 확대하고 보고 체계를 단순화하여 경영을 효율화하고 조직 구조를 수평화
- 전략적 공급 관리: 조직의 직접적·간접적 자원 사용의 효과를 개선
- 디지털화: 기존 프로세스, 고객 채널, 파트너와의 상호 활동 등을 검토 후 프로세스 자동화, 디지털화 도입 기회 탐색

오퍼레이션 엑설런스 레버 중 어떤 것을 선택하고, 어떻게 사용할 것인가에 따라 기업 혁신 프로그램의 성공 여부가 좌우된다. 이러한 의사결정은 기업의 비용 절감 폭, 기업의 변화에 따른 조직 관리, 향후 성장을 견인할 역량 수준을 결정한다. 다양한 레버를 동시에 사용함으로써 상당한 시너지를 기대할 수 있다. 예를 들면, 사업 포트폴리오에 대한 의사결정을 통해 풋프린트 및 운영 모델에 대한 재평가가 수반되게 된다. 프로세스 엑설런스와 디지털화가 결합되었을 때 훨씬 더 강한 힘을 발휘할 수 있다. 또한 제로베이싱은 프로세스 엑설런스, 전략적 공급 관리 부문의 저부가 가치 업무를 중단하고 필수 역량의 효율성을 제고시키는 활동을 수반하도록 한다.

다음의 9개 장을 통해 우리는 각각의 레버에 대해 좀 더 깊이 살펴보게 될 것이다. 구체적으로는 각 레버가 어떤 결과를 수반하게 되는지, 어떻게 각 레버를 실행할 것이며, 성공 사례를 통해 어떻게 적용할 것인지를 살펴볼 것이다.

5 /

포트폴리오 합리화
어떤 사업을 지속할지 결정하라

성공적인 기업과 성공적이지 못한 기업 사이의 가장 큰 차이점은 전략적 명확성과 일관성의 보유 여부이다. 일관성 있는 기업들은 자사의 가치와 매끄럽게 맞아떨어지는 제품과 서비스를 제공하고 기업의 차별화 역량을 활용한다. 전사 전략 차원에서 이는 기존에 정의된 정체성과 어울리지 않는 사업을 처분하거나 또는 완전히 철수하는 것을 의미한다. 대기업 디스카운트(Conglomerate Discount)라는 경제적 개념은 이 전략을 뒷받침한다. 대기업 디스카운트란, 사업이 다양해질수록 기업은 방향성을 잃고, 불필요한 복잡성이 증대됨으로 인해 우수한 역량을 확대하기 어려워진다는 것을 의미한다. 그 결과, 문어발식 확장을 한 대기업들은 특정 분야에 집중하는 기업 대비 수익성이 낮은 경우가 많다.

이와 동일한 논리가 기업의 제품, 서비스, 시장, 영업 및 물류 채널 포트폴리오 전반에도 적용된다. 포트폴리오가 다양해질수록 복잡성은 증대되며, 그에 따라 비용은 증가하고 기업 운영의 효과성은 저하된다. 일반적으로 기업이 성장할수록 고객을 만족시킬 새로운 방안을 모색하고, 신규 고객 세그먼트 및 지역으로 사업을 확대하고, 보다 개별화된 고객 니즈 및 가치를 전달하고, 차별화된 서비스를 제공하는 과정에서 포트폴리오 복잡성은 증대된다. chapter 4에서 확인했듯이, 포트폴리오에 대한 결정은 "기업이 어떤 일을 할 것인가?"에 대한 근본적인 질문에 대한 답이다. 이는 조직 전체에 크나큰 영향을 미치며 비용 절감 프레임워크상의 핵심 요소가 된다. 이런 측면에서, 포트폴리오 합리화는 비용을 절감하고 기업이 차별화 역량에 다시금 초점을 맞추도록 돕는 강력한 레버로서, 성장을 향한 전사적 집중력을 확대하는 혁신 프레임워크의 핵심이 된다.

포트폴리오 합리화란 무엇인가?

성장 과정에서 많은 조직들은 신규 고객, 제품, 서비스, 채널 등을 통해 포트폴리오를 확장하고 다각화하는 경향이 있다. 그림 5.1은 기업이 공급제품, 운영 방식과 시장 진출 전략을 수립하고 대상으로 할 고객 및 채널을 결정하는 과정에서 발생하는 복잡성과 기업 가치 사이의 관계를 보여준다. 많은 경우, 이러한 결정에는 트레이드오프가 수반되며 시간이 지남에 따라 하나의 길을 선택했을 때 포기해야 하는 다른 것들에 대해 타협하는 모습을 보임으로써 기업의 전반적인 복잡성은 서서히 증대되는 경향이 있다. 물론 대부분의 경우 기업은 이런 기회비용을 인식하지 못한다.

포트폴리오 복잡성은 2가지 측면으로 기업에 영향을 미친다. 첫째, 수확 체감이다: 다수의 업무를 수행할수록 규모의 경제 달성과의 괴리는 커지며 기업의 핵심 역량과 적합성 저하로 비효율이 발생하여 한계 생산 감소 현상

| 그림 5.1 | 포트폴리오 합리화란 무엇인가?

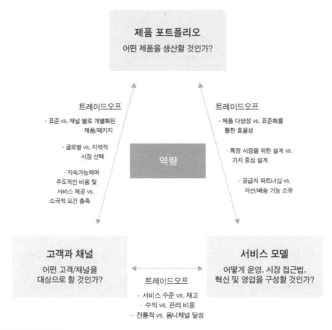

제품 포트폴리오
어떤 제품을 생산할 것인가?

트레이드오프
· 표준 vs. 채널 별로 개별화된
제품/패키지
· 글로벌 vs. 지역적
시장 선택
· 지속가능하며
주도적인 비용 및
서비스 제공 vs.
소극적 요건 충족

역량

트레이드오프
· 제품 다양성 vs. 표준화를
통한 효율성
· 특정 시장을 위한 설계 vs.
가치 중심 설계
· 공급자 파트너십 vs.
자산/배송 기능 소유

고객과 채널
어떤 고객/채널을
대상으로 할 것인가?

트레이드오프
· 서비스 수준 vs. 재고
· 수익 vs. 관리 비용
· 전통적 vs. 옴니채널 달성

서비스 모델
어떻게 운영, 시장 접근법,
혁신 및 영업을 구성할 것인가?

자료 : PwC Strategy&

이 발생한다. 즉, 기업의 업무 다양화로 인해 비효율이 발생하는 것이다. 둘째, 협력의 비효율이 확대된다: 포트폴리오 복잡성으로 인해 경영진은 내부적 행정 절차에 대한 시간 투입이 증가하고 결과적으로 한계 비용이 상승한다. 포트폴리오가 복잡해지면 기업의 각 부서들은 협업이 어려워지며, 기업은 이를 개선하기 위해 불필요한 행정 처리를 확대해야만 한다.

포트폴리오 복잡성은 여러 가지 형태로 나타날 수 있다:

● 카테고리의 복잡성: 다양한 종류의 제품 또는 서비스 카테고리를 보유하여 서로 다른 고객 니즈에 대응하는 과정에서 공급 사슬 비용, 유통 비

용, 영업 비용, 디자인 및 혁신 비용이 상승한다. 이러한 비능률로 인해 기업 전반의 간접비도 상승하는 결과로 이어진다.

- 제품의 복잡성: 지나치게 다양한 제품을 보유하게 되면 소량 제품 생산, 소규모 패키징, 비효율적인 물류 운용 및 창고 관리로 이어져 재고 비용과 단위당 제조 원가가 상승한다. 서비스 공급자의 경우, 포트폴리오가 너무 다양하거나 고객별 맞춤형 주문 정도가 높을수록 사업의 효율성 하락과 비용 증가로 이어진다.

- 고객 및 채널의 복잡성: 다수의 고객을 상대 시 다양한 서비스 니즈와 상이한 고객별 요구 서비스 수준, 다양한 거래 조건 등으로 인해 관리 비용이 상승할 수 있다.

- 지역적 복잡성: 기업이 신규 시장 진출, 특히 신규 국가로 사업을 확장함에 따라 추가적인 유통 채널, 해당 지역 전담 인력, 교통 및 물류, 제품 현지화, 해당 지역의 규제, 세금 등을 관리해야 하며, 그에 따라 관리의 복잡성이 증가한다. 또한 매출 성장을 목표로 수익성이 낮은 국가에서 영업하면 막대한 비용 증가로 이어질 수 있다.

사례 연구: 과도하게 복잡한 소비재 사업

한 글로벌 기업의 10억 달러 규모 소비재 부문은 시장 지위를 지키고 성장을 달성하며, 동시에 수익 성과를 개선하기 위해 고심하고 있다. 경영진은 포트폴리오 복잡성이 과도해 통제가 어려울 정도라는 점을 알아차렸다. 이는 과거에 유사한 제품이나 브랜드를 중복적으로 취득한 후 단순 통합한 결과였다. 회사는 수십 개의 브랜드와 제품 카테고리, 설비, P&L(Profit & Loss), ERP 시스템을 가지고 있었으며 공급자는 1500개가 넘었고, SKU의 수는 수십만 개에 달했다. 그러나 포트폴리오 중 15% 이하의 제품이 전체 매출의 75% 이상을 차지하고 있었다. 포트폴리오 최적화 프로젝트를 통해 브랜드와 제품 포트폴리오를 분석하고 동질성, 브랜드 포지셔닝, 어플리케이션, 채널, 실행 모델, 생산 및 영업 측면에서 중복되는 부분을 검토했다. 개별 제품은 포트폴리오에 대한 기여도와 비용과의 트레이드오프, 가치 공헌, 전략적 중요성에 따라 평가되었다. 그 결과, 기업의 제품 라인 수는 50% 가까이 축소되었으며 기업의 비용 절감에 따른 EBIT 개선 폭은 7%에 달했다.

| 그림 5.2 | 가치 극대화를 위한 수익과 비용의 균형 달성 수칙

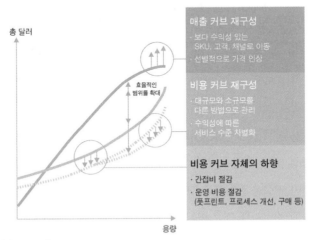

자료: PwC Strategy&

포트폴리오 합리화에 대한 잘못된 믿음

복잡성은 나쁜 것이며, 기업은 포트폴리오를 보다 간소화하거나 단순화해야 한다. 핵심은 적절한 복잡성과 부적절한 복잡성 사이의 적절한 균형을 맞추는 것이다. 기업의 역량이 수익성 있는 성장으로 이어질 수 있는 부문에서는 복잡성을 받아들이거나 심지어 추가하기도 해야 한다. 복잡성에 따른 비용과 부가 가치 사이의 스프레드를 극대화하기 위해 제품, 고객, 과제, 채널, 지리의 조합을 최적화해야 한다.

우리 회사는 고정비에 기반을 둔 사업이며, 고정비를 감당하기 위해 수익성 낮은 고객들을 유지해야 한다. 충분히 장기적인 시각에서 보았을 때, 고정비란 없다. 기업은 가능한 한 많은 품목을 본질적인 변수로 취급하고 매출에 따라 그 크기를 조정할 기회를 찾아야 한다. 오버헤드 구조와 기타 일반적으로 "고정비"라고 여겨지는 비용을 예상치에 따라 조정하고, 지속적으로 면밀하게 검토해야 한다. 포트폴리오가 복잡해짐에 따라 고정비가 증가하도록 내버려 두는 대신, 다양한 원가 레버를 활용하여 변동비를 낮은 수준으로 유지하거나 간접비를 줄일 수 있다.

수익성이 낮은 부문을 포함하여, 폭넓은 포트폴리오를 유지해야 한다. 그러지 않으면 고객을 잃게 될 것이다. 고객층과 고객의 기호 사이의 연관성은 보기보다 그리 크지 않다. 고객은 제품과 프로젝트를 따로 구매한다. 또한 개별 채널이나 개별 고객에게 상, 중, 하의 모든 제품 라인을 제공할 필요도 없다. 추가 매출과 추가 비용은 건별로 평가해야 한다.

포트폴리오 최적화는 카테고리, 제품, 고객, 채널, 지역의 수익성을 체계적으로 분석하고 복잡성으로 인해 어느 부문에서 지나치게 고비용이 발생하는지에 대한 원인을 인식하고 이를 해결함으로써 비용을 절감할 수 있다. 기업의 차별성 및 가치 창출에 기여하지 않는 부분을 추려내고 수익에 기여하는 핵심적인 역량을 강화하는 것이 포트폴리오 합리화의 최종 목표이다.

모든 복잡성이 나쁜 것은 아니다. 복잡성으로 인해 상승된 비용과 가치가 균형을 이룰 경우, 그리고 관리자들이 과도하게 비용이 증가하지 않도록 통제할 수 있는 경우, 비용 증가율을 제한할 수 있을 경우에 복잡성은 기업에 긍정적으로 작용한다. 성장 과정에서 차별화된 역량을 바탕으로, 경쟁사들이 운영 비용 경쟁력 확보 측면 또는 운영의 난이도 측면에서 추격할 수 없는 가치를 제공하는 등 올바른 방향으로 복잡성을 증가시키는 방법을 아는 기업은 경쟁 우위를 점할 수 있다(그림 5.2).

포트폴리오 합리화가 필요한 시점은 언제인가?

다수의 기업들은 제품 및 서비스 포트폴리오 복잡성을 문제로 인식하고 있다. 특히 경영상 위기에 직면한 경우에는 더욱 그러하다. 그러나, 기업들은 기업 내부에 내재된 복잡성 문제를 인식하지 못하고 있다. 일부는 이렇게 어려움을 겪는 것이 대기업의 미덕이라고 착각하기도 한다. 그들은 다양한 제품과 서비스 카테고리를 통해 기업이 시장 위험을 완화시킬 수 있다고 믿으며, 또는 다양한 제품 카탈로그와 다양한 고객 구성을 기업이 잘 운영되고 있다는 증거로 믿는다. 그들은 그러한 허상에 사로잡혀 복잡성 증가로 인해 수익이 약화된다는 사실을 무시한다. 반면 다수의 기업들은 시장 변화에 대응하는 과정에서 포트폴리오 복잡성 문제를 인식하게 된다. 다음 사례에서 살펴볼 기업이 바로 그러한 상황에 놓여 있다.

포트폴리오 복잡성이 기업에 문제가 되는지에 대해 알기 어려울 경우, 아래에 제시된 6개 질문을 통해 다양한 증상을 확인할 수 있다:

1. 경쟁자들에 비해 우리의 시장 대응이 느린가? 시장의 변화에 대응하지 못하거나 변화가 있다는 사실조차 인지하지 못하는가?

2. 모든 제품, 생산 단위, 시장 세분화 등 시장 전반에 걸쳐 총체적인 비용 절감에 실패하고 있는가? 신규 시장 진출 및 시장 세분화를 위해 좀 더 구조적이고 체계적인 접근이 필요한가?

3. '전략적'이라는 미명하에 실제로는 비효율적이고 최적화되어 있는 접근 방식이 아님을 알면서도 이를 용인하고 있는가?

4. 모든 활동들이 지나치게 파편화되어 있지는 않는가? 많은 것들을 벌여 놓았지만 실제는 단 하나도 집중하지 못하고 있지는 않은가?

5. 과도한 제품군 또는 고객 수로 인해 수확 체감이 발생하는가?

6. 의사결정에 있어서 시간 소모나 행정 절차가 지나치지 않는가? 고객이나 제품에 집중하는 대신 조직의 의견 조율에 과도한 시간을 쓰는가?

이러한 질문에 "예"라고 답했을 경우, 기업의 포트폴리오 복잡성을 분석해보아야 한다.

어떻게 포트폴리오를 합리화할 것인가

포트폴리오 합리화는 3단계 프로세스를 통해서 달성할 수 있다. 그리고 포트폴리오 합리화를 위한 분석과 의사결정 과정에서는 전 부문별 핵심 이해관계자의 참여가 필수적이다. 트레이드오프에 대한 논의에서 확인했듯이, 최종 포트폴리오가 부문별 협력을 통해 전체를 포괄하는 기준 아래 결정되지 않을 경우 한 분야의 복잡성 감소 방안이 타 분야의 복잡성을 증대시키는 결과로 이어질 수 있다(그림 5.3). 포트폴리오에 대한 결정이 협력적으로 이뤄지지 않으면, 이는 어느 세부적 영역에서 또 다른 복잡성과 비효율을 야기할 수 있기 때문이다(그림 5.3).

| 그림 5.3 | 사업 포트폴리오 최적화 접근법

복잡성 이해	트레이드오프 관리	관련 비용 제거

자료: PwC Strategy&

1단계: 포트폴리오 복잡도 분석

포트폴리오 합리화의 첫 단계는 카테고리, 제품, 시장, 채널, 고객 등의 핵심 영역에 대한 수익성 분석이다. 아쉽게도, 분석을 위한 충분한 정보를 보유하고 있는 기업은 드물다. 요소별 핵심 수익성 분석을 진행하기 위해 기업은 활동기준원가계산(Activity Based Costing)과 같은 분석을 진행해야 한다. 전통적인 수익성 분석 과정에서의 간접비 분배 방식은 특정 활동을 대표하는 변수를 활용해서 활동별로 소요된 간접비를 정확하게 배분하여 산정하나, 이 과정은 복잡하며 시간이 많이 든다. 따라서, 전 제품 또는 모든 고객 카테고리 분석을 진행하기 이전에 문제의 원인이 어디에 있는지에 대한 가설을 수립한 후 예상되는 영역에 대해 집중적으로 분석하는 것이 바람직하다.

성과 분석은 유용한 정보를 제공하며 어디서 불필요한 비용이 지출되는지 보여준다. 또한, 문제의 원인을 명확하게 확인하는 기회가 되기도 한다. 예를 들어, 소규모의 고객 또는 소량 판매되는 제품은 대형 고객이나 대량 판매되는 제품과 동일한 간접비가 발생할 수 있다. 예를 들어, 한 제조업 생산 시설에 서비스를 제공하는 기업의 성과 분석 결과에 따르면, 전사에서 수행하는 프로젝트의 40% 정도는 간접비 보존을 위한 수익률 기준 15%를 달성하지 못했었고 심지어 이 중 20%의 프로젝트는 간접비 배분 이전에도 수익이 발생하지 않았다. 비록 다수의 프로젝트가 목표 수익을 달성하지 못하는 사례가 종종 발생하나 위 사례는 짧은 기간에 기업의 성과가 급속하게 악화된 사례이다.

사업 카테고리, 시장, 채널, 고객 분석은 제품 분석 방법과 유사하지만 다른 관점을 적용해야 한다. 예를 들어, 고객이나 유통 채널의 수익성은 현재 서비스를 제공하는 데서 발생하는 통합적 지출 비용과 고객별 수익성 관점에서 분석해야 한다. 고객 세분화는 그러한 분석에서 유용하게 사용될 수 있다. 우리는 종종 저수익 고객에게 과도한 시간 및 자원을 투자하는 기업을 발견하곤 한다. 그리고, 일부 고수익 고객도 사전에 고려되지 못한 과도한 비용 발생을 고려했을 때 저수익 고객으로 전환될 수 있다. 얼핏 보기에는 높은 수익을 내고 있는 클라이언트 중에서도 분배되지 않은 비용을 고려했을 때 실상은 수익성이 낮은 경우가 있다. 다음 사례 연구를 통해, 높은 매출

사례 연구: 사업 서비스 내 고객 세분화

글로벌 사업 서비스 제공업체의 경영자는 제품과 서비스 포트폴리오를 확대하고 시장에서 보다 주도적인 위치로 나아가기 위한 M&A 이후 운영 조직을 통합하고 있었다. 그러나 비용은 증가했으며 가장 수익성이 높은 사업 분야에서 시장 경쟁이 심화되었다. 기업의 원가 구조는 너무 고정적이고 확장성이 낮았으며, 수익은 하락하고, 핵심 영역에서의 고객 만족도가 낮았다. 경영진은 혁신 프로젝트를 개시하여 수익성을 확보하고 지속적인 성장을 위한 기반을 닦기로 했다. 고객 서비스 관리는 핵심 영역 중 하나였다. 서비스 전반에 대한 관리 접근법을 하나로 통합하고, 고객 요청을 보다 더 잘 관리하고, "이탈 위험이 있는" 고객을 되찾고, 비용을 관리하는 것도 프로젝트의 목표에

포함되었다.

기업은 관리 비용과 잠재 수익의 2가지 기준으로 고객을 세분화하여 지표를 만들었다. 이를 통해 고객 포트폴리오에 대한 현실적인 시각을 가지고 다수의 대규모 고객의 수익성이 떨어진다는 사실을 확인할 수 있었다(그림 5.4). 기업은 일부 수익성 낮은 고객들을 대상으로 즉석 단기 조정을 진행했다. 분석을 통해 기업이 소규모의 수익성 높은 고객들을 확보하기 위해 충분히 투자하지 못하고 있다는 사실 역시 드러났다. 세분화 분석을 통해 "나쁜 비용"과 "좋은 비용"을 분류함으로써 기업은 보다 수익성 높은 고객 쪽으로 자원을 집중하고 새로운 솔루션을 개발하며 신규 시장과 보다 수익성 높은 부문에 진입하기 위한 투자를 할 수 있었다.

프로젝트 결과, 기업은 18개월 만에 직접비를 20% 절감할 수 있었다. 그리고 절감액 중 20%는 새로운 역량 개발에 재투자되었다. 고객 보유율과 고객 만족도가 크게 상승했으며, "이탈 위험이 있는" 고객은 30% 감소했다.

| 그림 5.4 | 수익 vs. 관리 비용

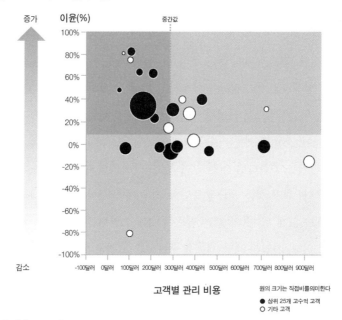

자료: PwC Strategy&

을 올리지만 실제로는 수익성이 낮은 고객을 대상으로 너무 많은 자원을 사용하느라 실제로 높은 잠재 수익성을 지닌 고객에게 자원을 충분히 사용하지 못하고 있다는 문제점을 파악한 기업을 살펴볼 것이다.

이와 같은 포트폴리오 분석을 통해 관리자는 문제의 증상("우리 기업이 사용하는 비용이 너무 높아")에서 벗어나 보다 근본적인 동인("우리 기업이 이 모든 고객을 밀접한 관리 방식으로 관리할 수 있을까? 우리 기업이 모든 제품에 대한 재고를 보유하는 것이 정말로 도움이 될까?")에 대한 유익한 논의를 할 수 있다.

2단계: 트레이드오프 관리

두 번째 단계는, 포트폴리오 복잡성 관련 비용과 그 동인을 식별한 후, 그에 대한 해결책을 논의하는 것이다. 당연하게도, 유일한 정답은 존재하지 않는다. 하지만 몇몇 사례에 대한 분석 결과에만 의존한 채 성급한 결정을 내림으로써 발생하는 문제점들을 예방하기 위해 고려해야 하는 트레이드오프들과 기업이 실질적으로 선택할 수 있는 대안을 살펴볼 수 있다.

예를 들어, 소규모 제품의 수익성이 저조할 경우, 기업은 스스로 "제품 생산 또는 판매를 중단하면 어떤 일이 생기는가? 기업의 교차 판매를 확대할 수는 없을까? 해당 제품 공급을 중단할 경우, 수익성이 높은 타 제품을 구입하는 고객을 잃게 될까?"와 같은 질문에 대해 고민해봐야 한다. 상기 의문을 해소하기 위해, 기업은 해당 제품을 구매하는 고객군의 특성과 해당 제품의 매출 비중을 고려해야 한다. 만약 해당 제품 매출 중 약 75%가 수익성 높은 고객군이 차지하고 있으면, 해당 제품에서 발생되는 비용은 수익성 높은 고객군을 유지하기 위해 감수해야 하는 비용으로 볼 수 있다.

만약 특정 제품의 수익성이 낮다면, 기업은 해당 서비스 수준의 하향 조정, 첨단 기술/고비용 서비스 축소, 고객을 저비용 서비스(셀프 서비스 등)로 유도하는 등 다양한 방법을 통해 해당 고객에 대한 관리 비용을 절감할 수 있는지에 대한 여부를 검토해야 한다. 그러나, 만약 기업이 이러한 해결책을 활용할 수 없는 상황이거나, 또는 위의 방법이 수익성 높은 고객에 부정적인 영향을 미친다면, 포트폴리오 합리화가 옳은 선택일 수 있다. 제조기업에서 이는 계약의 종료 또는 고객과의 관계를 끊는 것을 의미한다. 프로젝트 사업에서 이는 일정한 수준의 적자 프로젝트에 참여하지 않는 것을 의미한다.

포트폴리오 합리화의 목적은 기업 전반의 복잡성을 줄이는 것이다. 따라서, 경영진은 개별 부서 차원에서는 다루기 힘든 이러한 트레이드오프 관련 사항을 이해하고 받아들여야 한다. 그 대신, 포트폴리오 합리화 프로그램의 범위를 확대하고 핵심 부서(영업, 고객 서비스, 운영, 마케팅, 생산 등) 간 협력을 통해 "기업을 위해 가장 좋은 방법은 무엇인가"를 심도 있게 고려하여 결정해야 한다.

3단계: 포트폴리오 합리화를 통한 비용 절감

포트폴리오 합리화는 직관적으로 이해하기 어려울 수 있다. 상당 부분의 낮은 수익성 매출을 제거하면 관련 변동비 제거로만 이어진다. 낮은 수익성에 발이 묶인 고정비로 인해 문제가 일시적으로 악화된 것처럼 보인다. 특히 수익성 높은 신규 물량을 단기간에 확보하지 못할 경우 회사는 고정비도 절감해야 한다. 하지만 이것은 실제로 해야 할 일이다. 조직은 복잡성을 지원하는 데 막대한 비용을 지불해왔다. 이와 연관된 비용을 제거하는 것만으로도 포트폴리오 합리화는 충분히 가치가 있다. 이어지는 8개 장에서는 이를 위해 사용할 수 있는 도구들에 대해 설명할 것이다.

포트폴리오 합리화 베스트 프랙티스

기존 포트폴리오의 복잡성이 존재하며, 그러한 요소를 합리화할 수 있다고 가정하라. 복잡성으로 인해 나타나는 증상을 찾아보아라. 곧 중요한 기회 요인을 찾아낼 수 있을 것이다.

실용적으로 행동하라. "모든 영역을 살피는 연습을" 멈추어라. 기업에 나타나는 증상을 식별하고, 문제가 예상되는 부분에만 집중하여 비용을 파헤쳐라. 그렇지 않을 경우, 포트폴리오 합리화 과정은 즉각적인 목적이나 성과 없는 광범위한 비용 재배분 과제로 전락할 수 있다.

특정 제품이나 고객에 쉽게 "전략적"이라는 꼬리표를 붙이지 말라. 대부분의 경우 수익성이 저조한 부문의 철저한 비용 절감은 이차적인 손실을 야기하지 않는다. 일부 이차적 손실이 발생하더라도 효율성 증가 및 수익성 개선으로 정당화될 수 있다.

관련 고정비와 지원 인프라를 즉각 제거하라. 그렇지 않을 경우, 포트폴리오 합리화의 기대 효과는 제한적일 것이며, 관리자들이 활동적인 상태에 머무를 방법을 찾고, 또한 신규 업무로 인한 복잡성이 증대함에 따라 기업의 복잡성 수준은 순식간에 원래대로 돌아갈 것이다.

포트폴리오 합리화를 지속적으로 시행하고, 기업의 역량으로 만들라. 대부분의 회사는 문제가 있을 때만 포트폴리오 합리화 방안을 시행한다. 우수 사례가 되는 기업들은 포트폴리오를 지속적으로 모니터하고 관리한다.

6 /

제로베이싱
무엇을 제거할지가 아니라, 무엇을 유지할 것인지에 대해
논의하라

제로베이싱은 지속성장을 위한 체질 개선을 추구하는 모든 기업에 있어 핵심적인 툴이다. 제로베이싱은 단순 비용 관리 차원이 아닌 경쟁 우위를 지속적으로 유지하게 하는 기업만의 차별화된 역량과 경쟁 시장에서 요구되는 기초 역량 및 사업 운영에 필요한 필수 역량을 구분하는 동시에 모든 사업 활동을 평가하는 포괄적이며 매우 중요한 기법이다. 제로베이싱은 반복 가능한 절차로 기업 예산을 세부적으로 검토하고 기업 전반의 비용 관리 문화를 형성한다. 원활한 제로베이싱 프로그램을 통해 기업은 지속적인 비용 절감 효과, 모든 영업 활동에 대한 필요성 인식 그리고 차별화 역량에 대한 투자를 진행할 수 있다.

제로베이싱이란 무엇인가?

제로베이싱은 기존 예산 지출 내역이 아닌 전략적 우선순위, 부가 가치, 사업 타당성에 기반을 두고 모든 활동 비용을 재검토한다. 그 어떤 비용도 작년 예산안에 포함되었다는 이유로 사용되지 않는다. 그 대신 제로베이싱 하에서는 모든 비용에 대한 확실한 지출 근거가 필요하다. 아래 5개 질문에 기반을 둔 의사결정 트리 기법은 차별화 역량, 기초 역량 및 필수 역량에 필요한 비용을 구분하는 데 도움을 준다.

1. 사업 유지 및 운영에 반드시 필요한 활동은 무엇인가? 기업이 최소한으로 해야 하는 일은 무엇인가? 사업 내용과 무관하더라도 모든 활동을 중단할 수는 없으며 그중 일부는 사업을 유지하고 법적 요건, 규제 요건을 충족시키기 위해 필요한 필수적 활동임을 인지하여야 한다.

2. 필수 역량이 아닌 역량 중 어떠한 역량이 경쟁력 있는 차별화 역량을 도출하는가? 이러한 질문을 통해 기업은 3~6개의 차별화 역량을 파악할 수 있다.

3. 차별화 역량 및 필수 역량이 아닌 역량 중, 완전히 제거할 수 있는 요소는 어떤 것인가? 예산의 한계를 고려하여 여러 영업 활동의 우선순위를 검토하면 기존에 기초 역량이라고 생각했던 요소 중 제거할 수 있는 요소를 발견하게 될 것이다.

4. 유지하고 싶은 역량을 보다 경제적으로 파악할 수 있는 방법이 있는가? 이 책에서 언급되는 레버를 이용함으로써 많은 역량의 성과와 효율성을 개선할 수 있다.

5. 4번까지의 질문을 통해 고려한 요소를 제거할 경우, 어떠한 위험을 감수해

야 하는가? 비즈니스 케이스를 통해 위험 수준을 평가한다. 위험의 정도 및 발생 가능성을 고려하여 위험 완화를 위한 지출이 합리적인 투자 수익으로 이어지도록 해야 한다.

이러한 질문을 통해 기업은 비용 지출의 우선순위를 재조정하여 개별 역량이 기업의 경쟁력 차별화에 얼마나 중요한지를 반영하고, 기타 부문에서의 자원 사용을 줄여 핵심 역량에 쏟을 수 있게 된다. 기업의 활동을 차별화 역량, 기초 역량 및 필수 역량의 3개 핵심 카테고리로 구분한 후 전략적 우선

| 그림 6.1 | 역량 기반 비용 구조

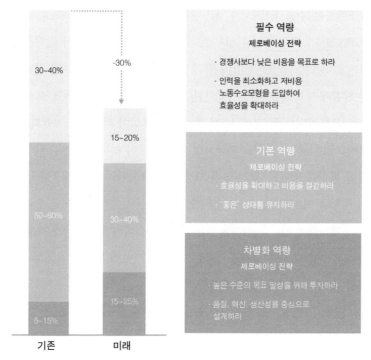

자료: PwC Strategy&

순위를 반영하여 비용 구조를 재조정할 수 있다(그림 6.1).

제로베이싱 기법을 포괄적으로 적용하여 과감하게 비용 구조를 재구성할 수 있다. 비용 절감의 많은 부분은 필수 역량이 아닌 활동을 제거함으로써 달성되며 이는 기업의 제한된 자금을 어떻게 사용할지에 대한 어려운 의사 결정을 수반한다. 또한, 필수 역량 활동을 포함한 모든 역량을 통틀어, 포트 폴리오 합리화, 아웃소싱, 비즈니스 프로세스 최적화, 디지털화 등 이 책이 제시하는 비용 레버를 활용함으로써 비용을 최적화할 수 있다.

예를 들어, 소비재 상품을 취급하는 한 대기업의 IT 부서는 제로베이싱의 접근법과 서비스 세분화에 따른 운영 모델 차별화 접근법을 결합하여 총 39%의 비용을 절감했다. (해당 기업은 체계적으로 수요를 제한하고, 수요 간 우선 순위를 확실히 하며, 우선순위가 낮은 대부분의 서비스를 저가 아웃소싱 파트너를 통해 제공했다.) 해당 기업은 대부분의 자원을 시스템 개선이나 신기술 개발 프로젝트 등 가장 중요한 사업부에 투입했고 그 활용 방식에 대한 전적인 재량권도 함께 부여했다. 어플리케이션 점검 업무와 같이 기존에 필수 역량 활동으로 분류하던 활동의 서비스마저도 검토 대상이 되었으며 어플리케이션이 사업이 미치는 중요성을 기반으로 모든 활동이 세분화되었다. 핵심 업무 수행에 필수적인 어플리케이션의 고장 수리 요청에는 즉각 대응한 반면 수익에 영향을 미치지 않는 우선순위가 낮은 어플리케이션에 대한 수리 요청에는 상대적으로 시간적 여유를 두고 대응했다. 이러한 방식을 통해 해당 부서는 수리 요청을 분산시키고 언제든 대응할 수 있게 됨으로써 특정 시점에 필요한 총 자원의 수를 줄일 수 있었다. 또한, 아웃소싱을 적극적으로 활용하고 자원을 가변적으로 활용함으로써 IT 자원의 공급과 수요를 우선순위에 맞출 수 있게 되었다.

그 결과, 정확한 예측을 통한 수요 공급의 균형 유지, 전략적 공급업체를 통한 역량 확대 등으로 차별화 역량 강화에 필요한 비용을 약 10% 정도 줄일 수 있었다. 어플리케이션 세그먼트별 서비스 수준을 조정하고 중복된 어플리케이션의 수를 줄임으로써 기초 역량 활동은 30% 감소했다. 필수 역량 활

| 그림 6.2 | IT 부문의 제로베이싱

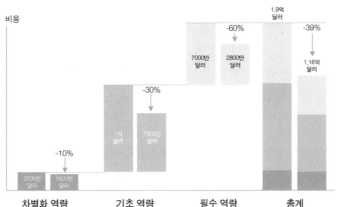

차별화 역량	기초 역량	필수 역량	총계
· 세일즈 분석 툴에 투자하여 고객의 셀프 서비스를 확대하라 · 전략적 공급자들로 하여금 새로운 기술을 확보하도록 하라 · 전략 기획에 필요한 업무를 아웃소싱해라	· 사업 어플리케이션을 합리화하여 불필요한 기능을 축소하라 · 전략적 어플리케이션을 포함한 모든 어플리케이션의 기본적인 유지관리 활동을 오프쇼어하라(변경요청, 점검/수리, 업그레이드 등) · 중요업무 어플리케이션의 서비스 수준을 사업 니즈에 맞게 조정하라 — 우선순위가 높지 않은 서비스 요청에 대한 응답 및 해결 시간을 축소하라 · 분석 및 보고 요청을 제한해라 · 프로젝트와 변경 요청의 우선순위를 정하고 관리 체계를 확립하라 · 업무에 필수적이지 않은 소프트웨어 벤더 컨설팅 서비스의 사용을 줄이거나 없애라	· 서버의 가상화 수준을 80% 이상의 수준으로 하라 · 업무 지원 서비스를 오프쇼어하여 50% 이상의 비용 절감을 달성하라 · 경영 활동에 필수적이지 않은 어플리케이션 서비스 수준을 낮춰라(ERP 등) · 모든 시설에 IT 인력을 배치하는 대신, 원격 지원 형태로 전환하라	

자료: PwC Strategy&

동은 가상 현실화에 대한 투자, 배송 모델 아웃소싱, 어플리케이션과 인프라 유지보수 서비스의 오프쇼어링 등을 활용함으로써 60% 정도 줄일 수 있었다(그림 6.2).

포괄적이며, 다용도의 비용 레버

제로베이싱은 좁게는 한 부문 넓게는 부문, 사업부, 심지어는 기업 전체를 최적화할 수 있는 다목적의 툴이다. 전체적인 비용 구조 아래 제로베이싱은 어느 부문의 비용을 줄이고 추가로 투자할 것인지를 결정하며 궁극적으로는 상호 간의 균형점을 찾음으로써 기업 전반의 효율성을 극대화하는 데 도움을 준다. 또한, 협업을 통해 부서 간 이기주의 이슈를 해소하고 개별 부문 최적화를 통한 이익 극대화를 뛰어넘는 범조직적인 비용 절감을 달성할 수 있다.

IT, 재무, 인사 기능에 대해 내부 고객이 실제로 필요한 것보다 더 높은 수준의 서비스 또는 "하이 터치" 서비스를 요구할 경우 불필요한 비용이 발생

제로베이싱에 대한 잘못된 믿음

제로베이싱에 대해서 더욱 깊이 알아보기 전에, 제로베이싱에 대한 몇몇 잘못된 믿음부터 짚고 넘어가자.

제로베이싱은 자유재량 비용, 시스템을 통한 매출, 판매 관리 비용에만 효과가 있다. 인건비이든, 인건비가 아닌 판매 관리비이든(일반적으로 매출, 마케팅, 재무, 인사, IT 및 기타 본부의 활동을 포함하는 간접비), 매출 원가(공급 체인이나 창고 비용, 물류 비용을 포함하여 제품을 제조하고 유통하는 데 사용되는 제반 비용)이든 상관없이, 모든 비용은 그로 인해 발생하는 가치가 너무 작거나, 운영 및 법적 요건하에서 필요하지 않을 경우 제거할 수 있다. 또한, 제로베이싱은 자유재량에 의한 활동과 그렇지 않은 비용

모두의 효율성 확대에 도움이 된다.

제로베이싱은 지출 자원 수준을 최소 경영 비용 수준으로 축소한다. 이는 부분적으로만 옳다. 제로베이싱은 최소 경영 비용의 기준을 정하지만, 동시에 투자 대상이 되는 추가 활동을 선별하고 투자의 규모를 결정하기 위한 프레임워크도 제공한다. 물론 일부 활동에 대해서는 최소 경영 지출 수준이 적절할 수도 있다.

제로베이싱에는 막대한 시간이 필요하며, 전사에 영향을 미친다. PwC의 경험에 의하면, 프로젝트 팀이 제로베이싱에 전념할 경우 2~3개월 내에 제로베이싱의 첫 단계를 완료할 수 있으며, 이후 진행되는 정기적 재평가에는 몇 주밖에 소요되지 않는다.

제로베이싱은 수익과 이익이 하락하는 기업을 위한 것이다. 제로베이싱은 모든 기업에 적용할 수 있다. 빠른 성장기에 있는 기업에서는 제로베이싱을 통해 성장 우선순위와 자원 배분의 적합성을 확인할 수 있다.

한다. 이런 경우는 기업의 차별화 역량 강화에 요구되는 활동을 지원하지 않는 리더가 존재하거나 서비스 제공 시 불투명하게 발생하는 비용이 높은 때 발생한다. 이러한 경우에는 과도한 재무 보고서 작성, 불필요한 트레이닝 세션 및 IT 프로젝트 수행, 과도한 시장 리서치 등과 같은 불필요한 서비스에 대한 수요를 합리화하고 서비스 수준을 축소함으로써 비용을 크게 절감할 수 있다.

제로베이싱이 필요한 시점은 언제인가?

일반적으로 기업들은 파산 위기에 직면하거나 신속하고 중대한 비용 절감이 필요한 위기 상황과 급진적인 변화의 시기에 제로베이싱으로 눈을 돌린다. 그러나 최근에는 기업의 이익과 주주의 수익 개선을 요구하는 활동주의 투자자 압박을 받고 있는 경영진들이 제로베이싱을 주로 찾는다.

제로베이싱은 비상시 비용 절감에도 효과적이지만 새로운 비즈니스 전략에 적합한 비용 구조로 재조정하기를 희망하는 기업에게 더 좋은 기법이다. 만약 아래 문장 중 하나라도 해당된다면, 비용 구조에 대한 제로베이싱을 고려해야 한다.

- 단기간 내에 대규모의 비용 절감이 필요하다.
- 고객군, 경쟁 전망, 전략의 변화 측면에서 기업 역량 전반에 대한 대규모의 역량 구축 계획을 수립해야 한다.
- 기업 전반에 대한 대규모 역량 구축 계획이 다수 존재하지만 자금의 한계로 많은 계획이 진행되지 못하고 있다.
- 수년간 기업의 비용과 우선순위에 대해서 전면적인 평가를 실시하지 않았다.
- 경영진은 현재 상태를 극복하여 조직 전반에 만연한 뿌리 깊은 관행을 변화시키기를 원한다.

어떠한 방법으로 제로베이싱을 추진하여 역량을 강화할 수 있는가

제로베이싱은 조직 전반의 비용 구조를 검토하고 기업의 니즈와 전략에 부합한 비용 구조를 구축하고 혁신적으로 개선함으로써 기업의 목표를 달성하는 다단계의 프로세스이다. 제로베이싱 과정에서 기업은 모든 역량과 관련 비용을 필수 역량, 기초 역량, 차별화 역량 등 3가지 카테고리로 분류하여 검토한다. 필수 역량 비용에 대해서는 관련 위험을 고려한 최저 비용 모델을 활용한다. 기초 역량 관련 비용은 기업이 창출하는 가치에 기반을 두고 우선 순위가 매겨지며 우선순위가 낮은 역량은 제거하고 기업은 모든 역량에 대한 효율성 개선 기회를 검토하여 설정한다. 마지막으로, 차별화 역량 관련 비용 또한 창출되는 가치를 바탕으로 우선순위를 설정하고 개별 역량에 대한 효율성 개선 기회와 투자 기회를 모색한다(그림 6.3).

| 그림 6.3 | 제로베이싱 접근법

부문별 목표를 설정한다	역량별 활동과 비용을 세분화한다	기초 역량 및 차별화 역량의 가치를 평가한다	모든 비용에 대한 제로베이싱을 진행한다	실행 계획을 수립하고 시행한다

자료 : PwC Strategy&

1단계: 기능 중심의 목표 설정

지속성장을 위한 체질 개선의 첫 단계로 기업의 비용 절감 목표를 설정하는 것처럼 제로베이싱의 첫 단계 역시 개별 역량, 기능, 사업부의 목표를 설정하는 것이다. 이는 최고 경영진이 설정하며, chapter 4에서 묘사한 전반적인 목표 설정 과정과 대부분 동일하다. 이러한 하향식 목표 설정은 진정으로 필요한 활동이 어떤 것인지에 대하여 생각해볼 수 있는 기회를 제공한다는 점에서 비용 절감 목표 달성에 매우 중요하다. 공격적인 하향식 목표 수립 없이 비용 절감을 추진할 경우 기업은 비용을 제거하거나 줄이는 방식을 고민하기보다는 기존 비용 구조를 고수하고 기존의 조직 구조를 유지한 채 오직 수익 증대 기회만을 찾게 되는 경우가 많다.

기업 전체의 목표뿐만 아니라 역량별 목표를 설정하는 것도 중요하다. 차별화 역량으로 분류된 카테고리의 비용 절감 목표는 낮게, 기초 역량이나 필수 역량의 비용 절감 목표는 높게 설정하는 것이 좋다. 그 결과, 다수의 차별화 역량을 지닌 부문은 필수 역량만을 지닌 부문에 비해 비용 절감 압박을 덜 받을 것이다. 하나의 차별화 역량이 발휘되는 데 여러 부문이 연관되어 있을 경우, 그 어떤 부문도 비용 절감 목표를 달성하는 과정에서 차별화 역량을 약화시키지 못하도록 감독하는 것이 중요하다.

2단계: 역량별 활동 및 비용 분류

효과적인 제로베이싱을 위해서는 프로세스, 특히 역량 간의 시간 및 자금의 배분과 관련된 프로세스에 대해 깊은 이해력이 요구되며, 각 사업 부문에 대한 활동 및 비용에 대한 정보 수집이 필요하다. 이를 통해 기업은 직원들이 어떻게 시간을 사용하는지 파악하고 각 활동을 기초 역량, 필수 역량, 차별화 역량으로 분류할 수 있게 된다. 외부 지출과 임시 자원을 포함한 모든 역량 및 활동 그리고 이와 관련된 시간과 비용을 100% 분석하고 이해하는 것이 목표이다. 이로써 기업은 제로베이싱에 필요한 업무와 그 비용을 파악할 수 있게 된다. 그러나, 부문별 자원을 단순히 분류하는 것만으로는 충분하지 않으며 기업이 일상적인 운영을 위해 필요한 활동 외에 시장 경쟁에서 승리하는 데 실제로 도움이 되는, 즉 기업을 차별화하는 활동에 얼마나 많은 비용과 노력을 기울이고 있는지를 확실하게 밝히는 것이 중요하다. 외부 벤치마킹 대상과의 비교가 가능하면서도 조직에서 사용되는 전문 용어 및 프로세스를 반영한 최적의 산업-프로세스 분류 체계를 활용하는 것이 가장 좋은 조사 방법이다.

3단계: 각 역량별 가치 평가

　각 활동과 비용의 기준을 확인한 후, 비용별 가치를 평가하는 것이 중요하다. 우선, 기업 운영에 필수적이거나 법적 활동인 필수 역량을 지원하는 모든 비용과 활동은 구분하는 것이 좋다. 이러한 종류의 활동은 얼마나 더 효과적으로 수행될 수 있는지 확인하기 위해 추후 평가될 것이다.

　필수 역량 활동을 가려내고 부문별 리더들로 하여금 차별화 역량과 기초 역량을 지원하는 활동의 중요성을 강조하는 서비스 제공이 요구된다. 이러한 역량이 전략적 우선순위와 수익에 기여하는 정도를 평가하기 위해서는 "이러한 역량이 수익, 비용 통제, 성장 등에 얼마나 도움이 되는가?", "핵심 역량을 지원함으로써 기업을 차별화하는 데 얼마나 도움이 되는가?", "사업부가 효과적이고 성공적인 서비스를 제공하는 데 이러한 프로세스가 얼마나 도움이 되는가?"와 같은 질문을 던지는 것이 중요하다.

　그와 동시에, 다양한 서비스를 통해 내부 고객이 얻는 가치를 측정하여야 한다. "외부 고객에게 가치를 전달하는 데 이 활동이 어떻게 도움이 됩니까?", "이 활동은 목표 달성에 얼마나 도움이 됩니까?"와 같은 질문도 좋으며, "이 활동이 중단될 경우 어떤 위험이 발생합니까?"와 같이 중요한 질문도 던져보라. 서비스 제공자가 가치 있다고 생각하는 것과 내부 고객이 실제로 가치 있다고 느끼는 것 사이에 이질감이 큰 경우가 종종 발견된다. 내부 고객과의 논의를 보다 생산적으로 하기 위해, 기초 역량와 차별화 역량은 하나로 묶어 "의사결정 패키지"로 봐야 한다. 이는 의사결정을 위해 논리적으로 그룹화할 수 있는 기초 역량 활동과 차별화 역량의 집합체를 의미한다. 예를 들면, 패키지에 포함된 활동을 보다 경제적으로 수행할 수 있을까? 서비스 수준을 최소화할 수 있을까? 해당 활동을 완전히 중단할 수 있을까? 만약 그럴 경우,

비용, 서비스 수준, 사업 리스크에 미치는 영향은 어떠한가?와 같은 질문들이 해당한다.

의사결정 패키지별로 공급자와 고객을 하나로 보면 기업은 개별 역량을 구성하는 활동 그룹을 파악할 수 있다. 또한 기업 운영 시 유지되어야 할 활

| 표 6.1 | 기초 역량에 대한 의사결정 패키지 분석

의사결정 패키지 작성

활동	비용 ($MM)	필수 역량 시나리오	비용 ($MM)	필수 역량 플러스	비용 ($MM)	모든 영역	비용 ($MM)
기본적인 SAP 보고	3	X	3	X	3	X	3
BI 분석 보고	2.5		0	X 저가 장소	1.5	X 저가 장소	1.5
BU 및 제품별 보고	5		0	X 주요 브랜드 한정	0	X 주요 브랜드 한정	2
공유 기준 분석	5		0		5	X 주요 브랜드 한정	5
세분화된 분석 지원	3		0		1	X 주요 브랜드 한정	1
합계	18.5		3		10.5		12.5

의사결정 패키지 전망/예측

활동	비용 ($MM)	필수 역량 시나리오	비용 ($MM)	필수 역량 플러스	비용 ($MM)	모든 영역	비용 ($MM)
핵심 정보 취득	5	X	2	X	3	X	4
BU별 P&L 예측	3	X	3	X	3	X	3
제품 라인별 P&L 예측	6					X 최고 브랜드 한정	2
브랜드별 P&L 예측	2			X 주요 브랜드 한정	1	X 주요 브랜드 한정	1
매출 원가 예측	2					X 공유 서비스 SKU별	2
판매 관리비 및 영업 요소 예측	1			X	1	X 공유 서비스 경유	
합계	19		5		8		12

자료: PwC Strategy&

동을 우선순위화할 수 있으며 기타 다른 부문 활동의 중요성과 1단계(기능 중심의 목표 설정)를 통해 관련 비용의 순위를 매긴 목록을 만들 수 있을 것이다(표 6.1).

4단계: 현상에 대한 제로베이싱

어떤 업무를 줄이거나 추가함으로써 최적화할지에 대한 실제 의사결정은 챌린지 세션을 통해 이뤄진다. 해당 세션을 통해 임원들이 현재 수행되고 있는 업무의 성격과 목적, 고객의 요구, 소비 자원, 해당 업무를 통해 창출되는 가치, 해당 업무를 수행하지 않을 경우 발생하는 위험 등을 이해하는 데 도움을 준다. 이러한 정보에 기반을 두고 임원들은 기업이 지속적으로 수행할 활동의 효율성을 최대로 유지하면서도 기업의 경쟁력을 확보하기 위해서 어떤 활동에 투자해야 할지에 대한 상호 이해관계를 조율하여 핵심적인 의사결정을 내릴 수 있다. 챌린지 세션은 하루 동안 진행되고 기능 및 프로세스 영역별로 구성되는 것이 가장 좋다. 주요 참석자는 분석 대상 그룹의 리더, 비즈니스 및 해당 이슈의 전문가, 해당 부문의 핵심 내부 고객 등으로 구성된다.

챌린지 세션을 시작하기 위해 경영진은 전략과 차별화 역량을 재검토해야 한다. 이러한 전략적 검토는 해당 부문이 지원하는 역량의 전략적 중요성을 기반으로 개별 부문의 적절한 지출 수준을 평가하는 데 도움이 된다. 큰 틀에서의 결정을 내린 후, 임원들은 한 단계 낮은 거시적 관점에서 여러 부문을 확인한다. 다음으로 어떤 부문을 필수 역량으로 분류하여 수익 창출의 역할을 하는 차별화 활동에 대한 투자를 확대할 수 있을지 결정한다. 예를 들어 이런 과정을 통해 소비재 제조업체는 제품 혁신 및 브랜드 구축 역량에 대한 투자를 확대하기 위해 IT 및 HR 부서를 필수 역량으로 분류하여 IT 혁신과 디지털화, 역량 분석, 비즈니스 파트너링 관련 역량을 축소했다.

거시적 관점에서의 부문별 자원 배분을 결정한 후, 각 역할에 대한 논의를 시작한다. 먼저, 전혀 비용이 없는 것으로 가정하고 빈 종이에서 시작하여 부문별 필수 역량 업무와 지출 내용을 살펴보고 해당 활동이 정말로 필수 역량이며 효과적인지 검토한다. IT 인프라나 회계 활동, 인사 행정, 운영 처리 백오피스 등 보다 보편화된 활동에 저가 모델을 도입하거나 아웃소싱 등의 방법을 활용하여 좀 더 경제적인 방식으로 수행할 수 있을지에 대한 의사결정 과정도 이에 포함된다. 법률, 규제 등에서 요구하는 의무를 기업이 충족하는 데 필요한 "최소한"의 역량을 정의하는 과정 또한 포함될 수 있다. 하지만 해당 업무와 관련한 기업의 위험 감수 정책이 필요 이상으로 복잡한 경우도 존재한다.

다음으로, 최소한의 필수 역량 비용과 새로운 예산 목표치인 제한된 부문별 지출 비용을 비교한다. 필수 역량 비용을 지원한 후에도 부문별 예산에 여유가 있을 경우, 각 부문에게 할당된 목표 중 추가할 수 있는 기초 역량이나 차별화 역량을 개별 활동의 ROI(Return on Investment)를 기준으로 하여 선별한다. 이 시점에서 팀은 의사결정 패키지를 통해 차별화 역량과 기초 역량을 우선순위화해야 하며 반복적인 프로세스를 통해 어떤 활동을 중단하고 축소할지 또는 보다 저렴한 비용으로 수행할 수 있을지를 파악하여 새로운 비용 구조와 업무 프로세스가 지속성을 지닐 수 있도록 해야 한다. 예산을 초과하는 모든 기타 활동은 제거해야 하며 이로 인한 위험을 인지하고 평가해야 한다.

이 단계에서 가장 어려운 문제 중 하나는 필수 역량 활동을 구성하는 요소를 과대평가하는 경향이 있다는 점이다. 세금, 법률, 품질 보증 및 위험 관리와 같은 규정 준수 여부와 같이 규제가 강하거나 전문성이 필요한 부문에서 수행하는 모든 활동이 필수 역량 활동이라고 주장하는 경우가 많다. 그러나 철저한 검토를 통해 많은 활동이 법적으로 필수적인 것이 아닌 유사시에 발생할 수 있는 위험 완화 전략인 것으로 밝혀질 것이다.

경영진이 가장 필수적인 활동을 우선순위화하는 과정에서 요구되는 어려운 의사결정을 꺼리게 되면서 문제 해결에 대한 의지가 줄어든다. 전략적 우선순위를 설정하기 위하여 필수 역량 업무 중 많은 부분을 아주 단순한 수준으로 축소할 뿐 아니라 기초 역량마저도 줄여야 한다는 고통스러운 현실을 받아들이는 것은 힘겨운 일이다. 이러한 상황에 직면한 경영진이 전략 목표를 달성하기 위해 필요한 것은 전반적인 기업의 우수성이 아닌 다른 분야의 비용을 줄여 소수 핵심 분야의 차별화 역량에 투자하는 결단력이라는 것을 명심해야 한다.

5단계: 계획 수립 및 실행

주요 이해관계자들이 의사결정을 내리면, 실무 팀은 실행 계획을 세워야 한다. 계획에는 실행을 위한 전반적인 구조와 각 단계별 일정 그리고 조직 구성 계획까지 포함한다.

실행 계획은 프로젝트 목표 달성을 위해 필요한 행동 변화를 제시해야 하며, 불필요한 지출을 지양하고 자원 할당을 모니터링할 수 있는 메커니즘 및 관리 체계 역시 수립해야 한다. 실무 팀은 실행 초기 조직 내에서의 거부감으로 인해 발생할 수 있는 갈등에 대해 준비해야 하며, 경영진은 실무 팀을 충분히 지원하고 이미 내려진 결정이 흔들리지 않도록 그 결정을 강조해야 한다. 효과적인 비용 구조 혁신에는 조직적 행동 변화와 장기적인 관리가 필요하다는 점을 기억해야 한다. 내부 고객이 공식적으로 재정 지원을 철회한 서비스를 계속해서 요구하고 그러한 요구가 받아들여진다면 해당 부문은 계속해서 자원을 소비하게 될 것이다.

경쟁력을 잃지 않으면서 비용을 절감하고자 하는 모든 기업은 제로베이싱의 도움을 받을 수 있다. 체계적 접근법인 제로베이싱은 비용 발생 요인을 파악하고 불필요한 비용을 절감하여 모든 활동의 효율성을 증진시킨다. 전통적인 단기 비용 절감 방법과 달리 제로베이싱은 지속적으로 유지할 수 있는 균형 잡힌 조직 구조 구성과 비용 절감 효과를 유발한다. 근본적인 변화를 통해 지속성장을 위한 체질 개선 기반의 차별화 역량 강화는 물론 전반적인 비용 지출을 줄일 수 있다.

제로베이싱 베스트 프랙티스

경영진의 확고한 의지 및 문화적 변화. 경영진은 모든 업무의 가치를 측정하고 새로운 업무 방식을 고안하며 지출에 대한 새로운 방식을 모델링하려는 강력한 의지를 보여줌으로써 변화를 이끌어낸다. 이는 단지 단기적 비용 절감 이상의 가치로 이어지는 조직 문화와 행동의 변화를 이끌어낸다.

목적에 부합하는 높은 수준의 목표. 목표 수익 달성에 요구되는 비용 구조를 기반으로 제로베이싱을 진행하고, 필요한 부문에 있어 최고의 성과를 추구하여야 한다. 제로베이싱을 비용 절감 기회를 포착하는 상향식 방법이 아닌 정해진 절감 목표 달성을 위한 하향식 방법으로 생각하라.

새로운 업무 방식. 경쟁력 있는 차별화 역량의 활동을 우선시하고 불필요한 부문을 제거하며 나아가 모든 부문의 효율성을 최적화하는 성공적 제로베이싱 프로그램은 기업의 업무 방식을 변화시킨다.

지속적인 관리. 지속적으로 제로베이싱의 효과를 보기 위해서는 기획, 자원 할당, 경영 성과 검토의 프로세스를 개선해야 한다. 포괄적 제로베이싱을 매년 실시하기에는 많은 업무가 요구된다. 그 대신, 제로베이싱의 관점에서 매년 신규 비용이나 증가된 비용을 살펴보도록 하는 프로세스를 만들고 3년 주기로 비용 세분화를 시행하는 것이 필요하다.

긍정적인 결과. 효과적인 제로베이싱은 기업의 성장을 저해하지 않으며 효율성을 증진시키고 기업 문화에 변화를 가져온다. 모든 영역에서 일괄적으로 비용을 절감하는 것이 아니라, 필수 역량과 기초 역량을 위한 활동에서 비용을 절감하여 차별화 역량에 투자할 자금을 만들어낸다.

효과적인 메시지 전달과 투명성. 적절한 메시지 전달은 참여자의 관심과 참여를 유도하나 적절하지 못한 메시지는 갈등을 야기한다. 투명하고 포괄적인 진행 상황 보고를 통해 조직 전반에 불필요한 충격을 가하지 않는 수준에서 구체적인 제로베이싱의 효과를 입증해야 직원들의 지지를 얻을 수 있다.

적합한 결정권자 선별. 절차와 예산에 대한 직접적인 책임을 지닌 사람들의 의견은 더 나은 결정을 내리는 데 도움이 되며 제로베이싱 활동에 대한 의지를 더욱 확고히 한다. 그러나, 제로베이싱의 결정 권한을 중간, 하위 관리자들에게 위임해서는 안 된다. 의사결정은 다양한 분야의 경영진들이 책임을 갖고 결정해야 한다.

피해야 할 함정

낮은 목표 설정. 각 지출의 세부 사항에 초점을 둘 경우 사업 철수, 생산 라인 가동 중단, 역량 간소화와 같은 구조적 변화를 통한 전면적인 비용 절감 기회를 놓칠 수 있다.

단기적 시각. 기업이 자유재량으로 간단하게 제거할 수 있는 부문만 효율화할 경우, 모든 비용을 최적화함으로써 얻을 수 있는 비용 절감 기회를 놓치게 된다. 필수 역량 업무 역시 보다 효율적으로 수행할 방법이 있을 수 있으므로, 필수 역량 업무라고 해서 "무조건적으로 통과"해서는 안 된다.

완벽의 추구. 경영진이 의사결정에 앞서 완벽한 데이터 기반의 보고서를 받아보기만을 기다릴 경우, 제로베이싱은 제대로 실행될 수 없다. 완벽하지 않더라도 정확한 방향성을 제시할 수 있는 데이터를 기반으로 신속하게 의사결정을 내려야 한다.

내부 의견 중심. 사람들은 자신이 수행하는 업무가 기업의 차별화 요소가 되며, 필수적인 것이라고 생각하는 경향이 있다. 고객의 의견 없이 이러한 평가를 받아들일 경우, 충분한 검토가 필요한 부문을 간과하게 된다.

어려운 결정의 회피. 만약 비용 절감 목표가 임의적인 경우 의사결정권자들은 비용 구조 합리화에 수반되는 어려운 프로세스를 거치는 대신 비용 절감을 포기하는 경우가 종종 있다.

운영 모델 재정의
핵심 업무 수행 방식의 재정의

기업의 운영 모델은 어디에서 핵심 업무가 수행되는지, 핵심 업무를 수행하기 위해 자원을 어떻게 활용하는지를 나타낸다. 또한 기업 본부와 사업부의 역할, 사업부 간 협업 형태, 사업부 내부의 업무 형태, 글로벌 환경 속 역할, 사업부의 공유 서비스의 사업부 지원 방식과 같은 조직 내 주요 부문의 역할 및 구조와 관련된 다양한 결정 사항을 반영한다. 기업이 고객 및 경쟁사를 대응하는 방식, 사업 부문의 수, 어떤 업무가 조직 간에 공유되는지 아니면 기능별로 배부되는지에 대한 여부, 다양한 사업 절차의 표준화 그리고 개별화, 집중화와 분권화의 정도 등 일련의 의사결정을 통해 기업의 주요 특징이 형성된다. 운영 모델의 변화는 기업과 고객 그리고 기업과 비용 구조와의 관계에 상당한 변화를 유발한다. 지속성장을 위한 체질을 갖춘 기업이 되기 위한 비용 구조 변경 시 가장 중요한 것은 운영 모델을 회사의 전략과 부합되도록 하는 동시에 차별화 역량을 뒷받침하도록 하는 것이다. 만약 그렇지 못할 경우에는 운영 모델을 즉시 재정립하여야 한다. 많은 기업들이 고유의 운영 모델과 조직을 면밀하게 파악하지도 않은 채 비용 절감 프로그램을 활용하는데, 이 경우 해당 기업은 비용을 절감할수록 핵심 역량이 약화되는 상황에 직면하게 된다.

운영 모델 구성 요소 및 유형

대부분의 기업에서 운영 모델은 기업 본부, 사업부 그리고 기업 전체를 대상으로 지원 서비스를 제공하는 공유 서비스 조직으로 구성된다(그림 7.1). 기업의 본부는 기업 전반을 아우르는 비전과 전략을 세우고 실행하며 법률 및 규정을 준수하도록 업무를 수행한다. 그에 반해 사업부는 보편적인 의사결정을 내리며, 위임받은 전략적 의사결정을 수행하여 고객에게 가치를 전달하는 데 집중한다. 공유 서비스 조직은 기업 본부와 사업부를 대상으로 IT, 고객 콜센터, 매입 채무, 복지 관리와 같은 일반적인 서비스를 제공한다. 일부 기업에서는 서비스 조직이 독립 부서가 아닌 기업 본부의 소속인 경우도 존재한다. 기업 지배 구조, 조직, 비즈니스 관리 프로세스, 기업 역량 및 문화 등은 운영 모델의 하위 요소에 속하며 기업 본부, 사업부, 서비스 조직을 지원한다.

기업을 구성하는 조직 단위별 역할과 관계는 4가지의 운영 모델로 구분할 수 있다(그림 7.2). 4가지 모델은 운영 관리 역할을 하지 않는 지주회사 모델(모델 1)부터 본부 중심의 경영 활동 모델(모델 4)까지 다양한 형태로 존재한다. 대부분의 회사는 모델 1과 모델 4의 중간에 위치하는 전략 및 관리 활동 중심의 모델 2 혹은 적극적인 경영 활동 중심의 모델 3에 해당한다. 4가지 운영 모델 간에 이러한 차이를 보이는 것은 각 모델이 회사의 가치가 어디에

| 그림 7.1 | 운영 모델 프레임워크

자료: PwC Strategy&

서 어떻게 창출되느냐에 대해 근본적으로 서로 다른 견해를 가지고 있기 때문이다. 모델 1과 모델 4의 근간이 되는 것은 "위인 이론(Great Person)"이다. 이 이론에 의하면, 뛰어난 역량을 지닌 소수의 전문 인력이 기업을 전체적으로 운영하고, 전략적 비전을 세우며, 그 비전에 맞게 자원을 조정하고 역량을 활용함으로써 막대한 가치를 창출할 수 있다. 전략 및 관리 활동 중심의 모델 2와 적극적 경영 활동 중심의 모델 3은 직접적인 활동보다는 리더십을 통해 가치를 창출하는 데 집중한다.

모델 1의 지주회사 모델은 단순한 방식으로 기업 경영에 참여한다. 이 모델에서 기업 본부는 포트폴리오 형식으로 사업을 관리하며 개별 사업부에

| 그림 7.2 | 운영 모델 유형

모델 1: 재무적 지주회사	모델 2: 전략과 관리	모델 3: 적극적 경영 참여	모델 4: 운영 관리
낮음	본사의 명령과 통제 정도		높음

기업의 역할

잘 구축된 관리 모델 수립/시행	전략적 협의 및 사업부별 시너지 창출	전문 역량을 통한 기업 및 사업 부문 운영	각 사업 부문의 주요 의사결정 추진

비용 관리 레버

·수익 목표 설정	·수익 목표 설정	·수익과 비율 설정	·운영 성과 관리
·성과 문화 강화	·공동 정책 및 프로세스 수립	·공통의 정책과 프로세스 시행	·경영 프로세스와 기술을 표준화
	·임원의 성과 관리	·임원의 성과 관리	·사업부를 본부 중심으로 관리
	·유연한 인프라를 본부 중심으로 운영	·유연한 인프라와 전문성을 본부 중심으로 운영	·최고 및 중간 관리자의 성과 관리

전체 직원 중 HQ(Headquarter) 직원 비율

1.0%

0.50%

0.20%

0.07%

0.25%

0.40%

0.05%

0.15%

참조: BU(Business Unit)=사업부; HQ 직원에는 전통적인 본사의 기능만을 포함하며 공유 서비스
조직은 제외한다.
자료: PwC Strategy&

상당한 수준의 자율권을 위임한다. 그리고 개별 사업부는 해당 권한을 바탕
으로 전략을 수립하고 기업 운영에 필요한 의사결정을 내린다. 이와 같은 분
권적 형태의 모델 1에서 기업 본부의 역할은 재무적 목표와 기타 핵심적인

경영 목표를 설정하고 각 사업부를 모니터링하는 것으로 제한된다. 사업부 간 공통 영역이 작거나 규모의 경제를 통해 절감된 비용이 대규모 관리 비용 대비 크지 않은 경우 지주회사 모델의 기업에게 규모의 경제는 중요 요소가 아니다. 지주회사 모델의 형태를 띠는 회사들은 규모의 경제를 그다지 중요하게 생각지 않는데, 이는 사업부 간에 겹치는 부분이 상대적으로 작거나 규모의 경제를 통해 절약된 금액이 대규모 관리 비용에 비해 크지 않기 때문이다. 지주회사들은 공식적 계층보다는 네트워크를 통해서 알맞은 기업 규모를 달성한다. 지주회사 모델에서 사업부는 독립적인 주체와 같이 움직이며 일련의 간접 기능, 기술 및 인프라를 지원받는다. 기업의 규모를 충분히 활용하지 못한다는 점은 이러한 자율성에 대한 일종의 값비싼 부작용이라고 할 수 있다.

　모델 2의 전략과 관리 모델은 기업 가치가 2가지 영역에서 창출된다는 개념에 기반을 두고 있다. 그중 하나는 고객과 가장 가까운 곳에 위치하는 사업부이며 나머지 하나는 사업부 간 연결 고리 역할을 수행하는 기업 본부이다. 모델 2에서 기업 본부는 소수의 규정된 역할만 수행하며 작은 규모를 유지한다(100~150명 수준의 200억 달러 규모). 이 모델에서 기업 본부는 기업의 전략과 정책을 수립하고 개별 사업부의 영역을 벗어나 기업 전반에 걸쳐 가치 창출 수단을 강구하며(우수 사례 공유, 신규 사업 창출, 기업 전반의 역량 강화 등) 엄격한 경영 성과 관리 모델을 수립하고 시행한다. 백오피스 서비스와 같이 규모에 큰 영향을 받는 극소수의 프로세스를 제외하면 사업부 간 업무를 통합하고 공유하는 경우는 극히 제한된다.

　모델 3의 적극적 경영 모델은 기업 본부에 보다 많은 역할을 부여하는 중앙 집권적 접근을 취한다. 모델 3의 형태로 운영되는 회사의 경영자들은 밀접한 사업부를 서로 연계하고 지원 서비스를 공유함으로써 큰 시너지를 창출할 수 있다고 믿는다. 이 방식은 사업부들이 취급하는 제품군 또는 고객군이 유사할 경우에 가장 큰 효과를 발휘한다. 모델 3에서 경영자는 사업부의 전략과 연간 계획을 수립하고 사업부에 대한 자본 분배 정도를 결정한다. 사업부도 몇몇 핵심 프로세스를 보유하기는 하지만, 대다수의 기술과 재무와 관련된 행정 기반의 서비스 및 전문성 기반 지원 서비스는 기업 전체가 공유한다.

모델 4의 경영 활동 중심 모델에서 기업 본부는 가장 폭넓은 역할을 수행한다. 전략, 기획, 정책은 물론이고 주요 기업 운영 관련 결정마저도 기업 본부에 의해 이뤄지며 각 사업부의 역할은 본부로부터 내려온 지시를 수행하는 것으로 제한된다. 중앙 집중화 정도가 매우 높은 이 모델에서 대부분의 핵심 프로세스는 기업 본부로 통합되며, 본부가 모든 간접 활동, 영업 및 마케팅, 운영 기능을 제어한다. 본부는 같은 방식으로 기업 전체의 기술을 통합하며 때로는 이를 1개의 플랫폼으로 운영하기도 한다. 업무 자체가 통합되지 않더라도 강력한 조직이 활동을 지휘하고 기능별 예산을 관리하며 사업부별로 자원을 배분한다.

모든 기업에 일괄적으로 적용되는 모델은 없지만 상황에 따라 어떠한 모델이 적합한지 가이드라인을 통해 파악할 수 있다. 일반적으로 기업의 사업부 간 연계성이 강할 경우(유사한 제품, 고객, 경쟁자, 자산 등), 기업 운영의 전략 목표가 하나로 통합될 경우, 사업부에 비해 기업 본부의 인재 역량이 훨씬 우수할 경우, 그리고 CEO가 진취적인 경영 스타일을 지닐 경우 기업은 모델 3 또는 모델 4를 지향하는 경우가 많다. 이러한 특징을 보이지 않는 기업의 경우 모델 2 또는 모델 1을 활용하기도 한다.

기업 본부의 역할 정의뿐만 아니라 사업 단위의 구성을 어떻게 할 것인가에 대한 고민도 필요하다. 사업 단위를 회사 전략에 기반을 두고 구성하는

| 그림 7.3 | 사업부 구조 예시

제품 기반

장점

· 고객 응대를 위해 혁신 및
  제품 통합에 집중
· 급변하는 외부 환경에 적응하기 쉬움

단점

· 낮은 규모의 경제 효과로 인한 높은 비용 구조
· 제품과 고객 전략 간 불일치
· 교차 판매의 문제

역할/기능 기반

장점

· 규모의 경제 효과 극대화
· 부문별 역량, 기술 구축
· 글로벌 인재 활용 가능

단점

· CEO 외 P&L 책임자 부재
· 편향된 시각으로 바라보기 쉬움
· 내부 요소에 초점을 맞춤으로써 시장/고객의
  요구 대응 실패 가능성

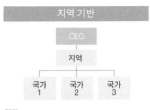

지역 기반

장점

· 지역별 상이한 고객의 요구를
  효과적으로 대응
· 지역적 이슈에 대한 신속한 대응
· 지역적 인재 발굴과 관리 역량 강화

단점

· 지역별 사업 부문 간 갈등 조정 어려움
· HQ/글로벌/지역/구역/국가로 이어지는
  보고 체계의 복잡성
· 지역별 적합한 제품을 선정하는 과정에서
  발생하는 제품/브랜드와 지역 간 갈등

고객 기반

장점

· 고객 친화력 및 대응 능력 확대
· 시장/고객 변화에 대응 가능

단점

· 낮은 규모의 경제 효과로 인한 높은 비용 구조
· 제품, 채널, 시장 간 조정의 어려움
· 고객 만족도에 과도하게 집중할 경우
  관리 비용 상승

자료: PwC Strategy&

방법은 여러 가지가 있으며(그림 7.3), 각 기업에 적합한 형태는 기업이 속한 산업의 환경(고객 친밀도 및 다양성, 시장 내 변화 속도 등)과 기업의 특성(제품 또는 서비스의 복합성 및 필요 조정 수준, 인재 역량, 운영 규모의 필요성 등)에 따라 상이하다. 이 단계에서 역량은 매우 중요한 요소이며, 기업의 사업부 구성 기준은 기업의 가장 중요한 역량을 필수적으로 지원할 수 있는지 여부이다. 예를 들어, 지역 환경과 시장 수요에 대하여 민감하게 반응하는 글로벌 기업의 경우, 지리적 특성에 따라 사업부를 조직할 것이다. 마찬가지로 개별 고객에 대한 응대와 지역, 제품, 기능을 효과적으로 협의하는 과정이 중요한 기업의 경우 고객 중심 구조가 올바른 선택이 될 수 있을 것이다.

운영 모델 선택에 있어서 다음으로 고려해야 할 사항은 어떻게 지원 서비스 조직을 구성하고 지원 서비스가 전달되도록 할 것인가에 대한 문제이다. 대부분의 기업들은 기업 본부와 각 사업 단위에서 실행되는 다양한 지원 서비스를 통합하여 효율성을 지닌 별개의 독립체인 "셰어드 서비스" 모델을 채택하는데, 이 모델에서 셰어드 서비스는 지원 서비스를 제공하기 위해 구성된 일종의 사업부로 운영된다.

셰어드 서비스를 전통적인 중앙 집권적 회사의 직원과 혼동해서는 안 된다. 셰어드 서비스는 자유 경쟁 시장의 수요/공급 법칙에 기반을 두고 기업 전반에 지원 서비스를 제공한다. 셰어드 서비스 모델에서 내부 고객인 각 사업 단위는 필요한 서비스를 요구하고 시장에 기반을 둔 측정 가능 척도로 서비스 제공 부서의 성과를 평가한다. 내부 공급자인 서비스 제공 부서는 내부 고객이 요구하는 조건을 만족해야 할 뿐 아니라 외부 거래처들과의 경쟁에서도 뒤처지지 않는 역량을 보여야 한다. 시장 수요에 직접 대응해야 하는 사업부들은 경쟁 시장에서 제공되는 높은 수준의 지원 서비스를 제공받아야 하기 때문이다. 이런 방식으로 구조화될 경우, 셰어드 서비스는 하나의 사업부가 되며 외부 거래처처럼 인식되고 관리되지만 가격 경쟁력 역시 반드시 확보해야 한다.

운영 모델을 조직함에 있어 마지막 단계는 기업을 하나로 통합하는 연결고리를 정의하는 것이며 이러한 연관성은 비전이나 가치에서부터 개별 경영 프로세스에 이르기까지 다양하게 존재한다. 기업에게 있어서 전략 개발, 목표 설정, 권한 위임, 기획 및 예산 수립, 성과 측정, 결과 보상 측면에서 훌륭하게 구축된 시스템은 절대적으로 중요하다. 지속성장을 위한 체질을 갖춘 기업이 되기 위해 기업은 프로세스를 정비하여 전략과 차별화 역량을 명확히 하고 그에 알맞게 자원을 분배하며 나아가 사업과 개인의 성과를 측정하고, 높은 성과와 잠재력을 지닌 우수한 인재를 양성하고 보상해야 한다.

운영 모델의 재설계 시점은 언제인가?

기업 전략을 바꾸고 대규모 인수 합병을 성사시키고 지속성장을 위한 체질 개선 혁신을 수행하는 과정에서 운영 모델을 반드시 조정해야 하는 경우가 있는 반면, 운영 모델 변화의 필요가 없는 경우도 존재한다. 이처럼 운영 모델을 전반적으로 또는 부분적으로 재설계할 필요가 있는지에 대해 판단이 필요한 경우, 아래와 같은 질문을 던져보라:

- 지속적인 '실행의 실패'로 기업의 전략적 목표를 실현하기 어려운가?
- 성장 기회를 최대한 확보할 수 있도록 기업 내부가 체계적으로 조직되어 있는가?
- 급성장하는 사업부의 발전이 자원 부족으로 주춤하지는 않았는가?
- 경쟁자들을 압도할 만큼 신속한 의사결정을 내리고 있는가?
- 사업부가 시장에 민첩하게 대응하는가?
- 조직 라인 간에 정보를 공유하고 우수 사례를 전달하는 데 어려움을 겪지는 않는가?

- 조직의 규모가 전반적으로 축소되었는데도 기업 본부는 여전히 큰 규모를 유지하고 있는가?
- 불필요한 서비스 조직이 사업부 전반에 만연해 있는가?

기업의 운영 모델은 전략적 목표와 실행 사이의 연결 고리 역할을 수행해야 한다. 만약 위 질문에 대하여 다수가 부정적일 경우, 그 기업의 운영 모델은 필요한 역할을 제대로 수행하지 못하고 있을 가능성이 높다.

어떻게 운영 모델을 재설계할 것인가

운영 모델의 형태는 기업이 직면한 환경에 따라 상이하다. 기업은 전략적 우선순위, 사업 및 자산 포트폴리오, 지리적 환경 그리고 기타 고유 특성에 기반을 둔 최적의 운영 모델을 설계해야 한다. 이를 위하여 근본적으로 필요한 것은 새로운 조직의 역할과 구조를 결정하는 것이다. 그에 앞서 아래 4가지 질문에 답해보자:

1. 회사의 자원이 어디에 쓰이고 있으며, 비용이 어디에서 발생하는가? 사용처는 적절한가? 인사, IT, 재무, 영업, R&D, 마케팅 부서의 비용 수준을 검토하고, 비용 지출이 전략적 우선순위와 부합하는지 자문하라.
2. 어떠한 방법을 통해 비용을 보다 큰 폭으로 절감할 수 있을 것인가? 합병을 통한 규모의 경제 실현 기회를 찾아보고 프로세스를 표준화함으로써 효율성을 증진시키는 것이 중요하다. 또한, 자동화 및 임금 체계 조정을 통해 인건비를 절감하고 다양한 서비스에 대한 내부 수요를 조

정함으로써 비용을 줄이는 것이 바람직하다.

3. 어떠한 기업 운영 모델이 비용을 절감하고 성장 기회를 확보하기에 가장 적절한가? 기업이 원하는 목표를 달성하기 위해서는 간소화된 '전략 및 관리 모델'과 다기능 셰어드 서비스 조직이 도움이 될 수도 있다. 또한 강력한 본사 기능을 기반으로 '적극적 경영 모델'을 통해 전사적 시너지를 이끌어내는 것이 목표를 달성하는 데 더욱 적합할 수도 있다.

4. 새로운 운영 모델을 지원하기 위하여 어떻게 조직을 재편할 것인가? 기존 조직의 구성 요소 중 유지할 것을 파악하는 것이 중요하다. 조직 구조와 의사결정 권한 측면에서 가능한 변화 요인을 찾아내고, 어떻게 경영 프로세스를 조정하는 것이 새로운 운영 모델을 강화하는 데 도움이 될지 고민하라.

위 질문에 대한 답변을 바탕으로 3가지 핵심 조직 단위(사업부, 기업 본부, 셰어드 서비스)를 구성한다. 운영 모델별 구성 절차는 다르지만 크게 4가지 단계를 거친다. 먼저 가치 창출 요인을 이해하고, 가치 창출 과정을 가속화하기 위한 운영 모델의 틀을 구축하며 기업 구조를 새롭게 구성하여 새로운 절차를 바탕으로 실질적인 변화를 추구한다(그림 7.4).

| 그림 7.4 | 운영 모델 접근법

| 가치 창출 레버 이해 | 가치 창출 가속화 | 조직 구조 개선 | 실행 로드맵 구축 |

자료: PwC Strategy&

1단계: 가치 창출 레버의 이해

운영 모델을 새롭게 설계하기 위한 첫 단계는 현재의 운영 모델을 정확하게 파악하는 일이다. 기업이 현재 어떠한 상황에 직면하고 있으며 어떻게 지금의 모습을 갖추게 되었는지 검토한다. 또한 현 모습을 구상할 당시의 전략적 의도를 검토하여 그 시점에서 유의미했던 전략적 고려 사항이 지금도 유효한지 판단한다. 현재의 운영 모델을 이해하기 위해서는 기업의 기본적인 구성 요소를 살펴보고, 이것이 어떻게 구성되어 있는지 파악해야 한다. 예를 들어, 기존의 사업부 조직이 제품 라인, 지역, 기능 등을 기반으로 구성되어 있음을 파악해본다. 다음으로 어떤 업무가 조직 전체에 공유되고 표준화되어 있는지, 기업 본부가 어떤 역할을 수행하는지 검토한다. 의사결정 방식이나 결정권자, 조직 내부에서 정보가 공유되는 수준을 파악하기 위해서는 공식적으로 정해진 역할이나 조직 구조의 이면을 살펴보아야 한다. 조직도를 들여다보는 것보다 위의 절차를 통해 기업의 운영 모델이 어떻게 현실에 적용되는지를 파악하는 것이 더욱 중요하다.

기업 운영 모델의 틀 구축 시, 각 모델이 어떻게 변화해왔는지 확인하고(1개의 사업부를 제외하고 모든 지원 분야의 기능을 통합하는 등), 해당 변화 요인(해당 사업부가 매각 대상일 수도 있다)을 검토하는 절차가 필요하다. 또한 기능, 역할, 지역을 기준으로 기본적인 비용과 직원 수를 파악하여 조직 내 자원 활용 기준을 설정한다. 이러한 단계가 완료되면 한발 뒤로 물러서서 기업이 현재 활용하고 있는 운영 모델의 목적을 생각해본다. 현재의 운영 모델이 전략의 효과적 실행에 얼마나 도움이 되는가?

현재의 운영 모델을 이해했다면, 이제 개선 방안을 찾아봐야 한다. 고위 경영진과의 인터뷰를 통해 현재의 운영 모델이 가지고 있는 결함과 그 원인 매출 축소와 수익 감소가 이어짐에 따라, 한 글로벌 자동차 공급자는 판매 관리비를 대규모로 삭감하기로 결정했다. 첫 단계는 매트릭스 조직 내에서 판매 관리비가 발생하는 주요 부문이 어디인지 찾는 것이었다. 기업은 여러 제품 기반 부문과 4개의 지역별 조직(북미, 유럽, 남미, 아시아·태평양), 포드나 GM과 같은 대규모 자동차 OEM 고객으로 조직되어 있었다. 개별 매트릭스는 매트릭스의 필요 사항을 지원하는 직원을 보유하고 있었으며, IT, 재무, 인사, 설비 관리, 부동산과 같은 기능에서 발생하는 추가적인 간접비는 본사가 부담하고 있었다. 수익성 없는 제품 라인에서 철수함으로써 20% 이상의 매출을 포기했음에도 불구하고 본사는 적정한 규모를 조정할 수가 없었으며 복잡한 원가 구조에 발목이 잡혔다.

CEO가 판매 관리비 절감을 위해 다양한 부문의 리더들을 호출했을 때, 모두는 각자의 조직을 방어하기 위해 최선을 다했다. 대부분은 이미 판매 관리비를 삭감하여 뼈밖에 남지 않은 수준이며 비용 절감을 위해서는 본인의 담당 부문이 아니라 다른 부문을 살펴보아야 한다고 주장했다. 원가 구조에 대한 검토 끝에, 판매 관리비는 제품 부서와 본부에 집중되어 있다는 것이 밝혀졌다. 특히 제품 부서의 예산에는 세일즈, 마케팅, 재무, 구매, 부서별 관리 등이 포함되어 그 규모가 컸다. 본부의 지원 서비스에 대한 불만족 역시 간접비를 상승시키는 또 다른 요인이었다. 사업부가 보다 나은 서비스를 위해 스스로 중복 지원 그룹을 구축했기 때문이다. 지역 및 고객 조직은 상대적으로 낮은 판매 관리비를 지출하고 있었으나, 의사결정과 책임 소재 불분명으로 효과를 약화시키고 있었다.

기업은 효율성을 개선하기 위한 3개의 핵심 변화 요인을 결정했다. 본부의 서비스와 연공서열을 축소하여 작은 조직의 니즈에 적합하도록 하는 것, 전 세계의 백오피스 서비스를 통합하여 "공장 운영과 같은" 원칙에 따라 최소 비용으로 관리하는 것, 계층에 따른 "지휘 및 통제" 조직을 수평화하는 것이다. 내부적인 저항을 밀어두고, CEO는 글로벌 공유 서비스 조직을 수립하여 대부분의 거래적 판매 관리 서비스를 담당하도록 했다. 글로벌 공유 서비스 조직의 리더에게는 통합, 아웃소싱, 린 프로세스 관리를 통한 IT 활동, 세일즈 계약 행정, 반복적 재무 프로세스, 반복적 인사 및 설비 관리 비용 40% 절감이라는 목표가 주어졌다.

글로벌 공유 서비스 조직을 구축하는 것 외에, 원가절감을 위해 운영 모델상에서 아래와 같은 중요한 변화를 일으켰다:

- 본사의 임무를 재정의하고, 사업부 운영이나 부문별 탁월성 대신 전략과 성과 관리에만 집중하도록 했다. 이는 기존에 사업을 면밀하게 모니터링하고 불필요한 프로젝트를 실시하던 본사 직원의 대규모 감축으로 이어졌다.
- "명확한" 기준에 따라 제품 사업부(PBU: Product Business Units)를 재편하여 핵심적인 사업 부문에 집중하고 "스팬 브레이커"(기존 조직에서 사업부 간 역할을 조율하던 인력)처럼 활동하던 부서별 관리자를 제거했다. 자원은 PBU 내부에서 배분되었으며 개별 손익 단위를 확립했다.
- 지역 조직을 제거하고, 북미 제품 기반 사업부의 리더들을 해당 사업 부문이 가장 경쟁력을 갖춘 지역으로 이동시켰다.
- 본질적인 존재 목적과의 적합성을 평가하여 재무, 인사, IT의 서비스 수준을 합리화하고 사업부의 개별 서비스 조직이 제공하던 대면 서비스 등 하이 터치 "컨시어지" 서비스를 셀프 서비스, 콜센터로 대체했다.

CEO는 원하던 결과 이상을 달성했다. 글로벌 공유 서비스 조직으로 이전된 활동에서 판매 관리비는 50% 하락했으며 이는 기존 목표를 훨씬 뛰어넘는 성과였다. 지원 서비스를 제공하는 직원 수는 1000명이나 줄어들어, 기존의 75% 수준이 되었다. 글로벌 공유 서비스 조직은 폭넓은 원가 혁신 프로그램의 효과 중 2/3를 차지했으며, 서비스 수준 요건을 지속적으로 충족하고 있다.

을 파악해본다. 근본적인 원인은 다양한 형태로 나타날 수 있다:

- 과도한 분권화와 최적화되지 못한 셰어드 서비스에서 비롯된 막대한 간접비
- 취약한 지배 구조 아래 지나치게 특화되고 복잡해진 기업 운영 프로세스
- 본부-사업부 간 운영 관리 수요가 많이 요구되는 매트릭스(Matrix)형 조직 형태로 인한 중간 관리층의 과도한 확대
- 여러 가치 창출 단계로 인한 책임 분산 및 의사결정 속도 저하
- 혁신 및 위험 감수의 의지 없이 단기적 목표에 집중된 기업 목표 및 방향성

초기 인터뷰는 기업의 문제점을 파악하고 개선하기 위한 전반적인 가설을 세우는 데 도움이 되는 경우가 많다. 반면 이후 진행되는 인터뷰는 운영 모델의 효과를 진단하고, 특정 개선 방안에 초점을 맞추어 사업 전반에 걸쳐 활용될 수 있는 공통 역량 발굴에 도움이 된다. 또한 어떠한 역량을 보유해야 하고 중앙 집권적·국가적·지역적 활용 방안 중 어떠한 기준으로 선택할지에 대한 도움을 제공한다.

이러한 정보를 바탕으로 성과에 대한 책임 여부를 결정하고, 책임을 지게 된 부문을 지원하기 위한 지배 구조와 결정 권한을 규정한다. 마지막으로 기업의 차별화 전략 강화에 사용되는 비용을 파악하고 기업의 운영 모델이 전략에 부합한지 재확인한다.

이러한 논의를 통해 여러 사업, 기능, 지역별 경영진들의 다양한 견해를 확인할 수 있다. 또한 그들의 의견을 통해 조직의 효율성과 개선 방안을 파악하고 현재의 운영 모델이 기업의 차별화 역량을 얼마나 잘 강화하고 활용하고 있는지를 확인할 수 있다. 1단계를 완료하면 비용이 어디에서 발생하는지, 결정 권한이 어디에 존재하는지, 신규 운영 모델이 직면할 문제가 무엇인지 파악할 수 있게 된다.

2단계: 가치 창출 가속화를 위한 운영 모델 구조화

1단계를 통해 운영 모델, 전략적 목표, 현시점에서의 문제점, 향후 개선 사항, 바람직한 기업 문화와 같은 다양한 이슈를 명확하게 이해할 수 있다. 2단계에서는 이러한 이슈를 바탕으로 향후 기업 재편 과정에서 북극성과 같은 역할을 할 기준을 세우고 그에 상응하는 성공 방안을 수립한다. 이를 통해 수립된 원칙과 대응 방안은 새로운 운영 모델의 선택 기준을 수립하는 데 도움이 될 것이다. 기준 수립을 위해 "사업 부문 간 협력을 가능케 한다", "조직이 보다 빨리 움직이도록 한다" 또는 "보다 높은 효율성을 달성하기 위해 조직 전체의 백오피스(Back Office) 규모를 조정한다"와 같은 포괄적인 목표를 설정해야 한다. 미래의 비전에 집중하는 한편, 1단계에서 확인한 주요 비효율 요소에도 관심을 기울여야 한다. 이러한 사항들을 "불필요한 프로세스", "적절하지 않은 인센티브", "효력이 없는 권한"과 같은 용어로 명확하게 표현한다. 이와 같이 목표와 도전 과제를 분명히 표현함으로써 새로운 운영 모델의 결정 과정에서 상충되는 여러 요소를 파악할 수 있을 것이다.

운영 모델을 구축하는 과정에서는 조직이 어떻게 구조화되고, 어떠한 영역 및 지역에서 경영 활동을 수행하며, 다양한 대안 중 기준 원칙이 어떻게 이행되고 기존의 문제점이 어떻게 보완되는지를 나타내는 다양한 요인을 고려해야 한다. 새로운 운영 모델은 기업 본부와 사업부 고유의 역할과 결정권을 명확히 하고 사업부의 방침을 확립한다(제품별, 고객 세그먼트별, 지역별 등). 또한 사업부가 수행할 프로세스와 기업 전체에서 공유될 프로세스를 결정하고 손익에 대한 책임과 그에 따른 결정권, 관리 권한도 부여한다.

다음으로는 각 운영 모델에서 상충되는 요소를 독립적으로 평가하고 향후 운영 모델이 요구하는 다수의 시나리오를 만들 차례다. 프로그램 재설계에 대한 "공격적"·"일반적"·"보수적" 관점의 시나리오를 모두 검토하는 것이 좋으며, 각 시나리오에는 역할, 결정권, 주요 경영 프로세스, 비용 구조 측면에서 요구되는 변화 요인을 포함해야 한다. 이러한 변화 요인의 정의는 경영진의 운영 위원회 형식을 통해 이뤄질 수 있으며, 이러한 정의 과정을 통해 그들은 최고의 운영 모델을 선택할 수 있게 된다.

3단계: 조직 구조 정의

고위 임원들의 피드백을 바탕으로 상세하게 운영 모델을 규정할 수 있으며, 조직 내 합의를 이끌어낼 수 있다. 첫 단계는 사업부의 역할과 조직 축소, 공유 정도, 중앙 집권화, 지원 기능, 기업 본부의 역할 등 조직의 기본적인 구성 요소의 윤곽을 그리는 것이다. 이러한 기반 위에 특정 기능을 본부로 집중할지 분권화할지, 아웃소싱을 어느 정도 활용할지, 사업 운영에 있어 주요 변화 요인에는 어떤 것이 있는지와 같은 세부 사항을 고려한다. 그다음에는 주요 사업 운영 프로세스를 위한 결정권을 부여하고 기업 본부, 사업부, 지원 기능 간 발생하는 영향력을 파악해야 한다. 설계 단계 완료 후 이러한 결정이 비용에 미치는 영향을 확실하게 수치화해야 다음 단계인 예산안 구성 프로세스로 넘어갈 수 있게 된다.

미래 운영 모델을 정립한 후에 조직 구조와 인력 전환 계획을 고려해야 한다. 임원의 역할, 부서별 책임, 의사결정의 영향력, 필요한 모든 지역적 인사 이동 등 유의미한 고려 사항을 확인한다. 마지막으로, 새로운 운영 모델을 위해 성과 지표와 기업의 전반적 성과 관리 구조를 개선함으로써 변화가 이뤄진다는 점을 인지할 필요가 있다.

4단계: 실행 로드맵 구축

성공적으로 운영 모델을 혁신하기 위해서는 기존 경영 활동에 지장을 주지 않은 채 조직의 구조를 변화시키는 세부적인 실행 로드맵이 필요하다. 일정 계획과 조직 개편 순서를 명확하게 제시하고 운영 모델의 변화를 위한 고

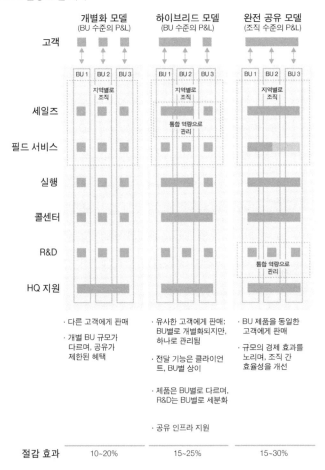

| 그림 7.5 | 운영 모델 예시

자료: PwC Strategy&

려 사항뿐 아니라 진행 중인 사업 계획, 주요 기타 변동 계획에 맞추어 적절하게 순서를 조정하는 것이 필요하다. 실행 계획에는 일반적으로 각각의 기능이나 업무 프로세스와 연관된 5~10개의 주요 업무 일정이 명시되며 개별 업무를 담당자에게 배분하는 과정 또한 포함된다.

실행 계획은 새로운 업무 보고 형태, 새로운 직책, 역할에 대한 설명, 파견 및 발령, 경영진 인사, 선발과 같은 전략적 변화 요인을 고려하며 그 후 인력, 프로세스, 기술 역량의 격차와 같은 장기적인 도전 과제를 다룬다. 빠른 변화와 함께 단기적 성과가 나타나게 되며 직원들은 새로운 운영 모델과 자신의 역할을 이해하게 된다.

개선된 실행 계획 추진 결과의 평가, 의사소통, 변화관리 프로그램, 사업 운영 프로그램 등의 변화가 요구되며 변화 과정에서 영향을 가장 많이 받는 직원을 대상으로 새로운 모델의 의의, 목적, 실행 시기에 대한 전반적인 교육을 실시해야 한다. 또한 새로운 운영 모델의 핵심 성과 지표를 확인할 수 있는 성과 측정 결과 자료를 발표하고, 성과 모델이 구체화됨에 따라 지속적인 모델 개선 기회가 있음을 강조한다.

문제점을 해결하고 기업 변화 시 빈번하게 발생하는 내부 잡음을 줄이기 위한 강력한 관리 프로세스는 필수적이다. 내부의 우려를 완화시키고 새로운 운영 모델이 목표한 이익을 달성하기 위해서는 지속적인 의사소통을 진행하고 기업의 성공 방안을 충실히 고수하며 결과를 면밀하게 모니터링해야 한다.

운영 모델 베스트 프랙티스

포괄적 설계. 좋은 운영 모델 설계는 비용 절감 목표뿐만 아니라, 기업의 전략, 차별화 역량, 기업만의 제품/고객 중심 프로세스, 지리적 특성을 종합적으로 고려한다.

견제와 균형. 조직 일부가 과도한 권한을 행사하는 것을 방지하기 위해 운영 모델은 견제와 균형 원칙을 고수해야 한다. 일례로 연간 계획 수립 시, 기업 본부와 사업부 모두가 계획을 승인해야 한다는 요건 등을 들 수 있다.

강력한 비즈니스 케이스함정

근시안적 전략. 조직 설계가 단기적 요소를 바탕으로 이뤄질 경우, 기업 구조가 차별화 역량을 뒷받침하는 장기적 관점의 노력에 나쁜 영향을 줄 수 있다.

효율성에 과도한 집착. 비용 절감에만 최적화된 운영 모델로는 효과적으로 전략을 수행할 수 없다.

틀에 박힌 구조. 직원들이 알아서 운영 모델을 조정할 것이라는 막연한 믿음을 가지고 단순히 조직도만 새로 그리는 CEO가 너무 많다. 운영 모델을 재정의한다는 것은 조직도의 박스와 선을 새로 그리는 것을 넘어, 역할, 책임, 개별 요소에 대한 결정권을 명시적으로 정의하고, 신규 성과 정책 및 지표를 도입하여 새로운 지배 구조, 기획, 성과 관리 프로세스를 재정의하는 것을 모두 포함한다.

기존 방식 답습. 직원들이 새로운 구조적 프레임워크에 맞춰 행동하지 않는다면 최고의 운영 모델을 설계할 수 없다

경쟁자 운영 모델 모방. 시장 분석과 경쟁자 벤치마킹은 운영 모델 평가에 도움이 되며 기업의 직면한 현 상황에 대해 생각해볼 수 있는 중요한 툴이다. 그러나 기업의 구체적인 전략, 우선순위, 차별화 역량에 적합하지 않은 운영 모델은 역효과를 가져올 수 있다.

8 /

아웃소싱
외부 공급업체로 하여금 기업을 위해 가치를 창출하도록 하라

아웃소싱은 비용 구조 변경을 목표로 하는 기업에게 중요한 툴이다. 기업은 다양한 프로세스상에서 아웃소싱을 통해 전문성을 지닌 외부의 서비스 공급업체를 활용하여, 중요하지만 기업 차별화에 기여도는 낮은 요소를 외부로 이관함으로써 비용을 절감하고, 서비스 수준을 상승시켜 연간 생산성을 높일 수 있다. 서비스 공급업체들은 IT 헬프 데스크, 매입 채무, 급여와 같은 백오피스 기능, 운송 및 보관과 같은 운영 활동, 영업과 콜센터 운영과 같이 고객과의 의사소통을 하는 프로세스 등 다양한 서비스를 제공한다. 이러한 공급업체들은 기술적 플랫폼을 활용하고, 프로세스 전문성과 표준화, 지속적인 개선, 규모의 경제, LCC(Low cost country)로 위치를 옮기는 등의 방법을 통해 가치를 창출한다. 기업은 아웃소싱을 통해 자유롭게 사용할 수 있는 시간과 자원을 확보함으로써 기업의 고유 운영 방식을 뒷받침하는 핵심 역량에 집중할 수 있으며, 지속성장을 위한 체질 개선 원가 혁신의 주된 목적을 달성할 수 있게 된다.

아웃소싱이란 무엇인가?

아웃소싱이라는 단어를 들으면 어떤 이미지가 가장 먼저 떠오르는가? 인도 남부의 어마어마한 수의 콜센터에서 북미와 유럽의 소비자들을 대상으로 서비스를 제공하며 서방 세계로부터 임금을 받는 고객 서비스 에이전트들? 제작 계약을 통해 다국적 전자제품 회사의 제품을 대량 생산하는 중국의 거대한 생산 단지? 두 이미지 모두 아웃소싱의 정확한 예이지만, 둘 다 아웃소싱의 모든 것을 의미하지는 않는다.

더 자세히 들어가기 전에, 아웃소싱이라는 개념을 정의하고 아웃소싱과 오프쇼어링의 차이점을 명확히 하자. 아웃소싱은 기업과 외부 공급업체 사이의 계약으로서, 공급업체에게 대가를 지불하고 기업이 내부에서 이행하던 업무를 대신하도록 하는 개념이다. 공급업체는 외진 바닷가이든, 이웃한 나라든, 바로 옆방이든 상관없이 어디에든 있을 수 있다. 반면 오프쇼어링이란 작업을 해외로 옮기는 것을 의미하며 대부분 LCC를 대상으로 이뤄지며, 글로벌 인하우스 센터를 통해 기업 내부적으로 관리하거나 또는 해외에 시설을 보유하고 있는 아웃소싱 공급업체를 통해 관리한다. 이 챕터에서는 장소에 상관없이 아웃소싱에 대해 논의할 것이다.

아웃소싱의 넓은 범위는 곧 아웃소싱의 힘이다. 기업은 가치 사슬상 모든 활동을 아웃소싱할 수 있다. R&D에서 생산, 공급망, 영업, 백오피스 활동에 이르기까지 모든 부문이 아웃소싱의 대상에 해당한다(표 8.1). 아웃소싱의 주요 대상은 규칙적으로 반복되는 활동을 포함하는 프로세스로서, 지리적으로 먼 곳에서 수행할 수 있으며 외부 공급업체 기반이 매우 성숙한 프로세스이다. 노동 조정, 모범 사례를 활용한 판매, 일반 지출 및 영업 지출 기능(회계, 혜택 관리, IT 등), 대규모의 장점과 저렴한 인건비를 활용한 전문 공급업체가

| 표 8.1 | 많은 경우 제조 회사에 의해 프로세스가 아웃소싱되기도 한다

기능 분야	프로세스	기능 분야	프로세스
제품 개발	• 시장 분석 및 증명 • 시제품화 • 재생산 • 제품 데이터 관리	재무	• 원가/공장/회계 • T&E 회계 • 일반 회계 • 매입 채무 • 매출 채권 • 고정 자산 • 급여 • 표준 재무 보고
구매 및 조달	• 구매 • 지출 관리 • 구매 지원 • 생산자 행정 • 주문 관리		
공급 체인 기획 & 실행	• 재고 관리 • 창고 관리 • 인바운드/아웃바운드 물류 • 역물류 • 시설 유지보수 • 공급 체인 분석	HR	• 트레이닝 • 혜택 행정 • 보상 행정 • 연금 행정 • 재배치/해외 주재 행정 • 채용 행정 • 직원 기록 관리
생산	• 공장 유지보수 • 계약 생산	IT	• 네트워크 • 데이터 센터 • 헬프 데스크 • 데스크톱 지원 • 인프라 유지보수 • 개발 및 어플리케이션 유지보수
마케팅	• 분석 • 콜센터		
영업 및 서비스	• 주문 대응 • 외부 영업	법률	• 계약 • 소송 • 중재 • M&A

자료: PwC Strategy&

제공하는 제작 및 창고 보관 기능 모두가 아웃소싱의 대상이 될 수 있으며, 전략상 중요하지 않은 고객에 대해서는 판매 조직까지도 (고객 서비스 품질을 보장할 수는 없더라도 저렴한 가격은 보장할 수 있는 브로커에게) 아웃소싱할 수 있다.

아웃소싱은 3가지 주요 방식을 통해 가치를 창출한다:

1. 고정 인건비를 변동비로 변경함으로써 사업 규모 변동에 따른 유연성을 확보할 수 있다.

2. 공급업체의 경쟁력 있는 인건비, 전문성, 규모, 플랫폼을 통해 효율성

을 달성한다.

3. 지속적인 개선, 생산성 향상에 도움이 되는 자동화, 기타 다른 기술에 대한 공급업체의 투자를 통해 프로세스를 변경할 수 있다.

보통 5년인 아웃소싱 계약을 통해 외부 서비스 공급업체는 영업 마케팅 비용의 30~35%, 생산, 운송, 보관 비용의 5~10%, IT 비용의 35~45%, 매입 채무나 매출 채권과 같은 백오피스 비즈니스 프로세스의 30~50%를 절감할 수 있다(그림 8.1).

| 그림 8.1 | 부문별 비즈니스 프로세스 아웃소싱(BPO: Business Process Outsourcing)을 통한 비용 절감 세부 내역

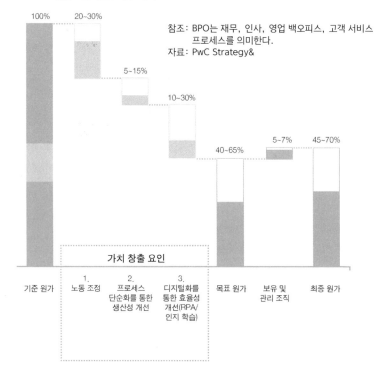

이미 입증된 효과에도 불구하고, 일부 기업은 아웃소싱을 꺼린다. 이는 널리 퍼진 몇몇 오해에서 비롯된 경우가 많다:

우리보다 더 잘할 수 있는 사람은 아무도 없다. 경영진은 자사의 프로세스 운영에 가장 적절한 것은 자사 직원이라고 믿는다. 그러나 특정한 프로세스에 대한 전문성을 지닌 외부 서비스 공급업체는 상대적으로 우월한 역량을 보유한 경우가 많다.

아웃소싱된 프로세스에 대한 통제력을 잃게 될 것이다. 기업들은 핵심적인 사업 영역에 대한 직접적인 통제력 상실이 발생할 수 있는 결과를 우려한다. 잘 설계된 아웃소싱 계약에는 서비스 수준 합의, 성과 측정, 문제 해결 및 통지 프로세스가 포함되므로 이러한 안전장치를 통해 기업은 프로세스를 전문 공급업체에게 넘기면서도 해당 부문에 대한 통제력을 유지할 수 있다.

만약 업무를 아웃소싱한다면 직원들은 우리 회사에서 일하려 하지 않을 것이다. 일부는 비핵심 부문을 아웃소싱할 경우 우수 직원들이 기업을 떠날까 우려한다. 하지만 실상은 이와 반대다. 우수 직원들은 핵심 전략 활동에만 집중할 수 있게 되므로 오히려 회사에 대한 충성도가 상승한다.

직원 및 지역 공동체와의 관계가 악화될 것이다. 아웃소싱에 대한 반발을 무시할 수는 없는 것이 사실이다. 하지만, 강력한 의사소통과 감원 대상 직원에 대한 지원을 통해 반발을 최소화할 수 있다.

아웃소싱은 단순한 노동 조정일 뿐이다. 일부는 아웃소싱을 통해 인건비 절감 외에 의미 있는 효과를 얻을 수 있을지 의심하고 있다. 그러나 아웃소싱의 가장 큰 효과는 생산성 향상과 프로세스 혁신, 그리고 이어지는 부문, 조직, 기술적 효과로 나타난다.

언제 아웃소싱을 선택할 것인가

기업들은 다양한 이유로 아웃소싱을 선택한다. 대기업들은 주문 입력, 출장, 비용 처리와 같이 대규모의 상품화된 비즈니스 활동에서 효율성을 극대화하기 위해 아웃소싱을 선택하곤 한다. 소규모 기업들의 거래량은 비용 절감의 혜택을 볼 만큼 크지 않은 경우가 많다. 그 대신, 그들은 아웃소싱을 비용 절감뿐만 아니라 성장의 도구로 사용할 수 있다. 외부의 서비스 공급업체들은 선진 R&D, 제품 디자인, 데이터 분석과 같이 소규모 기업들이 지니지 못한 역량을 제공한다. 또한 클라우드 기반의 "서비스형" 외부 서비스 공급업체의 출현에 따라 소규모 기업들은 프로세스 표준화, 시장 주도 역량, 어플리케이션 지원 등 대기업들이 아웃소싱을 통해 얻을 수 있는 이득을 맛볼 수 있게 되었다.

우리의 경험에 의하면, 기업들은 아래와 같은 일반적인 사업적 어려움에 직면했을 때 아웃소싱을 선택한다.

- 외부 공급업체가 제공할 수 있는 자원의 확장성과 유연성이 필요할 경우
- 중요하지만 기업의 차별화에는 도움이 되지 않는 업무를 제거할 방법을 고심하고 있거나, 또는 기업이 아직 가지고 있지 못한 차별화 역량이 필요할 경우
- 외부 공급업체의 전문성에 신속하게 접근하기를 원할 경우, 그리고 인재 풀을 다각화하고 싶어 할 경우
- 비전략 활동에서 효율성을 확보하기 위해 필요한 자본이나 인력 투자가 어려울 경우
- 외부 서비스 공급업체가 동일 활동을 더 저렴한 비용으로 수행할 경우

가장 좋은 아웃소싱 대상은 투입 요소가 명확하고, 산출물이 측정 가능하고, 표준화되고, 잘 문서화된 프로세스이다. 안정적인 기술 역시도 중요하다. 무수히 많은 IT 시스템에 흩어져, 데이터 정확성을 떨어뜨리고 서비스

품질을 악화시키는 버그와 기타 결점으로 엉망이 된 프로세스에 대한 관리를 외부 사업자에게 요구하지 말아야 한다. 활동이 개별적이거나, 결과가 가변적이거나, 현장 근로자의 판단이 자주 필요하여 과도하게 복잡한, 표준화되지 않은 프로세스를 아웃소싱하고 싶은 유혹도 물리쳐야 한다. 특정 프로세스에 대한 전문성과 운영 능력이 탁월하다는 평판을 지닌 외부 공급업체를 통해 아웃소싱을 도입함으로써 프로세스를 개선할 명확한 청사진이 없는 한, 단절되거나, 결함이 있는 프로세스 역시 아웃소싱 되어서는 안 된다. 마지막으로, 관련 경험을 지닌 외부 공급업체가 기업의 변화 목표 달성에 적합한 방식으로 프로세스를 운영하기로 합의할 경우에만 아웃소싱을 진행한다. 차별화 역량을 제공하는 제3자에게 의존해야 할 경우, 내부적인 역량 구축 계획을 확실하게 세우거나 아니면 공급업체와의 장기 계약을 통해 공급업체를 묶어두어야 한다.

아웃소싱 프로세스: 어떻게 운영되는가

아웃소싱에 대한 준비가 되었는가? 다행히도, 20여 년간 수많은 기업들이 아웃소싱의 올바른 길을 밝혀두었다(그림 8.2). 이러한 접근법들은 백오피스와 IT를 위주로 설계되어 있기는 하지만, 약간의 수정을 통해 생산, 공급망, R&D 및 공급망의 기타 부분 등 아웃소싱의 혜택을 볼 수 있는 분야에 적용할 수 있다. 먼저, 아웃소싱의 프레임워크, 근거, 프로세스를 확립하는 아웃소싱 전략이 필요하다. 이를 통해 기업은 어떤 프로세스를 아웃소싱할 것인지 결정하고, 서비스 제공자를 선별하고, 리스크를 확인하고, 비용을 측정하고, 아웃소싱을 통해 얻을 수 있는 이득을 정의할 수 있게 된다. 다음 단계는

| 그림 8.2 | 아웃소싱 접근법

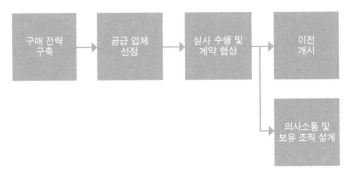

자료: PwC Strategy&

후보 대상 기업들에게 제안서를 요청하는 공급업체 선택 단계와, 수령한 제안서를 기반으로 한 평가 단계이다. 소수의 외부 서비스 공급업체로 범위를 좁힌 후, 재무 및 운영 실사를 수행하고 최종적인 의사결정을 내린다. 서비스 제공자와의 최종 계약서 작성과 협상 과정에서 전환 계획을 논의한다. 이러한 과정에는 프로젝트의 범위를 이해하는 이슈에 대한 전문가, 외부 서비스 공급업체, 가격 벤치마크 및 기타 시장 요소에 친숙한 구매 전문가, 아웃소싱 계약 협상에 익숙한 변호사를 포함한 다수의 전문가가 필요하다.

1단계: 구매 전략 수립

잘 수립된 구매 전략은 성공적인 아웃소싱의 주춧돌이 된다. 구매 전략은 어떤 프로세스를 어떻게 아웃소싱할지에 대한 중요한 판단 시 필요한 선별 기준과 가이드라인이 된다. 전략에는 무엇을 달성할지, 지역, 기능, 아웃소싱할 프로세스, 사내 업체-외부 업체 활용 시나리오, 관련 조건과 리스크, 변화 전략에 대한 세부 사항이 분명히 나타나야 한다. 이를 통해 기업은 최적의 파트너를 찾을 수 있고, 어떤 시장 가격 전략과 조건이 필요한지 알 수 있으며, 경영 사례에 대한 실행 계획을 수립할 수 있다. 조직 내에서 필요한 변화관리 사항을 분명히 하고 그에 착수하기에 좋은 상황을 만들 수도 있다. 이러한 판단을 위해서는 개별 비즈니스 활동에서 기업이 필요로 하는 것이 무엇인지 완벽하게 이해해야 하며, 모든 프로세스를 아웃소싱하는 것을 고려할 충분한 의사를 지녀야 한다.

외부 공급업체가 어떤 프로세스를 수행할 수 있을지 여부에 대한 의문을 가질 경우 잠재적인 가치를 잃게 된다. 철저하고 객관적인 분석을 통해 특정 프로세스를 인하우스로 진행해야 할 확고한 이유가 발견되지 않는 한, 그 어떤 프로세스도 아웃소싱의 대상에서 빠져서는 안 된다. 마찬가지로, 분석을 통해 내부적으로 처리하는 것보다 아웃소싱을 통해 더 많은 가치를 창출할 수 있다는 것이 확실시되지 않는 한, 그 어떤 프로세스도 아웃소싱 되어서는 안 된다. 의미 있는 비교를 위해, 아웃소싱 시나리오를 "현재 상태"의 인하우스 프로세스 성과가 아니라 "목표" 프로세스 성과와 비교해야 한다. "목표" 프로세스에서 확인된 개선 사항은 인하우스 프로세스의 성과 요인으로 포함해야 한다.

최적의 아웃소싱 후보는 반복 및 측정 가능한 방법으로 표준화된 결과를 이끌어내고, 직원의 설명이 거의 필요 없는 균일하고 잘 문서화된 프로세스이다. 최소 20~30명 이상의 직원을 동원하여 프로세스에 집중함으로써 잠재적인 원가절감을 극대화해야 한다. 대규모의 명망 있는 서비스 공급업체가 기업의 니즈를 충족하고 기업 가치를 신속하게 증가시키도록 하기 위하여 공급업체 기반을 평가해야 한다. 또한 최종 의사결정을 내리기 전에 리스크를 평가해야 한다. 아웃소싱을 통해 지적 재산, 고객 관계, 규정 준수 사항이 위협받게 될 경우에는 아웃소싱을 해서는 안 된다.

아웃소싱 프로그램이 부서의 경계에 국한되지 않도록 해야 한다. 기업 활동의 한쪽 끝에서 다른 쪽 끝까지를 모두 포괄하는 많은 프로세스는 기업 내 다수의 그룹에 걸쳐 이뤄진다. 예를 들어, 고객 영업과 관련된 활동의 스펙트럼은 다양한 영업 및 재무 프로세스를 거치며, "고용에서 퇴직까지" 이르는 인사관리 주기는 인사와 재무 파트를 포함한다. 전체 프로세스의 절반 이상이 인하우스로 진행될 경우, 외부 공급업체에게 전체 프로세스에 대한 책임을 지울 수는 없다. 서로 관련된 모든 활동을 묶어 하나의 포괄적인 아웃소싱 계약으로 만들어야 한다.

"무엇을" 아웃소싱할 것인가 다음은 "어떻게" 아웃소싱할 것인가를 고민할 차례다. 기업이 아웃소싱하고자 하는 개별 프로세스에 대해 기업의 목표 달성에 적합하며 프로세스 요건과 운영적 특성에 걸맞은 서비스 모델을 선택하는 것이 우선이다. 기본 모델은 오프쇼어, 온쇼어, 니어쇼어 아웃소싱이다. 선택 시 비용 절감, 보안, 지역적 안정성, 문화적 공통점, 언어 능력, 아웃소싱 센터에 대한 접근 용이성 등에 가중치를 두어야 한다.

오프쇼어 아웃소싱은 비용 절감 폭이 가장 큰 방법으로 각광받고 있다. 오프쇼어 아웃소싱은 폭넓고 다양한 역량을 필요로 하는 고도로 표준화된 프로세스에 대한 비용 절감 효과를 극대화하고픈 기업에게 좋은 선택지이다. 단점이라면 문화적 차이와 전문가 부족, 잠재적으로 부정적인 대중의 인식을 꼽을 수 있다. 몇몇 산업에서는 정부 조사가 단점으로 꼽히기도 한다.

규제 장벽으로 해외로의 지식 이전이 제한될 경우, 또는 높은 접근성과 유사한 시간대, 국내 시장의 언어 능력이 필요할 경우, 기업은 종종 온쇼어 아웃소싱을 선택한다. 온쇼어 아웃소싱 센터는 보다 능력 있는 인재를 제공할 수 있으나, 비용 절감 효과는 상대적으로 낮다. 니어쇼어 아웃소싱은 오프쇼어 아웃소싱과 온쇼어 아웃소싱의 중간 즈음에 위치하는 방법으로서, 온쇼어 아웃소싱보다는 큰 비용 절감 효과를 보이면서도 같은 시간대, 상대적으로 높은 접근성, 고객과의 일정 수준의 문화적 동질성을 제공한다.

2단계: 후보 공급업체 수의 축소

아웃소싱의 범위와 모델을 결정했다면, 이제는 잠재적 공급업체와 접촉할 차례다. 아웃소싱 전문가와 애널리스트 리포트를 통해 기업의 필요 요구량과 안정적인 사업을 모두 달성하기에 적절한 경험과 역량, 능력을 지닌 잠재적인 후보를 찾으라. 그 후, 엄격한 경쟁 입찰 프로세스를 통해 3~5개의 가장 유망한 공급업체를 선택하여 가능한 한 최고의 가격 및 서비스 결정을 내릴 수 있도록 하라.

우리는 다수의 공급업체에게 광범위한 정보 제공 요청서를 송부하는 것은 권고하지 않는다. 이처럼 많은 시간이 걸리는 "공개 입찰" 방식을 통해 얻을 수 있는 정보는 대부분 산업 리포트를 통해서도 얻을 수 있다. 심지어, 무차별적 정보 제공 요청을 통해 공급업체들은 당신의 기업이 시장을 충분히 이해하고 있지 못하며 명확한 목표가 없다고 생각함으로써 기업의 니즈보다는 그들의 니즈를 위한 솔루션으로 논의를 왜곡할 수도 있다. 우리는 아웃소싱 범위에 대한 명확한 관점을 지니고 3~5개의 가장 적합한 공급업체에게 곧장 제안 요청서를 송부하기를 권한다.

기업의 제안 요청서는 명확한 지침을 제시해야 하며, 기업의 니즈와 직접적으로 관련된 세부 질문에 대한 답변을 요청해야 한다. 다수의 내부 이해관계자들이 공급업체들의 답변을 나란히 두고 검토하며 5가지 영역에 걸친 객관적 기준에 따라 공급업체들을 평가한다.

1. 기본 자격. 이 항목은 외부 서비스 공급업체의 경험과 역량, 자본력, 향후 성장을 포함하여 기업의 아웃소싱 계획을 수행할 수 있는 역량을 포함한다.

2. 제시된 솔루션. 공급업체들의 업무 수행 계획, 서비스 수준, 생산성에 대한 집중도를 비교하고 아웃소싱 전환 과정을 기록한다. 공급업체들이 기업의 특정 프로세스 니즈, 목표 달성의 목적과 그에 따른 어려움, 기업의 광범위한 혁신 계획 내에서 아웃소싱의 역할을 얼마나 잘 이해하고 있는지 평가한다.

3. 팀. 각 공급업체의 팀을 평가하라. 고위 경영자들이 당신의 기업의 업무에 전념하는가? 기업의 프로젝트에 몇 명의 직원을 배정할 것인가? 직원의 역량은 어떠한가? 공급업체의 과거 영업 팀과의 정식 프레젠테이션을 통해 직원 배치 모델을 살펴보고 기업의 일상 업무를 감독할 운영 전문가와의 회의를 요구하라.

4. 적합성. 공급업체의 문화와 당신의 기업이 지닌 가치 사이의 연관성과 같은 "소프트"한 요소에 주목하라. 기업의 핵심 직원과 외부 서비스 공급업체 간의 기존에 존재하던 관계는 이러한 분야에서 쿠션 역할을 할 수 있다. 프로젝트 진행 중에 발생할 수 있는 세부적인 문제에 대한 혁신적인 솔루션을 고안하기 위해 필요한 유연성과 창의성을 지니고 있는지 확인하라.

5. 가격. 각 공급업체가 제시한 가격 견적서의 기반이 되는 원가 추정 내역을 검토하라. 당신의 프로젝트에 배분된 정직원의 수, 오프쇼어 직원과 온쇼어 직원의 비율, 예상되는 직원 생산성 증가분 등이 포함되어야 한다.

공급업체들의 점수를 매긴 후, 가장 높은 점수를 받은 2~3개 후보자를 집중적인 공동 솔루션 디자인 회의에 초대하여 솔루션과 목표하는 가치 기반을 명확히 하라. 아웃소싱 관계하에서의 역할, 책임, 의사결정권을 정의하고, 아웃소싱 전환 단계의 명확한 일정과 원가 배분 체계를 결정한다. 공급업체가 결정될 경우 기업의 프로젝트를 담당할 이슈 전문가와 함께 이와 같은 세션을 하루 종일 진행하는 것은 공급업체가 계약을 이행하고 기업을 확실히 지원할 수 있는 역량을 보유하고 있는지 여부를 측정하기에 가장 좋은 기회가 된다. 공급업체 측 사람과 하루를 보냄으로써 그들의 전문성을 평가하고 그들이 기업 문화에 얼마나 잘 어울리는지도 확인할 수 있다. 마지막으로 모든 핵심 거래 조건을 최종적으로 결정하고, 기업의 목표를 달성하기 위해 공급업체에게 지급할 인센티브를 결정해야 한다(그림 8.3).

이러한 논의를 통해 공급업체 간 우선순위가 명확하게 세워지겠지만, 계약이 완료되는 순간까지 선택권을 제한하지는 않는 것이 좋다. 선호하는 공급업체를 너무 일찍 선택하고 그러한 의도를 너무 일찍 내보이는 경우, 공급업체가 여전히 경쟁 중에 있다고 생각하는 경우에 비해 기업이 확보할 수 있었을 협상력을 잃고 유리한 계약 조건도 잃을 수 있다.

계약 협상은 아웃소싱 관계의 장기적 가치에 중대한 영향을 미친다. 범위, 가격, 그리고 기타 주요 조건이 세부적으로 확정될 때까지는 최소 2개의 강력한 후보자들과 동시에 협상을 지속하라. 균형 잡힌 접근법을 택하라: 불필요한 협상을 지속하지 않기 위해, 기업에게 있어 덜 중요한 조건에 대해서는 신속하게 상대방의 의견을 받아들여라. 하지만 시간에 쫓겨 정말로 중요한 문제에서 불리한 조건을 받아들이기로 결정하는 일은 피하라.

| 그림 8.3 | 서비스 공급업체 실사 기준

기술 서비스 공급업체 평가

	논의할 질문	예시	공급업체의 상대적 인식 1 2
유연성 vs. 규율	유연성을 잃는 대신 조직에 규율을 주입시킬 공급업체를 원하는가?	엄격한 생산 규정과 스케줄 고수	
문화적 적합성	공급업체와 업무를 진행하고, 상호작용하고, 의사소통하기 쉬운가?	인적 계약 단계가 다수인 해외에 위치한 IT 서비스 팀	
적극적 대응 및 혁신	공급업체가 적극적으로 기업의 운영을 개선할 새로운 아이디어를 제시할 것인가?	가상의 기계로 보다 많은 예시를 확보할 수 있는 앞선 가상 현실화 제품	
사업 이해도	공급업체는 기업의 복잡한 사업을 이해하고 이에 적응할 수 있을 것인가?	여름철의 업무량과 증가하는 재무적 규제 요건	
기업 목표에 대한 열정	공급업체는 기업의 장기적 목표를 고려할 것인가? 장기적 관계와 단기적 관계 중 어느 것이 나을 것인가?	기술 로드맵을 설계하여 사업과 함께 발전한다	
가격	1회성 비용은 무엇인가? 지속적 비용은 무엇인가?	서비스 비용과 투자 비용	

최소 요건 충족　　일부 요건 충족　　모든 요건 충족

자료 : PwC Strategy&

4단계: 전환 시행

계약을 체결하고 나면, 내부 프로세스를 외부 공급업체에게 이전하는 섬세한 작업이 시작된다. 이 전환 단계는 대단히 중요하며, 아웃소싱 계획의 궁극적인 성공이 달린 관계, 기대, 행동 패턴 등을 실행하기 시작하는 단계이다. 이러한 전환은 클라이언트 및 외부 서비스 공급업체에게서 파견된 멤버로 구성된 공동 전환 팀에 의해 관리된다. 팀의 각 주체들은 전반적인 부분에 대한 전환 팀 리더와 모든 아웃소싱 프로세스에 대한 공동 관리자를 지명한다. 공동 전환 팀은 전환 일정과 전환의 핵심적인 단계를 설정한다. 팀 리더는 진행 과정을 모니터링하고, 잠재적인 장애물을 찾아내고, 프로세스 관리자가 제기한 문제를 해결한다.

부서가 조직되면, 외부 서비스 공급업체는 신규 직원을 고용하고 트레이닝하거나 아니면 기존 직원을 재배치하고 트레이닝 함으로써 아웃소싱 프로세스를 수행할 직원을 배치한다. 인사 배치가 끝난 후, 프로세스-지식 이전을 시작한다. 외부 서비스 공급업체는 기업의 기존 재임 직원의 작업을 관찰하고 학습할 대표자를 보내어 프로세스를 학습하도록 한다. 그 후, 기업 대표의 세심한 관리 감독 및 통제하에 작업이 외부 서비스 공급업체로 이전된다. 외부 공급업체의 대표는 직원들이 프로세스를 수행하는 모습을 다시 관찰하고 검증한다.

마지막으로, 시범 사업 단계로 넘어간다. 이 단계에서 외부 서비스 공급업체는 직접적인 클라이언트의 관리 감독 없이 제한된 양의 작업을 수행한다. 외부 서비스 공급업체가 시범 사업 단계에서 서비스 수준 요구치를 충족할 경우, 계약의 전면적인 이행을 시작한다.

5단계: 디자인 의사소통과 보유 조직

아웃소싱은 조직 내에서 불안감을 불러일으키는 경우가 많다. 이러한 불안감에 휘둘리는 사람들에게 현실적인 기대치를 설정하는 것은 성공에 있어 필수 불가결한 부분이다. 그럼에도 불구하고, 너무 많은 기업이 새롭게 변경된 조직의 역할과 책임의 재정의 및 이와 관련된 직원들과의 의사소통을 도외시한다. 이러한 경우 중요한 이해관계자는 변화를 제대로 인지하지 못하고 불안해하는 경향이 있다. 성공적인 아웃소싱 프로그램을 통해, 아웃소싱을 도입한 기업이 그렇지 않은 기업과는 매우 차별화된 방식으로 운영되고 관리된다는 사실이 전달되어야 한다. 기업 내에 남은 직원들은 서비스를 스스로 수행하기보다는 외부 서비스 공급업체를 관리하는 데 집중해야 한다. 즉, 그들에게는 새로운 책임이 주어지며, 따라서 그에 따른 새로운 역량이 필요해진 것이다. 일이 수행되는 장소와 방법 측면의 변화는 지속적이고 명확한 의사소통을 통해 조직 내에 깊이 뿌리내려야 한다.

사례 연구: P&G는 아웃소싱을 통해 비용 절감, 성과 향상, 경쟁 우위를 달성했다

소비재 대기업은 P&G는 1990년대 후반에 다수 프로세스를 통합하고 글로벌 비즈니스 서비스 조직을 만들어 셰어드 서비스 모델에 따라 사업부를 지원하도록 했다. 그러나 2000년대 중반까지 P&G는 사업부에 최고 수준의 서비스를 제공하면서도 주주 수익을 개선할 새로운 방법을 찾고 있었다.

따라서, P&G는 아웃소싱으로 눈을 돌렸다. 서비스 전략적 공급업체 관계를 구성하여 외부 공급업체의 역량을 활용하고, 관리 비용을 줄이고, 보다 혁신에 가까이 다가가기 위해서였다. 재무, 시장, 전략적 요인 등을 기반으로 백오피스 프로세스를 평가한 후 아웃소싱에 적절해 보이는 5개 영역에서 아웃소싱 대상 프로세스를 선별했다[① IT 인프라, 데스크톱, 어플리케이션 개발, 유지보수(2000+FTE), ② 설비 관리(600+FTE), ③ 인사 및 직원 서비스(800+FTE), ④ 일반 거래 재무 프로세스(2000+FTE), ⑤ 소비자 관계]. (아웃소싱을 추진하는) 프로젝트의 범위가 넓었기에, P&G는 최고의 공급업체 전략을 선택하여 최고의 공급업체에게 개별 프로세스를 맡김으로써 업무 품질 저하 리스크를 최소화했다. P&G는 고려 대상 공급업체들을 직접 방문하여 그들의 역량과 문화적 적합성을 확인하기도 했다. 방문 시, 임원들은 높은 수준의 교육과 충분한 경험을 지니면서도 지속적인 개선과 혁신의 열정을 지닌 직원들을 만날 수 있었다.

결국 P&G는 5개의 아웃소싱 계약을 맺었다. 기간은 5년에서 10년에 이르기까지 다양했으며, 총 예상 비용은 40억 달러가 넘었다. 아웃소싱을 통해 P&G는 (연간) 10억 달러의 운영 비용 감축 효과를 거둘 수 있었을 뿐만 아니라, 서비스 수준 및 생산성 향상 효과를 누릴 수 있었다. 고정비는 변동비로 변환되었으며 계절적인 인력 변동에 유연하게 대처할 수 있었고 무엇보다도 P&G는 "태양을 쫓아갈" 역량을 확보했다. 외부 서비스 공급업체와의 전략적 파트너십은 더욱 신속하게, 낮은 비용으로 M&A 기업과 통합하는 데도 도움이 되었다. P&G는 핵심 백오피스 기능을 강화하고, 소비자에게 집중할 수 있게 된다는 측면에서 아웃소싱과 전략적 파트너십을 기업의 경쟁 우위 요소로 여긴다.

아웃소싱 우수 사례

조직적 합의와 경영진의 각오. 여타 광범위한 지속성장을 위한 체질 개선 혁신과 마찬가지로, 아웃소싱 프로그램의 모든 수준에서 합의가 필요하다. 이는 신속하게 변화하고 기업을 위해 옳은 선택을 하기 위한 최고 경영진의 각오에서 시작된다. 강력한 리더들은 아웃소싱에 대한 조직의 저항은 고려하지 않으며, "아웃소싱을 하지 않는다"는 선택권은 이미 사라졌음을 명확히 한다. 그들은 명확한 사업적 원인에 기반을 두고 의사결정을 내리며 조직이 그 이유를 확실하게 이해하도록 한다.

명확하게 정의된 목표, 범위, 지표. 성공적으로 아웃소싱을 해내는 기업들은 기업의 내부 비용과 성과 수준, 공급업체의 비용 구조와 운송 모델에서 기인하는 트레이드오프를 잘 이해하고 있다. 그들은 성과가 측정 가능하고, 외부 공급업체가 전적으로 책임을 질 수 있는 프로세스에 대해서만 아웃소싱을 진행한다. 다수의 공급업체 관리의 복잡성에 구애받지 않고, 그러한 기업들은 최상의 공급업체에게 프로세스를 배분함으로써 보다 더 큰 가치를 창출한다.

목표로 할 사례. 강력한 아웃소싱 프로그램은 최고의 기술과 기타 혁신 툴에 대한 접근을 가정하고, 기업이 프로세스를 내부적으로 변화시킴으로써 얻을 수 있는 최고의 결과를 알아보는 것으로 시작된다. 이러한 "내부적 목표 사례"는 아웃소싱 의사결정 및 서비스 공급업체와의 협상에 있어 기준이 된다.

효과적인 거래 관리. 속도와 타이밍은 아웃소싱의 중요한 부분을 차지한다. 최고 수준으로 관리된 프로그램하에서 기업은 프로젝트 범위를 정의하고 공급업체를 선택함에 있어 충분한 시간을 들이면서도 의사결정을 오래 끌지는 않는다. 엄격한 일정을 준수함으로써 가속도를 유지한다. 일반적으로 범위를 정의하고, 공급업체를 선택하고, 계약을 체결하기까지 3~6개월이 걸린다.

도움되는 조언. 특히 아웃소싱에 익숙하지 않은 기업에게 있어 외부 전문가들의 조언은 가치 창출에 큰 도움이 된다. 아웃소싱 경험을 바탕으로 한 법적 조언은 기업들이 계약상 의무를 관리하면서도 필요할 경우 아웃소싱 관계를 종료할 수 있는 유연성을 구축하는 데 도움이 될 수 있다.

윈-윈 계약. 좋은 아웃소싱 계약은 양측 모두에게 공정하다. 이는 외부 서비스 공급업체에게는 합리적인 수익을, 기업에게는 경쟁력 있는 시장 가격과 서비스 수준을 확보할 수 있도록 해준다. 최고의 계약은 수익 배분과 같은 인센티브를 포함함으로써 혁신을 부추기고, 합의된 서비스 수준을 달성하지 못했을 경우에 대한 페널티 역시 포함한다. 과거에는 7~10년 이상의 IT 및 사업 프로세스 아웃소싱 계약이 일반적이었던 반면, 최근에는 보다 큰 유연성과 경쟁 시장을 보다 빨리 테스트할 수 있는 역량을 제공하는 방향으로 계약 기간이 짧아지고 있다.

지속적인 개입. 아웃소싱은 해당 부문에 대해 완전히 손을 떼는 것이 아니다. 전반적인 결과에 대한 영향은 기업이 안게 되며, 따라서 기업은 외부 서비스 공급업체를 적극적으로 관리해야 한다. 성공적인 기업들은 아웃소싱 관계를 감독하고 서비스 품질을 모니터링하기 위한 공급업체 관리 오피스를 구축한다. 그러한 기업들은 아웃소싱 대상 프로세스에 대한 핵심적인 지식을 보유하고 있으므로 외부 공급업체를 효과적으로 관리할 수 있다. 그러나 그들은 엄격함과 유연함 사이의 균형을 맞추며, "열쇠를 방치"하지 않고 서비스 공급업체의 업무에 있어 세부 사항까지 관리하는 일은 피한다. 그들은 결과에 집중함으로써 공급업체로 하여금 창의적인 솔루션을 제안할 재량권을 부여하며, 서비스 수준 계약과 지표에 기반을 두고 성과를 측정한다.

피해야 할 함정

엉망인 프로세스 아웃소싱. 타인에게 혼란스러운 기업의 상태를 정리해달라고 요청하는 것은 사실 귀가 솔직해지는 일이다. 하지만, 명확한 프로세스 해결 방법이 없을 경우에는 엉망인 프로세스를 아웃소싱하지 말라.

비용에만 집중하기. 단위 원가에만 집중하는 기업은 아웃소싱의 보다 폭넓은 이점을 보지 못하게 된다. 때로 기업들은 "아웃소싱은 우리 회사와는 맞지 않을 거야"라는 오해에 빠지거나, 또는 관리자들로 하여금 특정 기능을 기업 내에 보유하는 것에 대한 경영 사례 분석 없이 자신 산하의 조직을 보호하는 것을 허락한다.

9 /

풋프린트 최적화
운영과 지원 부문의 위치를 재검토하라

기업의 풋프린트는 제조 공장, 물류 센터, 서비스 지점, R&D 센터, 행정 및 지원 오피스의 위치로 구성되며 기업의 비용 구조의 많은 부분을 차지한다. 풋프린트를 최적화하는 과정에는 이러한 위치를 분석하고 변동하는 일이 포함된다. 풋프린트 최적화는 지속성장을 위한 체질 개선 혁신 프레임워크에서 가장 강력한 레버 중 하나다. 12~24개월 동안 15~20% 비용 절감이 가능할 뿐 아니라, 서비스 수준과 고객 근접성을 고려하여 미래의 성장을 위한 견고하면서도 유연한 기반을 제공한다.

풋프린트 최적화란 무엇인가?

풋프린트 최적화는 기업 자산의 위치가 얼마나 효과적으로 조화를 이루는지, 비용 효율이 얼마나 높은지, 기업의 전략을 얼마나 잘 뒷받침할 수 있는지, 변화하는 시장과 고객의 요구에 얼마나 잘 적응할 수 있는지에 대한 체계적인 분석과 개선을 포함한다. 기업의 풋프린트에 대한 의사결정은 기업의 전체적인 가치 사슬을 가로지른다.

과거, 특히 제조사들을 위시한 많은 회사들은 풋프린트 변경에 느렸다. 그중 많은 수는 제품 품질에 대해 철저한 E2E 통제를 가능케 하는 수직 통합형의 사업 모델을 통해 크게 성공했으며, 규모의 경제를 활용하여 모든 생산 자산을 사용하고 단위 원가를 절감할 수 있었다. 오늘날, 물류, 디지털 기술, 통신 시설의 발달, 보다 능률적인 공급 체인, LCC로의 아웃소싱 출현으로 인해 기업들은 다양한 사업 활동이 어디에서 이뤄져야 하는지에 대한 문제에서 예전보다 많은 선택권과 이점을 지니게 되었다.

비용 구조, 유연성 니즈, 제품 라이프 사이클, 기술 집약성, 제품의 가치 집약 정도, 영업 시장을 포함한 기업의 개별적인 요구 조건에 따라, 대부분의 기업들은 4개의 "네트워크" 형태 중 하나의 변형으로 이뤄져 있다.

1. 세계 공장, 하나 또는 매우 제한된 장소에서 다수의 시장에 제품을 공급함으로써 규모의 경제를 달성한다.
2. 허브 앤 스포크(거점) 방식, 전방 생산 프로세스는 하나 또는 소수의 장소에서 진행하고, 후방 생산 프로세스는 각 지역에서 수행한다.
3. 저원가 생산, 선도 제품의 생산 장소는 R&D 시설 가까이에 위치하며, 대량 생산 시설은 저원가 국가에 위치한다.
4. 로컬을 위한 로컬, 해당 지역의 수요는 지역 생산으로 대응하며, 지역 제조 시설 간 상호작용은 거의 없다.

비록 이러한 사례는 제조기업을 묘사하고 있지만, R&D나 백오피스 지원

| 그림 9.1 | 4가지 "네트워크" 전형

자료 : PwC Strategy&

기능과 같은 기타 기능에도 동일한 원칙이 적용된다(그림 9.1).

　제조업에서, 기업의 풋프린트는 공장의 위치에 크게 좌우된다. 이는 기업이 보유하고 있는 자산과 계약 제작자 모두를 말한다. 이는 차례로 물류 시설의 위치에 영향을 미치며, 엔지니어링, R&D, 영업, 운영, 관리 시설에도 영향을 미친다.

　선진국의 많은 회사들은 저렴한 인건비에 따라 생산지를 오프쇼어 LCC로 옮겼다. 그러나 많은 제조기업들은 단지 인건비뿐 아니라 제품을 핵심 시장에 신속하게 운송할 수 있는 역량과 운송과 재고 관리 등을 포함한 공급 체인 비용까지 고려하여 생산 시설의 위치를 결정하고 있다. 예를 들어, 미국 내 대규모 유통 네트워크를 지닌 기업은 주요 시장 근처의 비용이 저렴한 곳에 소수의 효율성 높은 창고 및 유통 시설을 두는 것을 선호할 수도 있고, 배송을 보다 빠르게 하기 위해 전국 각지의 주요 도시 근처에 다수의 소규모 시설을 설치하는 것을 선호할 수도 있다.

　유통, 은행, 보험, 헬스케어와 같은 서비스 중심 산업의 풋프린트에는 고객과 직접 대면하는 장소와 운영처리센터, 판매 관리 오피스가 포함된다. 모든 기업은 일반 관리 활동을 수반한다. 이러한 일반 관리 활동은 고객의 눈에 띄는 일이 적으며, 따라서 고객과 시장 관련 사항은 내부 최적화 의사결정에서 부차적인 요소가 된다. 다른 고려 사항으로는 인건비, 인재가 많은 지역에 대한 접근성, 인프라 품질, 세금 인센티브 등이 있다. 이러한 일반 관리 과정에서 많은 회사들은 대도시 거점 방식의 풋프린트 모델을 활용한다. 이러한 업무 프로세스(매입 채무, 총 계정원장 업무, 직원 데이터 관리, IT 어플리케이션 유지보수 등)를 최적화하는 과정에서 고려해야 할 사항은 핵심 역량 프로세스(예산, 투자 분석, 보상 체계, 데이터 모델링 등)를 최적화하는 과정과는 다르다.

　규모의 영향을 많이 받는 업무 프로세스에서, 최첨단을 달리는 기업들은 업무를 하나의 글로벌 센터와 2~3개의 지역 센터로 통합하여 인재의 접근성이 좋은 LCC에 둔다. 이러한 오프쇼어 글로벌 인하우스 센터는 보통 캡티브 센터라고도 부르며, 운영 및 비용상에서 장점이 많다. 때로는 비용 절감 폭이 65%에 달하기도 한다. 보다 높은 역량과 내부 고객 근접성이 필요한 프로세스의 경우, 내부 고객에게 가까운 소규모 오피스에 소수의 직원을 상주시키고 나머지를 글로벌 인하우스 센터에 두기도 한다.

　글로벌 인하우스 센터를 세움으로써 인건비를 줄이는 것 외에도 아래와 같은 전략적 이익과 기타 이익을 얻을 수 있다:

- 비슷하거나 우월한 수준의 인력에 대한 접근성
- R&D, 분석과 같은 핵심 역량을 강화하고 육성하는 역량

- "멀티 표준 시간대"의 24/7 대응

- 절세 효과

- 개발 도상국으로 사업을 확장할 수 있는 플랫폼

- 획기적인 혁신과 시장에 대한 접근성

대기업들은 글로벌 인하우스 센터 설립 시 대도시 거점 방식을 활용함으로써, 다양한 지역에 풋프린트를 두어 얻을 수 있는 장점을 극대화한다. 예를 들어, 한 글로벌 보험 회사는 산업 성숙도, 저비용, 큰 규모, 그리고 추가 성장성까지 지닌 노동 시장을 이유로 인도에 IT, 인사, 시설 관리 서비스, 클

| 그림 9.2 | 다국적 보험 기업의 GIC 글로벌 거점 방식

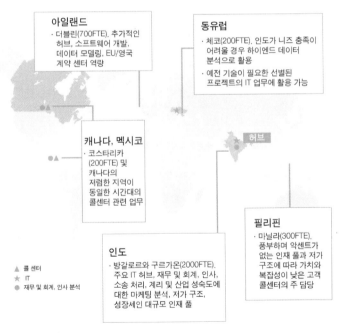

자료: PwC Strategy&

레임 처리, 보험 통계 및 마케팅 분석 업무를 수행할 글로벌 인하우스 센터를 2개 설립했다. 보험사는 소프트웨어 개발, 데이터 모델링, 영국과 유럽의 고객지원센터 역량을 위해 아일랜드에 소규모 오피스를 설립하기도 했다. 또한 인도에 위치한 하이엔드 데이터 분석 기능을 보조하기 위하여 체코에도 소규모 오피스를 설립하고, 저렴한 인건비와 악센트가 강하지 않은 인력을 활용하기 위한 콜센터를 필리핀에 설립했으며 시간대별 콜센터 업무를 위해 코스타리카와 캐나다에도 소규모 오피스를 두었다.

R&D 풋프린트는 트레이드오프를 수반하기도 한다. 몇몇 사례에서, 기업들은 핵심 생산 시설 근처에 R&D 시설을 두어 생산과 R&D 기능의 협력을 꾀하기도 한다. 또한 특정한 역량을 지닌 인재를 손쉽게 수급할 수 있는 곳에 소규모의 R&D 시설을 집중시키기도 한다. 기술 기업과 기술 집약적 생산/서비스 기업에서 R&D 기능을 실리콘 밸리나 기타 글로벌 기술 허브에 두는 것 등이 이에 해당한다. 의약이나 광학 제품과 같은 전문 사업의 경우, 주요 연구 대학 근처에 R&D 기능을 두어야 한다.

언제 풋프린트 최적화를 활용할 것인가

기업의 가치 사슬 전반에 미치는 영향을 고려할 때, 풋프린트 최적화는 지속성장을 위한 체질 개선 혁신 계획의 핵심적인 부분이다. 이는 또한 기업이 몇 년에 한 번씩 지속적으로 수행해야 할 활동이기도 하다. 오늘날 시장은 기업이 변화는 속도보다 훨씬 더 빨리 변화하고 있으며, 시대에 따라 풋프린트 리스크는 점차 감소하고 있다. 기업들은 풋프린트가 기업의 전반적 전략, 고객 및 공급업체, 필요한 인재, 비용 구조에 적합하도록 관리해야 한다. 풋

프린트 최적화의 필요성을 보여주는 지표로는 다음과 같은 사항들이 있다:

- 평균 이하의 운영 결과: 기업의 생산 풋프린트가 비용 경쟁력을 잃었다. 유통 네트워크는 기업의 가장 중요한 고객에 대한 서비스를 충분히 제공하지 못하며, 그 외 고객을 대상으로 필요 이상의 서비스를 제공하고 있다. 혁신이 시장에까지 이르는 데 시간이 너무 오래 걸리며, 충분한 실적이 나지 못할 경우 철수하는 데도 오랜 시간이 걸린다. 경쟁사에 비해 간접비가 높은 경향을 띤다. 결과적으로, 기업은 신규 성장 시장에 적응하고 그 수요를 충족시키지 못하게 되며, 보다 유리한 풋프린트를 지닌 기업이 시장 점유율을 차지하게 될 것이다.
- 산업 다이내믹스 변화: 산업 구조의 변화로 인한 공급과 수요의 변화는 기업의 풋프린트에 영향을 미칠 수 있다. 공급업체들이 지역을 이동할 수 있으며, 지역별 판매량 변동을 살펴봄으로써 생산 기지의 위치와 공급 및 유통 체인을 최적화할 수 있다.
- 인건비 절감 기회: 지역별 임금의 변화는 풋프린트를 재조정할 기회가 된다. 과거에 저임금 지역이었던 곳의 임금 상승률이 다른 장소 대비 높을 수 있다.
- 협력 및 통합 기회: 몇몇 기업은 과거 내린 선택의 결과로 여러 지역에서 활동 중이다. 인수한 기업을 독립기업으로 남겨두거나, 사업부나 특정 기능을 기존에 위치하던 지역에 그대로 두거나, 특정한 목적이 있었을 것이다. 이들을 통합하는 것은 효율성과 협력을 달성하는 데 도움이 된다.
- 경제 및 세금 인센티브 기회: 만약 최근 계약 만기를 앞두고 있는 오피스나 캠퍼스가 존재하고 그곳에 직원의 수가 많은 상황이라면, 풋프린트를 재평가함으로써 대규모의 잠재적 이득을 얻을 수도 있다.

사례 연구: 항공기 엔진 생산 및 유지보수 회사의 신규 풋프린트

몇 년 전, 독일의 항공 엔진 제조기업이자 45억 달러 규모로 유럽, 북미, 아시아에서 경영 활동을 하고 있는 MTU는 장기적 핵심 글로벌 항공 엔진 프로젝트에 참가를 고려하는 과정에서 성장 계획을 확대하려면 글로벌 풋프린트를 재검토해야 함을 깨달았다. 상용, 군용 항공 엔진을 설계하고, 개발하고, 생산하고, 마케팅하고 그에 따른 지원 서비스를 제공하는 것이 MTU의 사업 영역이었으며, GE, 프랫&휘트니, 롤스로이스와 같은 최고의 기업들과 파트너십을 맺고 있었다. MTU의 상용 항공의 유지관리(MRO: Maintenance, repair and overhaul) 부문은 상용 항공 엔진과 산업용 가스 터빈의 서비스 공급업체 중 세계 5위를 점했다.

항공 엔진을 개발하고 생산하는 일은 20~30년에 걸친 매우 장기적인 시각에서 이뤄진다. 따라서 인식 단계에서 엔진 프로그램을 수량화하고, 명확한 역량 및 경쟁력 기준을 충족함으로써 제품이 사용되는 기간 전체에 참여하는 것은 매우 중요한 일이다. 생산 및 기술 분야에서 MTU는 미래의 엔진 프로그램에 맞게 효과적으로 원가를 관리하는 데 어려움을 겪었으며, 서비스 분야에서는 예상된 성장을 달성하고, 변동성 있는 가동률의 균형을 잡고, 효율성과 비용 경쟁력을 확대하는 데 어려움을 겪고 있었다.

MTU는 글로벌 지역 구조화 개념을 개발하여, 이러한 모든 과제들을 담당하도록 했다. 폴란드에 제조, 엔지니어링, MRO 서비스 역량과 수용력을 위한 새로운 장소를 개발하는 것 역시 이에 포함되었다. 이 개념은 품질 측면에서 극히 보수적인 업계에서는 혁신적인 변화였으며, 폴란드의 우수한 인프라와 인적 자원 덕분에 가능했다. 일련의 단계적 업그레이드를 통해 새로운 장소를 물색한 MTU의 신중하며 구조화된 접근법 또한 성공에 일조했다. 사내 대규모 변화관리 역시 진행되었다. MTU는 독일과 유럽에서 노조의 영향력 때문에 발생하는 대표적인 문제를 관리할 수 있게 되었다.

결과적으로 균형 잡힌 글로벌 풋프린트는 크게 성공적이었으며, MTU는 엔지니어링, 생산, MRO 등 모든 분야에서 대규모의 경쟁 우위를 얻을 수 있었다. 이러한 성공을 기반으로 MTU는 가장 명망 있으며 성장성 있는 장기 항공 엔진 프로젝트에 참여할 수 있게 되었으며, 그 프로젝트는 현재 진행 중이다.

풋프린트 최적화: 어떻게 달성하는가

최적화된 풋프린트를 디자인함에 있어, 혁신 팀은 풋프린트 디자인과 기업의 경쟁 전략을 연결해야 한다. 기업은 수익을 개선하면서 동시에 차별화 역량의 성장에 대한 풋프린트의 중심적인 역할을 인식해야 한다. 또한 산업 다이내믹스를 고려하면서 동시에 풋프린트 니즈를 기업의 시장 진출 전략과 제품 전략에 통합시켜야 한다. 경영진은 전체적인 솔루션을 달성하기 위해 노력해야 하며, 전체적인 운영 모델이 풋프린트의 가치 실현에 핵심적인 요소임을 이해해야 한다. 프로세스, 의사결정권, 툴, IT, 지표 모두가 새로운 풋프린트에 적합하게 조정되어야 한다. 풋프린트를 변경할 때, 기업은 변경된 풋프린트에 적합하도록 하기 위한 전체 구조 변경을 함께 진행해야 한다. 우리는 풋프린트 디자인에 있어 5단계 프로세스를 제안한다(그림 9.3).

| 그림 9.3 | 풋프린트 최적화 접근법

비즈니스 요구 사항 확인	성과 확인	이성적인 비전과 가치 제고 전략	계획 수립 및 평가	비즈니스 케이스 및 로드맵

자료: PwC Strategy&

1단계: 비즈니스 요구 사항 확인

풋프린트 최적화는 기업이 충족시키고 달성해야 할 고객 요구 사항을 이해하는 것으로 시작된다. 조직, 산업, 시장에서 어떤 일이 일어나고 있는지에 대한 거시적 시야는 기업의 현재와 미래의 경쟁력 니즈에 대한 명확한 큰 그림을 제시하고, 기업의 풋프린트 중 어떤 부분이 기업의 차별화 역량에 적합하지 않은지 알 수 있도록 해준다. 검토 및 이해 대상인 핵심 영역은 다음과 같다:

- 시장과 수요 예측
- 기획된 제품 및 포트폴리오 전략, 향후 몇 년간의 전망
- 제품 기술 및 공장 핵심 성과 지표의 현 상태
- 고객 서비스 수준과 품질 필요 요건
- 계약 사항이나 일반 협정과 같은 운영상 제약
- 비용 구조, 인원수, 운전자본에 대한 재무적 검토

이러한 요소들은 기업의 풋프린트 중 과도한 곳과 부족한 곳이 어디인지를 이해하는 데 도움을 준다. 예를 들어, 직접적 대면 관계가 중요하고 성장 중인 시장에서 영업 풋프린트를 줄이는 것은 좋은 결정이 아닐 수 있다.

사례 연구: 식품 제조사의 풋프린트

원가 압박 증가와 저성장의 위기를 맞은 북미의 한 식품 회사는 생산 풋프린트를 미래 시장 성장의 핵심 요소로 꼽았다. 새로운 풋프린트는 증가하는 고객 요청에 대응하기 위해 "시장에 기반"하여 저가의 비용 구조를 갖춘 형태로 재조정되었다. 겨우 3년 만에 회사는 새로운 카테고리에서 혁신 리더로서 자리를 잡았으며, 핵심 사업 분야에서 달성한 비용 절감액을 재투자할 수 있게 되었다.

회사가 가장 먼저 맞닥뜨린 문제는 고객의 선호가 전통적인 제품에서 새로운 카테고리로 지속적으로 변화한다는 점이었다. 기존 네트워크가 핵심 제품에 대한 안정적인 수요를 바탕으로 구축되었으므로, 생산량 하락은 비용 구조에 커다란 피해가 되어 돌아왔다. 더욱 심각한 것은, 소비자들이 동일한 카테고리 내에서 가격에 더욱 민감해져 이윤에 대한 압박이 강해졌다는 점이었다. 소규모로 신속하게 움직이는 다수의 경쟁자

들은 혁신을 통해 신규 카테고리에서 기업의 성장을 달성하면서도 보다 저렴한 가격으로 제품을 제공하고 있었다. 이 모든 상황에서 실적이 부진한 제품 포트폴리오와 구식 생산 역량을 지닌 회사는 시장의 변화에 대응할 수가 없었다.

기업의 경제적·전략적 목표는 풋프린트 재설계가 되었다. 기업의 자산 회복을 위해서는 경쟁사 대비 비용 구조를 개선하는 일이 가장 시급했다. 보다 중요한 것은 성장을 위한 새로운 역량을 신중하게 개발하여 기업을 혁신하고 미래의 성공을 위한 길을 그리는 것이었다.

원가를 리셋하기 위해서는 가격과 서비스 측면에서 시장의 요구를 파악하고 제품 생산 구조를 그에 맞춰 조정해야 했다. 근본적으로 생산 과정의 경제를 이해하고 이를 시장 수요와 맞춤으로써 회사는 우위를 점하기 위해 필요한 원가 포지션을 확인하고 그러기 위해 어떤 레버를 사용할지 결정할 수 있었다. 최저 수준이었던 매출 원가에 구조적 변화를 가함으로써 추가적으로 대규모 절감을 달성할 수 있었다. 유사한 자산을 통합하여 생산 규모와 사용률을 극대화하고 지역적 풋프린트를 활용하여 물류 비용을 절감하고, 저가의 인건비로 인해 이득을 본 것이다.

미래의 성장을 해결하는 것은 보다 더 어려웠다. 검증된 시장 니즈를 넘어 새로운 역량에 대한 도박을 해야 했기 때문이다. 첫 소비자 리서치를 통해 새로운 역량에 대한 아주 가는 희망을 발견할 수 있었다. 그러나 그를 위한 혁신 파이프라인은 이전보다 더 작고 복잡한 다수의 프로젝트로 가득했다. 새로운 수준의 다양성을 맞닥뜨린 회사는 유사한 역량을 기반으로 새로운 제품을 통합하고 가능한 곳에서 규모의 경제를 실현하기 위해 혁신 파이프라인을 보다 전체적으로 바라보게 되었다. 가능성 있는 혁신을 위해, 역량을 아웃소싱하여 최초 투자 리스크를 최소화했다.

새로운 풋프린트에 대한 마지막 핵심 요소는 사업 니즈의 변화에 따라 린 생산(Lean Production) ※ 지원 팀을 구축하는 것이었다. 시간이 흐름에 따라 포트폴리오 복잡성은 지원 비용을 증가시킨다. 신규 제품을 출시하면 기획, 생산 관리, 품질, 엔지니어링 등 지원 수준이 확대된다. 이런 지원 기능은 개별 공장에 남아 지식뿐 아니라 시장 수요에 대해 유연하게 대응하기 힘든 지원 구조를 만들었다. 새로운 풋프린트는 다수 지역에서 기술적 지식을 쌓고 공유하기보다는 우수 역량이 집중된 전문가 조직을 활용했다.

※ 도요타에서 시작된 생산 방식으로 각 생산 단계에서 필요한 인력이나 설비 등 생산 능력을 최소한으로 유지하면서 생산 효율을 극대화하는 방식. 생산 과정의 낭비적 요소들을 최대한 배제하고 적시에 인력과 부품이 공급되게 함으로써 재고 비용을 줄이고 궁극적으로 품질 향상을 도모했다.

간접비를 가능한 낮은 수준으로 유지하기 위해 공장은 소규모 지역 클러스터로 관리되었다. 지역적으로 근접한 다수의 공장은 자원을 더욱 잘 활용하고 공장 간 우수 사례를 이끌어낸 지역별 부서가 관리했다.

풋프린트 혁신의 결과는 신속하며 극적이었다. 공급 체인에서 발생하는 비용이 15% 이상 절감됨에 따라 이윤은 순식간에 증가했다. 새로운 풋프린트에 따른 새로운 제품이 전체 수익의 10% 이상을 달성함에 따라 성장세도 강화되었다. ROI 역시 급등하여 풋프린트 전략의 성공을 확신시켜주었다.

2단계: 성과 확인

이 단계에서는 기업의 기존 풋프린트에 대해 세부적인 곳에서부터 시작하여 객관적인 평가를 실시한다. 풋프린트와 기업의 전략과의 적합성을 테스트하고, 우수 사례와 견주어 검토한다. 그리고 생산성, 활용성, 인건비와 운영 항목을 중점으로 기업의 전반적인 네트워크에 걸쳐 풋프린트를 비교한다. 그 후, 매력적이고 경쟁력 있는 구조화된 프레임워크와의 비교를 통해 규모의 효율, 인재 영입의 용이성, 인건비, 세금 영향과 같은 요소를 평가한다. 이 단계를 통해 어떤 지점이 사업에 가장 큰 가치를 더하는지, 그리고 어떤 지점이 축소, 폐쇄, 매각 대상인지 확인할 수 있다. 또한 중대한 의사결정 사항을 프레임화하고 풋프린트 최적화 과정의 관리를 용이하게 함으로써 기업의 기존 풋프린트가 얼마나 경쟁력이 있는지, 그리고 어떻게 발전할 수 있는지 알아보는 데도 도움이 된다.

3단계: 이상적인 비전과 가치 제고 전략

이 단계에서는 의사결정과 목표 설정에 영향을 미치는 내외부 요소들을 충분히 이해해야 한다. 유연성, 민첩성, 변동비와 고정비, 시장 진출 전략과 같은 트레이드오프를 포함한 운영 전략을 시장 진출 전략에 반영한다. 그 후 규모의 경제를 활용하고, 기술 투자를 이용하고, 유연한 상태를 유지하면서도 지역적으로 고객과 가까이 위치하는 데 도움이 되는 의사결정을 내린다. 이러한 결정들은 비합리적인 매몰 비용 발생 없이 인하우스로 진행할 기능과 파트너를 활용할 기능을 결정하는 데 도움이 될 것이다. 이 챕터의 초반에 설명한 대로, 이는 조직의 최적 네트워크 구조를 결정하는 데도 도움이 된다.

4단계: 계획 수립 및 평가

개념과 실행 계획이 수립되면, 팀은 각각의 옵션에 있어서 핵심 원가 요인과 그 중요성을 살펴보아야 한다. 현 상태부터 이상적 상태에 이르기까지 모든 단계에서 기회 요인이 존재할 것이다. 다음 단계는 그 중간에 위치한 시나리오들을 확인하고 평가하는 것이다. 개별 시나리오는 핵심 공략 지점을 점점 더 많이 활용하면서도 실행, 투자, 타이밍, 리스크, 상호 종속성이라는 현실에 기반을 두어야 한다. 시나리오는 점진적 확장 안(기존 공장 간 합병 등)에서 매우 급진적인 안(제한 없는 이상향)에 이르기까지 다양하다. 각 시나리오의 수립과 검토 과정은 전략적 기준에 바탕하며, 핵심 원가 요인이 미치는 영향을 고려해야 한다. 기업이 이용하는 이러한 결정 프레임워크는 대부분

아래의 6개 기준을 포함한다:

1. 고객과 공급업체에 대한 근접성: 다수의 제조기업은 가장 중요한 시장 가까이에 생산 시설을 두고 싶어 하며 그것은 기업의 유통 및 공급망 풋프린트에 영향을 미친다.

2. 핵심 인건비: 많은 산업에서 인건비는 핵심 원가 요인이다. 인건비는 전 세계 국가별로, 국가 내에서도 지역별로 큰 변동성이 나타나며 기업은 이를 중요한 비용 절감 기회로 활용할 수 있다.

3. 인재 영입의 용이성: 모든 풋프린트 결정에서 인적 자원의 특성은 매우 중요한 요소이며, R&D, 고객 서비스 콜센터, 첨단 제조업과 같은 특정 활동에 있어서는 가장 중요한 요소이기도 하다. 국외로 나간 인재를 불러들이기 위해서는 삶의 질 문제(주택 공급, 교육, 문화 시설)가 매우 중요하게 작용할 수 있다.

4. 인프라: 물리적으로 제품을 배송하는 기업에게 있어 고속도로 체계, 항만 시설, 공항은 중요하다. 신뢰할 수 있는 수도, 전기, 가스나 고속 인터넷으로의 접근성은 백오피스 기능의 위치를 결정할 때 필수적인 요소가 된다.

5. 경제 및 세금 인센티브: 많은 국가가 미국의 주 정부나 지방 정부와 같이 경제적 인센티브를 제공하거나 세액 수정과 같은 재무적 혜택을 제시하고 있다.

6. 정치적·법적·규제적 안정성: 경영 활동에 완전히 부적합한 장소도 존재하지만, 대부분의 장소는 애매하기에 분석이 필요하다.

이제 신규 풋프린트에 대한 옵션을 준비하는 동시에 트레이드오프를 분석할 차례다. 예를 들어, 기업에 있어 가장 중요한 것은 무엇인가? 고객에 대한 서비스 수준을 유지하는 것인가, 아니면 재고 비용을 절감하는 것인가? 인적 역량이나 파업 리스크인가? 지역의 공급 기반 기회나 배송 시간인가? 세금의 영향이나 공공 이미지인가?

풋프린트 조정의 복잡성과 관련된 분석량, 트레이드오프와 잠재적 결과의 수를 고려했을 때, 즉시 완벽한 답을 얻기를 바라서는 안 된다. 우리는 기술적으로 적합한 세분화와 클러스터화에 기반을 둔 높은 수준의 솔루션으로 시작할 수 있는 "깔때기" 접근법을 권장한다. 깔때기 접근법하에서 기업은 기술적 적합성 세분화를 기반으로 한 단계 높은 수준의 솔루션으로 시작하여, 대략적 평가를 통해 옵션을 줄이고, 보다 세부적인 평가와 상향식 분석으로 리스트를 축소하여 결국 최종 옵션을 선택하게 된다.

명심하라: 시나리오를 평가할 때는 최초 수행 타이밍과 투자에 대한 최초의 추정이 필요하다. 핵심 시나리오에 조직을 맞추기 시작한 후, 보다 세부적인 투자 추정과 수행 타이밍에 대한 출발점을 가질 수 있게 된다.

5단계: 비즈니스 케이스 및 로드맵

이 단계에서는 최종 옵션을 평가하고, 타임 라인, 주요 일정, 지표, 이행 비용을 포함한 목표 상태에 이르기 위하여 필요한 비즈니스 케이스와 전환 계획을 작성하게 된다. 이러한 작업은 반복해서 진행되며, 4단계와 동시에 수행된다. 비즈니스 케이스 준비 시 기업은 모든 비용, 환경과 법적 영향, 세금 혜택을 포함하여 세부적인 부분을 충분히 고려해야 한다. 사업에 미치는 영향력 역시 감안해야 한다. 예를 들어, 기업이 창고의 수를 줄이거나 글로벌 고객 서비스를 집중시킬 경우, 잠재적인 매출 하락을 감안해야 한다.

풋프린트 최적화 베스트 프랙티스

시장의 관점에 기반을 둔 접근법으로 시작하라. 규모가 대형화될 경우 단위 원가는 하락하지만 이러한 하락분은 잠재적인 복잡성 비용의 증가로 상쇄되는 경우가 있으니 두 요인 사이의 밸런스를 조정해야 한다. 그 예로, 모든 지원 기능을 하나의 글로벌 허브에 집중시킴으로써 허브의 범위와 내부 고객의 니즈에서 발생하는 복잡성을 관리하는 경우를 들 수 있다.

자동화의 트레이드오프를 이해하라. 자동화의 결과는 규모와 인건비의 차이에 따라 크게 달라질 수 있음을 인식하라.

총비용과 새로운 풋프린트의 영향을 포함하라. 모든 비용(인건비, 교통, 재고, 시설)과 추가적인 리스크, 지원 필요사항을 모두 포함하라.

추정치를 사용하여 최적 네트워크 시나리오를 이끌라. 모든 잠재적인 네트워크 변화를 평가하는 것은 비현실적이다. 따라서, 추정에 기반을 둔 접근법을 통해 핵심 시나리오를 확인하고 그에 집중하라.

피해야 할 함정

전환 비용에 대한 과소평가. 풋프린트 변화는 신규 설비 설치를 위한 방대한 양의 초기 투자 비용을 수반하지만, 전환 비용 역시도 측정 가능하다(잉여 자본, 폐쇄 비용, 생산성 증가 비용, 해외 주재 직원에 대한 보상 등).

기존 생산성과 서비스 수준 인식 실패. 풋프린트 의사결정을 내리기 전에, 적은 자본으로도 달성할 수 있는 신규 풋프린트의 잠재적 생산성을 이해하라.

제품 믹스 차이에 대한 간과. 과잉 일반화를 통해 실재하지 않는 평균 제품에나 알맞은 답을 끌어내는 일을 피하라. 노동 가치, 선적 밀도, 원재료 측면에서 큰 차이를 이해하라.

"새로운 업무 방식" 계획 실패. 이는 신규 풋프린트에 필요한 부분이다.

인적 요소의 중요성 저평가. 직원들의 사기 하락과 같이 폐쇄되거나 통합된 시설 내에서의 생산성 저하에 대비하라. 또한, 비축된 경험을 확인하고 그러한 지식을 신규 시설로 이전할 계획을 세우라.

10

프로세스 엑설런스
업무를 단순화하고 관료제 요소를 최소화하라

프로세스 엑설런스는 프로세스를 최적화하여 지속가능한 효율성과 효과를 달성하면서도 차별화 역량을 지원함으로써 지속성장을 위한 체질 개선 혁신을 뒷받침한다. 시장에 기반을 둔 시각에서 제품이나 서비스가 가진 가치의 진정한 원천을 찾고, 그러한 가치를 창출하는 프로세스가 어디인지 판단하여 그 외의 프로세스를 단순화하거나 제거한다. 프로세스 엑설런스는 린이나 식스 시그마와 같은 툴을 사용하기도 하지만, 전통적인 지속적 개선 방법론과는 여러 가지 측면에서 큰 차이를 보인다. 전통적인 방법론에서는 기존 구조 내에서 추가적이며 진화적인 방식을 통해 수익성 개선을 노린다. 그 과정은 다른 사업 분야와는 상관없이 진행된다. 이와는 반대로, 프로세스 엑설런스는 시장 주도적 시각을 바탕으로 혁신, 영업과 마케팅, 생산/물류, 지원 부문이라는 4가지 거시적 경영 프로세스의 청사진을 그린다. 그뿐만 아니라, 목표하는 고객 가치제안을 전달하기 위해 4가지 프로세스의 바람직한 상호작용 방식도 제시한다(그림 10.1).

| 그림 10. 1 | 거시적 프로세스

예시

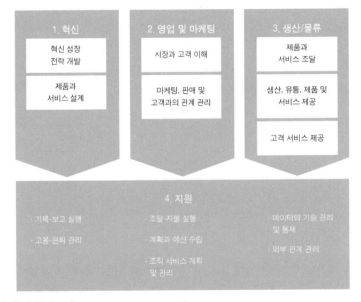

자료: PwC Strategy&

프로세스 엑설런스는 지속성장을 위한 체질 개선 접근법으로 적절한 방법론 믹스를 선택하여, 나머지 하위 프로세스를 최적화하고 재조정한다. 경영 활동 및 핵심 활동의 전 부문을 단순화하는 이 고유한 방식은 많은 경우 현금 지출을 큰 폭으로 줄여 새로운 역량 창출에 필요한 자금을 자가 조달하는 데 도움이 된다.

프로세스 엑설런스란 무엇인가?

프로세스 엑설런스 접근법은 기업이 제품과 서비스를 시장에 전달하는

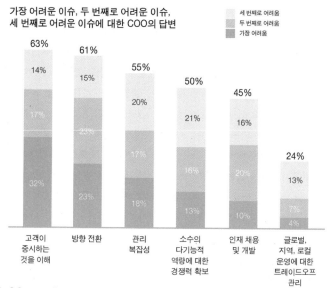

| 그림 10.2 | 오늘날의 운영상 어려움

가장 어려운 이슈, 두 번째로 어려운 이슈,
세 번째로 어려운 이슈에 대한 COO의 답변

세 번째로 어려움
두 번째로 어려움
가장 어려움

63%
14%
17%
32%
고객이
중시하는
것을 이해

61%
15%
23%
23%
방향 전환

55%
20%
17%
18%
관리
복잡성

50%
21%
16%
13%
소수의
다기능적
역량에 대한
경쟁력 확보

45%
16%
20%
10%
인재 채용
및 개발

24%
13%
7%
4%
글로벌,
지역, 로컬
운영에 대한
트레이드오프
관리

자료: PwC Strategy&

방식을 최적화하는데 집중한다. 다양한 툴과 테크닉을 활용하여 프로세스의 일관성을 강화하고 기업의 전략에 맞춰 조정함으로써, 목표로 하는 성과를 지속적으로 낼 수 있는 프로세스로 탈바꿈시킨다. 프로세스 엑설런스의 궁극적인 목표는 단순한 원가절감이 아니라, 프로세스를 뜯어고쳐 기업의 목표 수준에 걸맞은 원가와 서비스 수준을 제공함으로써 고객 니즈를 충족하는 것이다. 이를 통해, 오늘날의 경영자들이 맞닥뜨린 가장 어려운 골칫거리인 "어떻게 하면 적은 자원을 활용하여 고객에게 더 많은 가치를 전달할 수 있을까?"라는 질문에 대한 솔루션을 제공한다. PwC의 '2015 글로벌 운영 서베이'의 결과는 고객 가치를 이해하고, 언제든지 방향을 조정할 수 있도록 유연성을 지니고, 복잡성과 비용을 관리하는 것이 기업이 마주한 가장 어려운 문제들이라는 사실을 재차 확인해주었다(그림 10.2). 프로세스 엑설런스는 선

자원 기업들은 주기적인 산업에서 경쟁한다. 경쟁에서 승리하기 위해서는 규모의 경제와 유연성이라는 2가지 요소를 동시에 관리할 수 있는 역량이 필요하다. 이 사례는 2008~2009년 금융위기 당시 한 자원 발굴 회사의 경험이다. 시장이 급변함에 따라 수요는 급격히 감소했으며 원가 압박은 심해졌다. 경영진들은 기업 경영을 유지하기 위해 커다란 변화가 필요한 시점이라는 것을 알아챘다. 그들은 프로세스 엑설런스를 활용하여 원가를 절감하고 위축된 시장 속에서도 경쟁력을 유지하기로 결정하고, 가장 큰 지출 영역인 생산/물류 및 지원 프로세스에 집중하여 모든 핵심 프로세스 재편이라는 큰 결단을 내렸다. 그들은 광산별 프로세스 엑설런스 달성에 노력을 기울였고, 핵심 비용 구조를 재편하는 한편 생산량을 20% 증가시킨다는 목표를 세웠다.

기업은 시장 기반의 관점으로 광산에 대한 2가지 목적을 명확히 했다: 안전성에 영향을 미치지 않는 한에서 최대한 많이 자원을 발굴하는 한편 비용 구조는 십수 억 달러를 절감하는 것이었다. 영업, 기획, 운송과 같이 개별 광산이 담당하던 지원 활동은 하나의 센터로 통합되었으며 이를 통해 일관성과 효과를 확대했다. 의사결정이 개별 광산의 우선순위가 아니라 전사적인 전략 목표를 반영하기 시작했다. 가동부의 수를 줄임으로써 기업은 보다 유연하고 효과적인 조직으로 변할 수 있었다.

다음으로, 핵심 고객 및 제품 묶음을 정의하고 이를 중심으로 전사의 운영 모델을 재조정했다. 신규 성과 개선 팀도 만들어 우수 사례가 시설별 생산/물류 프로세스에 뿌리를 내리게 하고, 예상되는 성과를 측정하게 했다. 6개월 만에 개별 광산은 추가적인 설비를 개선하고 가격 분석 및 관리 보고 분야에서 신규 역량을 개발하기에 충분한 비용을 절감했다. 18개월 후, 기업은 산업 내 최고의 비용 구조를 갖게 되었다.

도 기업들이 이와 같은 다양한 문제를 해결하는 데 도움을 준다.

비용과 고객 가치 사이의 최적 밸런스를 추구하는 혁신 프로젝트를 실행할 경우, 많은 경우 다양한 원가 부문과 부서에 걸쳐 복잡하게 얽혀 있는 프로세스를 풀어내야 한다. 대부분의 기업은 고객의 진정한 기대치가 무엇인지 명확하게 이해하지 못하고 있으며, 그렇기 때문에 프로세스 개선의 초점을 맞추고 그 범위를 결정하는 데 어려움을 겪는다. 이러한 기업은 공격적인 노력을 기울이기도 쉽지 않다. 많은 경영진들은 드러난 프로세스 문제를 해결하기 위해 개선 툴을 적용하거나, 하나의 모델로 조직을 표준화하는 등 너무나 뻔한 노력을 기울인다. 그러나, 그러한 변화가 너무나 빨리 진행될 경우 초반의 성과는 만족스러울 수 있을지 몰라도 기업 전반의 에너지를 뺏기고 핵심 개선 기회를 놓치게 되는 경우가 많다. 게다가, 디지털화, 아웃소싱, 풋프린트 최적화와 같은 전통적인 프로세스 개선 방법은 기타 지속적인 개선 계획과 나란히 진행하기보다는 대치되는 경우도 많다. 이와는 반대로, 프로세스 엑설런스는 이러한 혁신 노력들과 어울려 보다 큰 성과 및 유연성으로 이어진다.

프로세스 엑설런스는 4가지 차원에서 혁신 목표를 달성한다. 프로세스 비용을 절감하고 품질을 개선하며, 기존 비용 구조의 범위 내에서 신규 역량을 발굴하거나 제품 및 고객 경험을 개량하여 수익을 확대하고, 조직 운영에 필요한 자본 규모를 축소시킴으로써 재무제표상에 나타나는 기업 성과를 향상시킨다.

비용 절감: 프로세스 개선을 통해 개별 프로세스에 필요한 인건비와 재료비를 줄임으로써 비용을 절약한다. 활동의 수를 줄여 작업 능률과 자산 활용을 향상시키는 방법이나, 인적/물적 자원을 보다 더 저렴하게 조달하는 방법(chapter 8. "아웃소싱" 또는 chapter 12. "전략적 공급 관리") 등이 일반적으로 많이 활용된다. 시장에 기반을 둔 거시적 프로세스의 시각에서 기업들은 다양한 개선 레버를 활용하여(단순화, 자동화, 예측 가능성, 품질 개선 등) 보다 광범위한 분야에서 신속하게 원가 기준을 재조정할 수 있다.

품질 개선: 프로세스상 결함과 불필요한 복잡성을 제거할수록 품질은 개선된다. 기업 내에 그러한 요소가 존재할 경우 평균 이하 수준의 제품/서비스의 원인이 되거나 고비용의 인력 동원을 필요로 하게 되며, 기업은 필연적으

로 확대되는 고객 기대와 기업 성장의 요구에 대응하지 못하게 된다. 흥미롭게도, 가장 품질이 높은 프로세스에 필요한 비용이 가장 저렴한 경우가 많다.

매출 확대: 프로세스 엑설런스 노력을 통해 자유로이 활용할 수 있는 시간과 자원이 확대되며, 기업은 이를 제품이나 서비스에 재투자함으로써 고객 가치를 확대할 수 있다. 다양한 툴과 방법론을 단독으로 활용하거나 또는 조합하여 사실에 기반을 둔 고객 기반 분석을 진행하고, 고객이 진정으로 원하는 것이 무엇인지 이해하여 자원을 가장 효율적으로 사용할 수 있는 곳을 찾아낸다.

재무적 성과 향상: 프로세스 효율이 상승할수록, 매출 채권, 매입 채무, 재고 등에 들어가는 운전자본도 축소하여 미래의 혁신 단계에 이용할 수 있는 자본을 확대해야 한다. 공급 체인 개선, 원료 조달 프로세스, 생산 과정의 개선을 통해 이를 달성할 수 있다. 또한, 이 과정을 통해 추가적인 자원 필요 없이도 더 많은 생산을 할 수 있게 됨으로써 추가 개선 기회에 투자할 수 있는 자원을 확보하면서도 자본 지출 예산을 축소할 수 있다.

프로세스 엑설런스는 2가지 수준에서 진행된다. 기업은 거시 프로세스 간의 상호작용을 개선하며, 동시에 차별화 역량을 뒷받침하는 개별 카테고리에 포함된 핵심 경영 프로세스를 개선한다. 최종적인 목표는 4가지 거시 프로세스가 서로 조화를 이루는 모습의 마스터플랜을 구상함으로써 모든 프로

프로세스 엑설런스에 따라 운영 모델을 리밸런싱하기

한 레크리에이션용 차량 제조사는 고객에 기반을 둔 신속하고 혁신적인 프로세스를 통해 급속한 성장을 이루었다. 불행히도, 생산/물류, 마케팅, 지원 등을 위한 거시적인 프로세스들은 혁신 프로세스와 보조를 맞추지 못했으며, 그에 따라 적절한 타이밍에 신규 제품을 출시하고 경쟁자보다 더 빨리 기존 제품의 "페이스 리프팅"을 해내는 데 지장이 있었다.

생산/물류와 관련된 거시 프로세스는 특히 지연의 원인이 되고 있었다. 생산/물류 프로세스 중 구매 프로세스는 지속가능한 비용 절감을 이루면서도 연속적인 혁신의 흐름에 따라 새로운 제품 공급 및 기존 제품의 페이스 리프팅을 달성한다는 2가지 목표를 이루어내지 못했다. 회사가 매년 전략적 구매 분야에서 추가적인 개선을 위해 공급업체들과 협업하고 있었음에도 불구하고, 세계 최고 수준의 생산/물류 프로세스를 갖춘다는 보다 어려운 과제를 달성하지 못한 것이다. 이는 거시적 생산/물류 프로세스를 혁신의 수준까지 끌어올리기에 위한 프로세스 엑설런스 프로젝트를 진행하기에 적절한 타이밍이었다.

구매 프로세스에 초점을 맞추어, 회사는 제품 라이프 사이클 전반에 혁신을 일으키기 위한 역량을 구축했으며 동시에 실질적 비용 절감 역시 가속화했다. 벤치마킹 과정에서 기업은 원자재 비용에서 "대규모" 개선 기회를 찾아냈다. 이는 내부적 원가절감 프로젝트를 통해 발견한 것으로, 그 규모와 전략적 공급업체를 활용하여 기회를 잡을 수 있었다. 회사는 또한 생산/물류 혁신 프로세스를 보다 가까이 통합했다. 제품 개발의 이른 단계에서 전략적 구매를 도입함으로써 공급에 필요한 리드타임을 확보했다. 한편 혁신 및 구매 팀은 원가 모델링과 공급 경제 분석을 통해 제품 원가를 더욱 잘 이해할 수 있게 되었다.

프로세스 엑설런스를 통해 기업은 단기간에 높은 ROI를 달성할 수 있었으며, 그러면서도 지속적인 역량 개발과 대규모 원가절감에 적합한 환경을 만들 수 있었다. 보다 거시적인 생산/물류 프로세스는 좀 더 신속해졌으며, 변화하는 고객의 요구에 더욱 잘 반응할 수 있게 되었다. 생산/물류 혁신을 가까이 연결함으로써 원가 관점에서 제품의 특성을 재검토할 수 있게 되었을 뿐 아니라, 공동 분석의 계기가 됨으로써 원가를 중심으로 한 변화를 위한 시장 기반 고객 수용을 보장할 수 있게 되었다.

궁극적으로, 기업의 생산/물류 프로세스는 전략부터 반복되는 거래에 이르기까지, 지속가능한 E2E 역량을 모두 아우르게 되었다.

세스를 개선하고 조정하여 보다 광범위한 수준의 성과를 창출하는 것이다. 그에 반해, 일반적인 프로세스 개선 방법들은 기업 전체와는 별개로 특정 프로세스나 하위 프로세스 등 개별적인 단계를 대상으로 한다.

프로세스 엑설런스가 필요한 시점은 언제인가?

전통적인 지속적 개선 방법론으로는 달성할 수 없는 규모의 프로세스 효율성 변화가 필요할 경우, 기업은 프로세스 엑설런스로 시선을 돌린다. 그러나, 그처럼 광범위한 변화가 필요한지 여부를 어떻게 확신할 수 있을까? 이하의 5가지 시나리오는 프로세스 엑설런스가 가장 큰 효과를 발휘할 수 있는 상황을 요약한 것이다.

1. 품질과 고객 만족도의 경쟁력이 없을 경우. 효율적인 프로세스는 궁극적으로 보다 가치 있는 고객과의 상호작용, 쓸데없는 활동을 하지 않게 된 직원들의 행복도 상승, 일상적인 가치 전달에 대한 신뢰와 같은 성과로 이어진다.

2. 프로세스가 과도하게 복잡할 경우. 프로세스 엑설런스를 통해 다수의 사업부에 걸쳐 수많은 사람들이 관련되어 있는 복잡한 프로세스를 합리화하고 단순화할 수 있다.

3. 데이터 관리가 어려울 경우. 프로세스 엑설런스는 개별 프로세스에서 필요한 데이터를 이해하고, 적절한 때에 적절한 곳에 필요한 데이터를 전달할 수 있게 한다.

4. 사업 운영 과정에서 대규모 기술 개발 계획의 성과가 기대 수준에 못 미칠 경우. 프로세스 엑설런스는 디지털화나 로봇식 프로세스 자동화와 같은 툴 사용에 앞서 선행되어야 한다. 많은 경우, 기업들은 우선순위 설정, 합리화, 개선 프로세스를 뛰어넘고 기술 단계로 직행하곤 한다.

5. 영구적이며 급진적 변화가 필요할 경우. 프로세스 엑설런스는 근본적인 프로세스 혁신을 통해 오랫동안 지속될 수 있는 전략적 변화를 일으킨다.

프로세스 엑설런스에 대한 잘못된 믿음

널리 퍼진 몇몇 오해 때문에 프로세스 엑설런스 전체를 거부하거나 프로세스 엑설런스의 가치 중 일부분만을 이해하는 경우가 많다.

프로세스 엑설런스는 서비스 기업이 아니라 제조기업을 위한 것이다. 모든 비즈니스는 일련의 프로세스를 통해 고객에게 가치를 전달하며, 그러한 프로세스는 원가와 가치 측면에서 분석, 세분화, 최적화의 대상이 될 수 있다.

프로세스 엑설런스에는 전사적인 린 또는 식스 시그마 조직이 필요하다. 소규모의 목표 지향적 재설계 팀도 린이나 식스 시그마 프로그램과 같은 거대한 인프라 변화 없이 대규모의 지속가능한 변화를 일으킬 수 있다.

경영진은 변화를 명령할 수 있다. 일선 관리자들이 프로세스 전체를 움직일 수 없는 것처럼, 경영진도 마찬가지다. 경영자들은 목적을 분명하게 설명하고, 자금을 배분하고, 근본적 변화에 대한 의지를 보일 수는 있지만 일상적인 영역에서 변화를 일으킬 수는 없다. 중간 수준의 관리자로부터 일선의 직원들에 이르기까지 프로세스 개선을 위한 트레이닝, 툴, 권한을 제공해야 한다.

모든 비용에서 IT를 피한다. 기술 실행과 관련된 리스크와 장애물에도 불구하고, 그 어떤 프로세스 개선 프로젝트도 기술의 역할을 무시할 수는 없다. 로봇, 디지털 사물 통신 기능, 그리고 다른 기술 솔루션의 발전은 많은 프로세스에서 효율성을 크게 확대할 수 있다. 이러한 선택권을 무시하고 거대한 원가절감 및 리스크 방어 기회를 놓치는 기업은 프로세스와 기술 개선 프로그램을 동시에 진행하는 경쟁자들에게 뒤처지게 될 것이다.

시스템을 개선할 수 없다면 프로세스도 개선할 수 없다. IT 개선이 막대한 효율성 확대로 이어지기는 하지만, 비기술적 솔루션을 간과해서는 안 된다. 업무를 변경하고, 업무를 하는 위치를 변경하고, 업무를 수행하는 사람을 변경함으로써 시스템 업그레이드 없이도 가치 있는 개선을 얻을 수 있다.

프로세스 엑셀런스의 안내서

프로세스 엑셀런스 프로젝트를 이해하기 위해서는, 사실상 모든 기업이 4가지 거시 프로세스를 통해 경영된다는 것을 기억해두는 것이 좋다. 기업은 혁신 프로세스를 통해 신규 제품과 서비스를 창출하고, 생산/물류 프로세스를 통해 실제로 제품을 만들고 서비스를 제공하며, 영업과 마케팅 프로세스를 통해 수익과 이익 성장을 달성한다. 마지막으로, 지원 프로세스를 통해 기업을 관리하고 직원들에게 기본적인 행정적 지원을 제공한다. 각각의 거시 프로세스는 기업의 차별화 역량을 뒷받침하는 핵심 경영 과정을 포함하며, 개별 카테고리의 다양한 종류의 테크닉과 툴을 활용하여 프로세스를 개선한다. 프로세스 엑셀런스 계획을 통해 핵심 프로세스를 최적화함으로써 최대의 가치를 확보할 수 있다.

기업은 5가지 단계를 통해 산업 최고 수준의 프로세스를 구축할 수 있다. 먼저 기업의 핵심 프로세스를 정의하고, 고객 기반 분석을 통해 어떠한 장애물이 있는지 확인하라. 필요한 데이터를 수집하여 기존 성과 수준을 충분히 이해하고 목표와 현 수준 사이의 격차를 만드는 근본 원인을 파악하라. 이러한 정보를 이용하여 파일럿 솔루션을 만들고, 파일럿의 결과와 기대 성과를 비교하여 신규 프로세스를 정형화하라(그림 10.3).

| 그림 10.3 | 프로세스 엑셀런스 접근

핵심 프로세스 정의	프로세스 개선 니즈 프레임화	프로세스 성과 이슈 및 근본 원인 파악	프로세스 재설계 및 파일럿 시행	파일럿 결과 평가 및 신규 프로세스 정형화

자료: PwC Strategy&

성공적인 프로세스 엑설런스 프로그램을 위한 근본적인 요건은 기존 프로세스를 적당한 수준에서 세부적으로 검토하는 것이다. 만약 너무 광범위한 시각으로 프로세스를 살펴본다면 최적화 기회를 놓치게 될 것이며, 너무 세부적으로 살펴볼 경우에는 복잡한 프로세스의 숲속에서 길을 잃고 보다 근본적이며 다기능적인 변화 기회를 알아채지 못하게 될 것이다. 프로세스 엑설런스 접근법하에서 우리는 3가지 수준을 따른다.

레벨 1: 가치 사슬. E2E 관점에서 R&D, 생산, 영업, 마케팅과 같은 가치 사슬을 구성하는 주요 요소 간 관계를 살펴보라. 동일한 산업의 기업들은 유사한 가치 사슬을 가진다. 이러한 포괄적인 시각은 주요 프로세스와 핵심 단계를 정의하는 데 도움이 된다.

레벨 2: 프로세스 개요. 레벨 1에서 확인한 프로세스를 주요 역량으로 세분화하라. 예를 들어, 포괄적인 영업 부문은 영업 기획이나, 고객 관계 관리와 같은 역량을 포함할 수 있다. 레벨 2 프로세스 흐름은 개별 가치 사슬 단계 속에 있는 모든 역량에 대한 포괄적인 시각을 제공하며, 이러한 역량들이 인풋, 아웃풋 및 기타 프로세스와의 핵심 접점과 연관되는지 보여준다.

레벨 3: 상세한 활동. 레벨 3 프로세스는 레벨 2의 개별 역량을 한 단계 더 세분화한다. 이는 "수영장 레인" 다이어그램처럼 보이기도 한다. 개별 수영장 레인은 프로세스 참가자의 역할을 의미하며, 개별 역할에 대한 단계별 활동의 순차적 흐름을 보여준다. 특히 프로세스와 관련된 핵심 의사결정과 시스템을 강조한다.

예를 들어, 제조업체의 레벨 1 가치 사슬은 R&D가 될 수 있다. 이 프로세스의 레벨 2는 제품 전략, 디자인, 원형 제작, 생산 준비, 제품 라이프 사이클 관리로 구성될 것이다. 레벨 3에서는 개별 항목을 단계와 참여자, 시스템으로 세분화하게 된다.

1단계: 핵심 프로세스 정의

모든 프로세스 엑설런스 계획의 첫 단계는 기업의 거시적 프로세스를 파악하고 프로세스 간 상호작용 방식을 이해하는 것이다. 우선 기업 경영과 차별화 역량에 필수적인 레벨 1과 레벨 2 프로세스를 정의하라. 이 과정에서 기업은 차별화 역량과 핵심 지원 프로세스가 무엇인지 파악하고, 가치 사슬 전반에 걸친 일관성을 확보할 수 있는 청사진을 그린다.

2단계: 프로세스 개선 니즈 프레임화

다음 단계에서 기업은 프로세스가 내외부 고객의 주요 기대 사항에 얼마나 잘 대응하고 있는지 측정한다. 4가지 주요한 조사 툴을 활용하여 개선 기회를 예리하게 찾아내고 기업이 해결해야 하는 문제를 프레임화하라:

1. 교차 산업 리서치를 통해 개별 프로세스의 우수 사례를 찾을 수 있다.
2. 보다 광범위한 시장 트렌드와 트렌드가 기업의 프로세스에 미치는 영향을 평가한다.
3. 기업의 서비스 수준과 고객의 기대치, 경쟁사의 서비스 수준을 비교한다.
4. 고객 인터뷰, 설문 조사, 사용자 집단, 통계적 검토를 통해 고객의 제품/서비스 인식, 고객이 가치를 두는 요소, 고객이 필요로 하지 않는 요소에 대한 보다 깊은 통찰력을 확보할 수 있다.

컨조인트 분석, 핵심분석인자 트리, 식스 시그마와 같은 툴을 써서 기업은 고객이 진짜 원하는 것을 정확하게 이해하고 개선 기회를 찾아낼 수 있다.

개선 니즈를 확실하게 이해한 후, 이를 명시적으로 서술하고 기업의 개선 프로젝트 테마를 개발하라. 기업이 성취하고자 하는 바가 무엇인지, 어떻게 가치를 창출할 것인지, 결과를 어떻게 측정할 것인지 구체화하라.

3단계: 프로세스 성과 이슈 및 근본 원인 파악

찾아낸 문제점을 해결하기 위해서는 문제가 되는 프로세스에 대한 보다 깊은 이해가 필요하다. 프로세스-단계의 소요 시간, 단계별 필요한 인력의 수, 프로세스 수요의 규모와 변동성, 단계별 인건비와 재료비와 같은 레벨 3 프로세스 데이터를 확보하라. 프로세스 단계별 역량, 전반적인 프로세스 유동률, 인건비 및 재료비와 유휴 시간을 계산하라. 개별 프로세스 단계의 암묵적인 가동률을 계산하여 사용률이 과도한 자원과 과소한 자원을 찾으라.

프로세스의 어디에서 낭비가 발생하는지 확인하라. 낭비는 과잉 생산, 유휴 시간, 불필요한 처리 공정, 과잉 재고, 결함 제품 재작업, 생산 라인 내 불필요한 이동 등 다양한 형태로 나타난다. 라인 관리자 및 직원들과 함께 낭비의 원인을 찾아내고 제거하라. 다수의 분석 툴을 사용하여 기존 성과 수준의 기준치를 잡고 낭비의 원인을 찾아낼 수 있다("프로세스 엑설런스의 분석적 툴" 참조).

프로세스 엑설런스의 분석적 툴

가치 흐름 매핑. 제품이나 서비스가 가치 흐름을 따라 흘러가는 과정에서 자원과 정보의 흐름을 보여준다. 가치 흐름에는 개별 활동이 동반하는 인건비나 성과 지표 등도 포함된다.

업무량 수요의 개요. 시간별로 수요의 개요를 문서화한다(하루의 특정 시간 또는 한 해 내의 특정 달 등). 이를 통해 인력 공급을 수요 패턴과 일치시킨다.

시간과 행동 학습. 프로세스를 수행하는 직원의 세부적인 관찰 내용을 파악하고, 특정 활동을 수행하는 데 필요한 시간과 업무량을 문서화한다.

부가 가치/비부가 가치 분석. 가치 흐름 속에서 개별 활동을 가치를 제공하는 활동, 가치를 제공하지 못하는 활동, 가치를 제공하지는 못하지만 필요한 활동 등으로 구분하여 낭비를 찾아내어 제거한다.

고객에서부터 기업에 이르기까지 모든 과정에 대한 분석을 진행함에 따라, 추가적인 가치를 창출할 수 있는 기회를 손쉽게 발견할 수 있을 것이다. 이 분석에 기반을 두고, 프로세스 변경이 기업 전반에 끼치는 영향력에 대한 대략적인 청사진을 그려라. 착수 단계에서 청사진을 그림으로써 프로세스 엑설런스의 장점을 수량화할 수 있고, 또한 초기 단계에서 충분한 가치를 창출하여 후속 단계에 필요한 자금을 자가 조달할 수 있도록 계획을 차례대로 나열할 수 있게 된다.

4단계: 프로세스 재설계 및 파일럿 시행

분석에 기반을 두고 프로세스 변경 계획을 런칭하고, 개별 프로세스 중 제거, 통합, 자동화의 대상이 될 부분을 결정하라. 평가 대상 프로세스와 직접적으로 관련된 직원들로 구성된 다기능 팀과 함께 협업하며 린과 같은 방법을 활용하여 프로세스를 재설계하라. 아래 사항을 포함하여, 프로세스 효율성의 핵심이 되는 요소를 전달하라.

• 개별 프로세스의 경제적 주문량 측정—(프로세스의 속도를 저하시키는) 일

괄 처리와 (프로세스 비용을 증가시키는) 재고 사이의 최적 트레이드오프를 달성하기 위한 1회 처리 시 최적 단위 수 측정

- 고객이 기대하는 성과에 알맞은 서비스 수준 요건 설정, 결과 달성에 없어도 좋은 기타 모든 활동의 제로베이싱
- 다양한 기능과 프로세스 단계의 작업 밸런스를 맞추어 개별 프로세스의 생산율 추이를 정돈. 혹은 작업 밸런스를 맞추기 위한 풀링 옵션 고려
- 프로세스의 조직 구조 재정비를 통해 개별 프로세스 단계에 필요한 처리량 조정
- 프로세스 인풋, 프로세스 단계 또는 전반적 프로세스에 대한 수요 변동성 축소. 수요가 공급을 지속적으로 초과하는 분야에서는 효율적 라인을 본떠 라인을 추가하거나, 선별적으로 작업자를 추가하거나, 업무를 전문화하거나 또는 자동화를 확대하는 등 방안을 통해 수용량 확대

솔루션 계획 시 프로세스 개선을 위해 활용 가능한 모든 기술적 옵션을 고려하라. 예를 들어, "스마트 공장" 시스템을 통해 인력 및 원자재의 위치를 즉시 모니터링할 수 있게 될 경우 기업은 생산량을 평준화하고 생산 시 병목 지점을 예상하여 성과 수준을 유지할 수 있을 뿐 아니라 그에 따라 자원을 재분배할 수도 있게 된다. 스마트 공장 기술을 테스트 중인 한 생산업체는 파일럿 공장에서 이미 확연하게 눈에 띄는 수준의 이득을 발견할 수 있었다. 이는 노동 생산성 20% 증가, 정시 배달 15% 증가, 매출 원가 중 폐기 및 재작업 비율 3% 하락, 전체 매출 원가 10% 하락 등의 가시적인 형태로 나타났다.

프로세스 표준화 및 단순화 과정에서 프로세스 표준화로 인한 효율성과 개별화의 전략적 가치 사이의 밸런스를 잘 조정해야 한다. 공을 들여 전후 비즈니스 프로세스를 구축해놓고 개별 국가, 고객, 채널별 요건에 맞추어 활

용하는 것은 경제적이지 못하다. 비결은 "스마트하게 개별화"하는 것으로서, 백오피스 프로세스에서 고객을 직접 응대하는 프로세스를 분리한다. 비즈니스, 국가, 고객 세그먼트에 영향을 미치는 백오피스 프로세스는 "필수" 규제 및 법적 요건에 맞춰 철저하게 표준화해야 한다. 고객을 직접 응대하는 프로세스의 경우, 프로세스 개별화 비용이 맞춤형 프로세스나 서비스를 통한 이득을 훌쩍 뛰어넘는 수준의 비즈니스 사이즈, 혹은 고객 사이즈의 한계값을 결정하는 것이 무엇보다 중요하다. 그 후, 비즈니스와 고객에게 주어진 프로세스 개별화 옵션 중 한계치 이하의 것을 제한하는 것이 규모의 경제 유지에 도움이 된다.

5단계: 파일럿 평가 및 신규 프로세스의 정형화

파일럿 사업을 통해 프로세스 개선 가설과 경영 사례를 검증하라. 핵심 비즈니스 프로세스의 전반적인 계획 시 기대했던 이익을 충분히 얻었는지 자문하라. 조정이 필요한 부분을 찾아 조정하고, 조직 전반에 일관되도록 연속적인 가치 창출을 위한 프로세스 개선 계획을 빠르게 추진하라.

프로세스 엑설런스와 기타 비용 레버의 연계

비용 레버와 일관성 있게 연계된 프로세스 엑설런스를 통해 기업은 최대 가치를 창출할 수 있다. 예를 들어, 풋프린트 최적화나 디지털화와 같은 레버는 프로세스의 엑설런스와 밀접하게 연관되어 있으며 적절하게 배열되어야 한다.

효과적인 프로세스라는 개념은 몇 가지 중요한 질문을 떠올리게 한다. 어떤 프로세스와 공유 가치를 결합할 수 있을 것인가? 장소를 옮기기 전에 프로세스를 변경해야 할 것인가, 아니면 장소부터 옮겨야 할 것인가? 언제 프로세스를 디지털화해야 하는가? 프로세스 변경으로 인해 필요한 인력은 어떻게 달라지는가? 이러한 질문에 답하기 위해서는 3단계에 설명되어 있는 바와 같이 프로세스 및 당면 과제를 충분히 이해해야 할 뿐 아니라 1단계에 논의한 바와 같이 어떻게 프로세스를 정렬할지에 대한 전반적인 시각을 확립해야 한다.

무엇보다도 먼저, 개선된 목표 프로세스를 설정하고 그와 기타 핵심 프로세스를 일관성 있게 연계해야 한다. 그 후, 기타 비용 레버를 활용하여 대규모의 부가 가치를 끌어내야 한다. 프로세스 엑설런스 프로젝트의 첫 번째 단계 이후 디지털화가 진행되어야 한다. 대규모 기초 데이터와 시스템은 프로세스 엑설런스 프로젝트가 충분히 진행된 후에 수행되어야 한다. 조직 전반의 프로세스 엑설런스 툴과 기술을 만듦으로써 기업은 완전히 최적화되기 전에 프로세스를 변경하고 강화할 수 있게 되며, 1차 변경 계획이 완료되기 전에는 프로세스 최적화가 끝나지 않도록 할 수 있다.

프로세스 엑설런스 베스트 프랙티스

경영진으로 하여금 기업 수준의 프로세스 변화에 대한 열정을 지니도록 하라. 핵심 프로세스 엑설런스 프로젝트는 기업 전반에 영향을 미친다. 따라서, 경영진들을 공식적으로 프로세스 혁신에 전념하게 해야 한다.

먼저 가치를 확보하라. 성공적인 프로젝트는 당면 과제를 단순화하고, 다수 영역에 걸친 프로세스를 세분화함으로써 낭비 요인을 분리한다. 특히 고객이 기꺼이 돈을 지불하고자 하는 가치를 창출하는 활동, 고객 가치를 창출하지는 못하지만 기업의 운영에는 필수적인 활동, 전혀 가치를 창출하지 못하는 활동을 각각 분리해내는 것이 가장 중요하다.

자금을 자기 조달하라. 프로세스 엑설런스 계획을 단계별로 나열하여 초기 단계에 비용 절감 효과가 나도록 하라. 이는 구조적 변화가 필요할 경우에도 똑같이 적용된다. 기업은 초기 단계에서 절감된 비용을 계획의 후반부에서 사용할 수 있다. 프로젝트에 필요한 자금을 자기 조달 가능하도록 함으로써 프로젝트 팀은 고가치 영역에 집중하고 전반적인 프로젝트를 진행할 자신감을 얻게 될 것이다.

단계를 제거하라. 많은 경우 제거는 가장 좋은 최적화 방법이다. 이를 통해 기업은 두 종류의 시너지를 얻을 수 있다. 첫째, 가치를 창출하지 못하는 프로세스 단계가 제거되며 둘째, 고객 및 직원 만족도가 상승한다.

데이터를 확보하고 신뢰하라. 경영자들은 린과 같은 툴을 통해 프로세스의 문제를 드러내는 세부 데이터의 전반적인 품질 향상을 확보할 수 있다. 입증되지 않은 정보를 통해서는 진짜 문제를 알아내기 힘들지만, 툴을 통해 확보한 내용을 통해 경영자들은 가치를 창출하는 전략적 결정을 내릴 수 있게 된다.

목표하는 청사진을 유념하라. 대규모의 가치 창출은 나무가 아니라 숲을 봄으로써 조직 전반의 변화를 일으킬 때만 가능하다.

기술을 활용하라. 자동화는 프로세스 최적화의 핵심적인 요소가 되었다. 자동화를 통해 기업은 인건비 및 효율성 저하로 이어지는 인적 과실을 줄일 수 있다. 전사적 자원 관리(ERP) 시스템 변경에는 비용이 많이 들고 시간이 오래 걸리지만, 오늘날 기업은 ERP 시스템 변경 없이도 디지털 기술과 린 프로세스 개선을 동시에 이행할 수 있다. 이처럼 통합된 "린&디지털화" 접근법을 통해 기업은 보다 빠른 속도로 프로세스 엑설런스 계획을 이행하고 폭넓은 프로세스를 개선할 수 있게 된다.

프로젝트 팀의 "유서"를 만들어라. 프로세스 엑설런스 프로젝트 지원을 위해 구성된 프로젝트 팀의 최종적인 해산까지 이르는 과정을 계획하고 프로젝트 팀의 구성원들로 하여금 프로세스 개선을 진행해야 할 실무진 및 관리자들에게 기술을 이전하도록 하라.

프로세스 개선에 대한 직원의 참여를 얻어라. 직원의 역량을 개선해 프로세스의 문제를 찾아내고 개선하도록 하라. 아래와 같은 방법을 활용할 수 있다:

- 선행 및 후행 지표를 만들고 프로세스 성과를 살펴보라.
- 매일 팀과 마주하여 성과를 측정하고, 책임감을 북돋우고, 팀워크를 조성하라.
- 간편한 세션 등을 통해 주기적으로 팀에게 문제 해결 방법을 가르쳐 직원의 역량을 개발하고 동기를 부여하라.
- 일을 진행함에 있어 "최선책"을 제시하여 성과의 편차를 줄인다. 주기적인 프로세스 확인 절차를 통해 최선의 상태를 유지하라.
- 성과를 개선하는 활동을 확인하고 강화함으로써 직원에게 동기를 부여하라.

피해야 할 함정

예외 허용. 시점상에 큰 문제가 없다면 4개의 주요 프로세스 모두에 대해 프로세스 엑설런스 분석 단계를 거쳐야 한다.

80/20 규칙을 무시한다. 모든 프로세스에 린이나 식스 시그마 툴의 전체를 적용할 필요는 없다. 모든 이용 가능한 방법론을 무조건적으로 적용할 경우

필요 이상으로 많은 시간과 자금이 소요된다.

변동성과 예측 가능성을 간과한다. 인풋에서 아웃풋에 이르는 프로세스의 모든 단계에 존재하는 변동성을 줄이지 못할 경우 효율성 확보 기회, 프로세스 지연 축소 및 비용 절감 기회를 놓치게 된다.

실무진에 맡긴다. 실무진들은 기업 전반적인 프로세스 엑설런스 프로젝트에 대한 책임을 지지 않으므로, 전문 팀을 꾸려 프로젝트를 진두지휘하게 한다.

바다 전체를 끓이려 한다. 모든 프로세스를 조금씩 개선하는 것보다는 가장 중요한 프로세스를 대폭 개선하는 것이 보다 많은 가치 창출로 이어진다. 기업의 차별화 역량의 기반이 되는 핵심 프로세스에 집중하고 나머지를 제거하라.

11

관리 범위와 보고 체계
조직을 수평화하고 권한을 부여하라

관리 범위와 보고 체계의 혁신은 비대해진 조직에게 있어 가장 효과적인 툴 중 하나다. 기업은 이 레버를 이용하여 보고 체계와 경영 오버헤드를 축소함으로써 비용을 절감할 뿐 아니라 의사결정 체계를 단순화하고, 유연성을 개선하고, 책임감을 향상시키고, 혁신을 일으킬 수 있다. 이 모든 과정을 통해 기업은 보다 지속성장을 위한 체질을 갖춘 상태로 변모하게 된다.

관리 범위와 보고 체계의 혁신이란 무엇을 말하는가?

관리 범위와 보고 체계의 혁신 과정에서 기업은 조직 구조의 가장 중요한 요소를 최적화한다. 여기서 관리 범위는 개별 관리자에게 직접 보고하는 직원의 수를 의미하며 보고 체계는 실무진과 CEO 사이에 존재하는 직급의 수를 말한다. 두 요소를 분석함으로써 좁은 관리 범위와 불필요한 보고 체계를 확인하고 이를 제거할 수 있게 된다.

많은 경우, 최고의 기업조차도 시간의 흐름에 따라 조직 구조의 집중력을 잃곤 한다. 인수 합병된 조직을 충분히 통합하지 못하거나, 무분별한 성장, 또는 단순한 부주의의 결과로 기업은 과도한 경영 오버헤드와 복잡한 보고 체계를 가지게 된다. 주기적으로 조직 체계를 검토하고 조정하지 않는 한, 비대한 조직 구조는 높은 관리 비용과 불필요한 행정 절차를 수반한다. 관리 범위가 좁고 보고 체계가 복잡한 기업은 의사결정이 느리고, 경영진에서 실무진에 이르는 정보 흐름이 원활하지 못하며(반대도 마찬가지다), 직원들의 창의성을 억누른다. 할 일이 없는 관리자들이 세부 사항까지 통제하려 드는 통에 직원들의 불만은 쌓여만 간다.

다음으로 넘어가기 전에, 그림 11.1을 훑어보라. 그림 11.1은 관리 범위와 보고 체계를 나타내며, 이번 챕터에서 사용할 용어를 설명하고 있다.

모든 관리직의 "적절한" 관리 범위는 여러 측면에 따라 달라지며, 특히 업무의 복잡성에 크게 좌우된다. 감독하는 업무의 범위와 복잡성, 일상적 활동과 관련된 의사결정의 정도, 업무 프로세스의 안정성, 조직 내외의 관련자와 상호작용 정도 등이 관리 범위에 영향을 미친다. 매우 복잡한 활동을 감독하는 관리자들은 직접 보고의 수를 줄여야 하며, 보다 단순한 기능 부문의 경우 한 관리자가 큰 리스크 없이 보다 많은 실무자를 직접 관리할 수 있다.

보통, 관리직의 관리 범위는 대부분 5:1에서 15:1에 이른다. 고객 서비스 또는 매입 채무와 같은 처리 부문의 경우 일선 관리자 1명이 8~15명의 실무자를 관리하며, 공급 체인 전략, 재무 의사결정 지원, 판매 대리와 같은 자문 업무의 경우 5~8명 정도를 관리한다. 법률 상담, 세무 전략, 사업 개발과 같은 전문 기능의 경우 관리자 1명이 4~6명의 실무자를 관리한다(표 11.1).

관리 범위가 넓을 경우 관리자들은 지도, 코칭, 관리 역할에 집중하고 실

| 그림 11.1 | 조직 차트 및 정의

시각적인 조직 차트

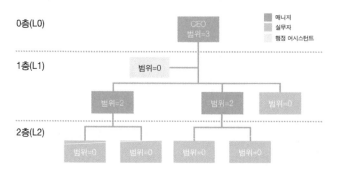

용어	정의
보고 체계	• 기업의 구조적 차원 • 지위나 직급이 아닌 보고 관계로만 결정된다
실무자	• 직접 보고를 하지 않는 모든 직급
관리자	• 실무 관리자를 포함해 직접 보고를 하는 모든 직급 (개별 성과 목표를 부여받은 관리자 등)
실무자 겸 관리자	• 직접 보고를 하며, 개인 업무도 지니는 직급 • 일반적으로 3개 이하의 직접 보고를 하는 관리자
관리 범위	• 직접 보고자의 수; 비서 제외
직급	• 조직 내 지위 또는 직함 • 보고 체계와 직접적인 관련성이 없을 수 있다

자료: PwC Strategy&

| 표 11.1 | 관리 범위의 변형

요소	레벨 1	레벨 2	레벨 3
부문 업무의 다양성	폭넓은 기능 수행 (>10)	매우 다양한 기능 수행 (5~10)	소수의 다른 기능 수행 (<5)
프로세스 표준화 정도	프로세스를 수행할 때마다 방법이 다름	프로세스 중 50%는 표준화되어 있으며 나머지는 개별화	모든 프로세스가 표준화되어 있으며 선별적으로 조정함
조직 외부와의 접점 수준	외부 사람들과의 교류 필요성이 매우 큼(>50% of time)	외부 사람들과의 교류 필요성이 큼(20~50%)	외부 사람들과의 교류 필요성이 작음(5~20%)
지리적 분산	자원과 업무가 다양한 지역에 동등하게 분산됨	자원과 업무가 몇몇 지역에 동등하게 분산됨	한 지역을 중심으로 업무가 지역별로 분산됨
관리 범위	4~6	5~8	8~15

자료: PwC Strategy&

무자에게 의사결정 권한을 주며, 개별 업무를 실제로 "담당"하도록 한다. 이 경우 기업은 직위 및 보고 체계를 줄일 수 있다. 보고 체계 축소는 관료제 조직을 축소하고 의사결정의 속도를 높이며, 조직 내 상하 정보 흐름을 원활하게 할 뿐 아니라 경영진과 고객 및 실무진 간의 거리를 한두 단계 좁히는 결과로 이어진다. 조직 내에 존재하는 중간 관리자의 수가 적을수록 성과에 대한 책임의 투명성이 증가한다. 보고 체계를 축소할 경우, 낮은 직위에 있는 유능한 관리자에게 경력을 쌓을 수 있는 기회가 더 많이 주어질 것이다.

경영 구조 효율화에 따라 발생하는 이익은 다음과 같이 다양하다:

- 실무진에게 의사결정 권한이 주어지고 관리자가 사소한 부분까지 모두 통제하는 일이 감소하며 계발 및 발전 기회가 증가할 경우 직원의 참여가 증가한다.
- 수평적인 조직에서 정보가 보다 빠른 속도로 흐름에 따라, 그리고 단순화된 보고 체계하에서 다기능적 협력이 확대됨에 따라 의사결정 속도도 빨라진다.
- 적은 수의 관리자는 곧 적은 수의 회의로 이어지며, 행정적인 회의로 낭비되던 시간이 절약된다.
- 고임금의 관리직이 줄어들고 저임금의 실무자로 업무가 이전됨에 따라, 인건비를 10~15% 절감할 수 있다.

예를 들어, 직원 수가 1만 5000명 수준인 조직이 조직 전반에서 보고 범위를 확대하고 보고 체계를 축소할 경우 경영 간접비를 획기적으로 절감할 수 있다. 관리 범위 4:1 정도의 기업에서는 1만 5000명의 실무자를 관리하기 위해 5000명의 관리자가 필요하다. 관리 범위를 2배로 늘려 8:1이 될 경우, 동일한 수의 실무자를 관리하는 데 필요한 관리자의 수는 2000명으로 줄어들어 관리 간접비에서 60% 절감 효과가 난다. 동시에 관리 범위의 확대는 보고 체계를 7단계에서 5단계로 축소하여 경영진이 실무진과 더 가까워질 수 있게 한다.

관리 범위와 보고 체계에 대한 잘못된 믿음

일부 기업은 관리 범위와 보고 체계 접근법을 활용하기를 거부하는데, 이는 잘못된 믿음에 기반을 둔 경우가 많다.

관리자들은 관리만 해서는 안 된다. 그들 "스스로의 손도 더럽혀야" 한다. 물론 관리자는 감독하는 부문의 업무를 이해해야 하지만, 이는 실무 간섭을 통해 의사결정 속도를 늦추고 불필요한 업무를 만드는 것에 대한 변명이 될 수는 없다. 효율적인 업무를 위해서는 명확한 R&R 및 선수와 코치 사이의 확실한 구분이 필요하다.

우리 부서는 특별하다. 따라서, 우리 부서는 벤치마킹 대상이 될 수 없다. 한 기업에만 존재하는 고유한 형태의 사업 부문도 극소수 있다. 거의 모든 대기업은 유사한 기능을 지니고 있으며(인사, IT, 회계 등) 관리 범위는 역할의 복잡성을 기반으로 평가할 수 있다. 많은 의사결정에 도움이 되는 외부 데이터를 통해 기업이나 사업부의 적절한 관리 수준을 찾을 수 있다.

우리 회사의 프로세스는 복잡하기 때문에, 모든 단계에 경험이 많은 직원이 필요하다. 이는 옳은 말일 수도 있지만, 모든 경력자가 관리자일 필요는 없다. 복잡한 프로세스를 데이터 수집, 데이터 입력, 의사결정과 같은 구체적인 단계로 세분화함으로써 관리 감독의 적절한 수준을 결정할 수 있다.

승진을 하지 못할 경우 최고 성과자가 회사를 떠날 것이다. 특출한 성과를 창출하는 직원이 항상 좋은 관리자인 것은 아니다. 적절하지 않은 위치로 직원을 승진시키는 것은 회사에도, 조직원에게도 좋지 않은 일이다. 보너스, 인정, 중요한 임무와 같은 다른 인센티브를 통해 우수한 실무진들을 포상하고 동기 부여하라.

우리 회사의 프로세스 리스크가 너무 높아, 추가적인 감독이 필요하다. 리스크가 높은 프로세스는 추가적인 관리가 아니라 강화된 통제 및 엄격한 책임 소재로 관리해야 한다.

관리 범위와 보고 체계를 혁신할 타이밍은?

기업의 관리 범위와 보고 체계가 무너졌다는 시그널로는 어떤 것들이 있을까? 결코 숨길 수 없는 구조적 비효율의 징후를 살펴보자:

- CEO와 실무진 간 보고 단계가 7개 이상이다.
- 1명의 관리자가 평균 5명 이하의 직원을 관리한다.
- 의사결정 속도가 느리며, 승인에 여러 단계가 필요하다.
- 회의에 10명 이상이나 되는 모든 이해관계자가 참여한다.
- 관료제가 기업 전반의 사기를 떨어뜨린다.

조직이 모래시계나 역피라미드 형태를 띨 경우, 이는 구조적 비효율의 결정적인 증거로 볼 수 있다(그림 11.2). 모래시계 형태의 조직에서 넓은 경영층 및 실무진층은 몇 단계나 되는 중간 관리층으로 나뉘며 이들의 관리 범위는 좁다. 역피라미드형 조직에서는 문제가 더욱 심각하다. 일선 관리자들의 관리 범위가 가장 좁다.

이러한 구조의 조직에서는 경영이 전적으로 합의에 의해 이뤄지며, 책임에 대한 기피 현상이 팽배한 경우가 많다. (또는, 경영진들이 담당 부문으로 책임을 가져오려 하지 않는 경우도 있다.) 과도하게 복잡한 조직에서는 결과 달성과 회의 주최의 책임 소재가 불분명하다. 과도하게 많은 보고 체계하에서 의사결정자들은 결정에 대한 책임을 피하기 위해 스스로를 방어한다. 관리 범위가 너무 좁을 경우, 지극히 일상적인 결정에 대해서도 다수의 회의를 진행하게 된다. 불신이 조직 내에 만연하며, 고비용의 관리직이 회의에 참석하고 일상적인 업무에 대한 "간섭"을 하는 것 외에 다른 업무를 하지 않음에 따라

| 그림 11.2 | 건강하지 못한 기업

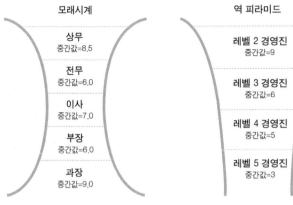

모래시계

상무
중간값=8.5

전무
중간값=6.0

이사
중간값=7.0

부장
중간값=6.0

과장
중간값=9.0

· 고정된 위계 구조를 지닌 기업에서
  보다 일반적임

· 상위 직급이 광범위한 예시를 제시함

· 중간 관리자는 최하 직급의 범위를
  확대함으로써 비용을 줄이려 노력함

· 중간 관리자가 압박을 받음

역 피라미드

레벨 2 경영진
중간값=9

레벨 3 경영진
중간값=6

레벨 4 경영진
중간값=5

레벨 5 경영진
중간값=3

· 일반적으로 고위층에서 예시를 제시함

· 상급자가 과도하게 많은 업무 믹스의 결과임

· 일반적으로 보고 계층이 너무 많음

· 정리 해고를 거친 기업에서 일반적임

자료: PwC Strategy&

비용은 상승한다. 스스로의 필요성을 증명하기 위해 관리자들은 정보, 보고 및 기타 "업무를 위한 업무"를 끝없이 요구하며 직원들은 진정한 가치를 창출하는 일에 시간을 사용하지 못하게 된다.

만약 기업 조직이 이런 형태라면, 기업의 관리 범위와 보고 체계에 대해 다시 생각해보아야 할 시점이다.

관리 범위와 보고 체계 혁신 방법: 린 조직을 향한 다섯 단계

다섯 단계를 통해 관리 범위와 보고 체계 혁신을 이루고 경영을 합리화할 수 있다. 첫 단계는 "가능성 모색" 분석으로서, 범위와 체계를 축소할 수 있는 모든 잠재된 기회를 찾아낸다. 그 후 기준을 정하고, 상위 경영 체계, 기능별 체계 및 나머지 기업 전반을 재설계하고, 혁신 실행 계획을 실행한다(그림 11.3).

| 그림 11.3 | 관리 범위와 보고 체계 혁신 접근법

가능성 모색	조직 구조 기준 확립	목표하는 경영층 설계	나머지 조직 전반의 재설계	혁신 대상 확인 및 실행 계획 수립

자료: PwC Strategy&

1단계: 가능성 모색

우선, 기업 조직의 보고 범위 및 체계 혁신의 잠재적인 영역을 모두 밝힌다. 이를 "가능성 모색" 단계라고 부른다. 기업은 이러한 하향식 분석을 통해 좁은 관리 범위와 과도한 보고 체계를 조명하며, 관리 범위를 확대하고, 보고 체계를 통합할 경우 발생할 잠재적 비용 절감 폭을 수량화한다. 가능성 모색 분석의 핵심은 2가지로서, 먼저 인사 정보 시스템 데이터를 기반으로 조직 체계를 평가 및 분석한다. 다음으로, 적절한 기능을 벤치마크하고 기업의 상태를 비교한다.

가능성 모색 분석을 통해 포착된 잠재적 비용 절감 기회를 모두 활용하는 경우는 드물다. 다양한 리스크 및 현실적 요인 때문에 실제로 이행되는 혁신 영역은 이론적 기회의 60~80% 수준에 머문다.

2단계: 조직 구조 기준 확립

가능성 모색 분석을 완료한 후에 의사결정을 하는 경영진들에게 다양한 옵션을 제시한다. 좁은 관리 범위, 하향식 분석과 조직의 직위별 관리 범위 목표, 2단계의 범위 가이드라인에 대한 시점별 추정, 기업 전반의 경영 보고 체계를 축소하는 시나리오 등을 조명하는 조직 구조를 설계하고 이를 신중하게 검토하도록 한다.

3단계: 목표하는 경영층 설계

CEO와 협업하여 논리적이며 일관성 있는 조직 및 사업부 운영 모델을 설계함으로써 상위 경영층을 혁신하라. 지역과 업무 및 기타 공통점을 기준으로, 잠재적인 규모의 경제 효과를 내는 주요 활동 영역을 통합하라. 이와 같은 하향식 방법론을 통해 단순한 원가절감뿐 아니라 조직적 일관성을 확보할 수 있다. 또한 그 과정에서 얻은 통찰력은 후반 설계의 지침이 되며, 오랜 시간 근속한 동료들의 직위를 제거하는 등 어려운 선택의 기로에서 임원들에게 도움이 된다.

CEO의 경영층 재설계를 청사진으로 활용하여 조직의 관리 범위와 보고 체계를 합리화할 수 있다. 경영진이 공동 설계 회의에 참석하도록 하여 활동이 유사한 부서 간 통합 기회를 논의하고 적절하게 분류되어 있지 않은 기존 업무를 찾아내도록 하라. 공동 회의는 의사결정의 속도를 높이고 잠재적인 "신속한 성공"을 조명하며, 혁신 후 조직을 이끌어갈 인재를 찾아내는 기회가 될 것이다.

4단계: 나머지 조직 전반의 재설계

조직의 나머지 부분은 세부적으로 살펴보기보다는 포괄적으로 재구성하라. 전체론적 접근법을 통해 경영진 재설계의 일관성을 조직 전반으로 확대할 수 있다(그림 11.4). 이 과정에서 경영진의 지도에 전적으로 의지하는 것이 아니라, 큰 그림을 하위 직급으로 공유한다. 하위 직급은 경영진에 비해 기

| 그림 11.4 | 조직 재설계 방법

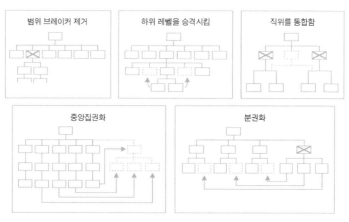

자료: PwC Strategy&

존 경영 구조를 보다 잘 이해하며, 규제 사항과 고객 요청 등 조직 재설계 과정에서 발생할 수 있는 실질적인 문제점에 보다 익숙하다. 더욱 많은 지식을 활용함으로써 기업은 효율성 확보를 위한 기회를 더욱 많이 찾아낼 수 있다. 또한 중요한 것은, 이러한 전사적 방법론을 활용하여 직급별 혁신을 달성함으로써 지속적으로 관리자를 해고할 경우 발생할 수 있는 인재 이탈 리스크도 방지할 수 있다는 점이다. 직원의 사기가 꺾이거나 조직 자체가 마비될 리스크도 피할 수 있으며, 새로운 조직 구조의 모든 직위에 기업의 기존 인재 풀을 활용할 수 있게 된다.

개별 부문의 관리 범위와 보고 체계를 재설계함에 따라, 기업의 운영 방식 역시 변경해야 한다. 예를 들어, 관리 범위를 확대하기 위해서는 분권화된 활동을 통합하고, 공동 비즈니스 프로세스를 표준화하고, 관리 인력을 업그레이드함으로써 다양한 종류의 프로세스를 관리해야 한다. 통합과 집중화를 통해 보고 체계를 축소하고 손익 담당자와 실제로 기업의 실무를 담당하는 인력 사이의 거리를 좁힐 수 있다. 그와 동시에, 기존 사업부 이상으로 비대화된 보고 단계를 줄이기 위해 노력해야 한다. 이를 위해서는 리스크나 프로세스 예외 사항을 관리하기 위한 단계나, 하급 관리자 및 중간 관리자에게 승진 기회를 제공하기 위해 만든 명목상의 자리를 제거해야 할 수도 있다. 어떤 직무는 승격되고 또 다른 직무는 격하될 것이다. 많은 경우 고위 관리직의 업무는 격하될 것이며, 중간 수준의 업무는 승격될 것이다.

조직 재설계 과정에서 개별 관리 직위의 연공서열 역시 재평가해야 한다. 그를 통해 기업에서 흔하게 발생하는 직위 인플레이션을 막을 수 있다. 예를 들어, 경험이 적지만 기업 운영을 잘 이해하고 있는 이사가 부사장의 역할을 수행할 수 있다는 사실을 알게 될 것이다. 다른 경우, 기업 목적을 가장 잘 수행하기 위해 관리자의 관리 범위를 확대하는 것이 나을지, 아니면 다른 직원을 관리 감독하면서도 개인 업무를 지니는 "관리자 겸 실무자" 역할을 만드는 것이 나을지 판단해야 한다.

기업 전반의 새로운 역할, 책임, 의사결정권 등을 규정하는 일 역시 기업 재설계 및 경영 체계 간소화를 위해서는 필수적이다. 많은 경우 이는 조정 과정에서 가장 불편한 부분이지만, 동시에 새로운 조직을 효과적으로 운영하기 위하여 가장 중요한 일이기도 하다. 간소화된 조직에서, 회의를 통한 관리에 익숙해져 있던 관리자들은 보다 많은 의사결정 권한과 그에 따른 책임을 지게 된다. 의사결정권과 책임을 명확하게 명시하고 이를 성과 지표와 연결함으로써 기업은 성공을 향해 한발 내딛게 된다.

5단계: 혁신 대상 확인 및 실행 계획 수립

기업은 보고 체계가 보다 간소화되고 개별 관리자의 관리 범위가 확대된 형태로 조직 내 직위를 재설계해야 할 것이다. 새로이 필요한 요건에 알맞게 직무 기술서를 고쳐 쓰고 다른 종류의 역량이 필요한 관리직에 적합한 인재 선별 과정을 진행하라. 또한, 실행 계획을 작성하는 과정에서 인력 재배치 전략을 수립하라. 조직 재편으로 대체할 관리자를 선별하고 해당 직무 담당자를 업무 변경시킬지, 일시적으로 유지시킬지, 아니면 해고할지에 대한 선택이 그에 해당한다.

매우 경쟁적인 글로벌 시장에서는 변화무쌍한 시장과 고객 선호에 유연하고 재빠르게 대응해야 한다. 내부 구조가 엉망이 된 기업은 순식간에 사라지는 기회를 잡고 시시각각 다가오는 위협을 무력화할 만큼 빠르게 대응할 수 없다. 관리 범위와 보고 체계의 혁신을 통해 불필요한 관료제 요소를 제거하는 것은 비용 절감뿐 아니라 기업의 유연성 확대와 빠른 대응을 가능케 함으로써 급변하는 비즈니스 환경에서의 승리로 이어진다.

사례 연구: CPG를 수평화하고 만족도를 높이기

한 글로벌 소비재 기업은 공격적인 성장 캠페인 후 복잡해진 조직 구조에 따른 관료주의적 체계 때문에 신음하고 있었다. 판매 관리비는 20%나 상승했다. 기업은 이러한 높은 비용을 고객에게 전가했으며, 거의 모든 제품 카테고리에서 저렴한 PB 상품이라는 대체품이 존재하는 산업에서 이는 매우 위험한 선택이었다. 시장 점유율을 저렴한 제품을 만드는 경쟁자에게 내어주는 대신, 기업은 간접비 삭감이라는 결단을 내렸다.

관리 범위와 보고 체계 혁신은 폭넓은 혁신 프로젝트에서 핵심적인 역할을 했다. 조직 검토 결과 회사가 전형적인 모래시계 형태를 하고 있다는 사실을 발견할 수 있었다. 비용 지출이 평균 4명 정도를 관리하는 여러 계층의 중간 관리자들에 집중되어 있었던 것이다. 외부와의 비교를 통해, 산업 평균 대비 보고 체계는 더 복잡하고 관리 범위는 좁다는 사실을 발견할 수 있었다.

경영진들은 보다 수평적이며 린(Lean)한 조직으로의 탈바꿈을 통해 비용 절감, 경쟁력 및 효율 상승의 효과를 볼 수 있을 거라고 믿었다. 평균 관리 범위를 6~8명 수준으로 확대하고 12개 보고 체계의 일부를 제거한다는 목표를 세웠다.

이처럼 야심적인 목표를 달성하고자 다양한 방법을 통해 경영 활동을 간소화하고 합리화했다. 전략 파트와 운영 파트를 구분하여 고위 관리직들은 전략과 일일 경영 활동에 책임이 있는 관리자 코칭에 집중하도록 했다. 정보의 양과 세부 분석 수준을 축소하여 성과 관리 모델을 간소화했으며 의사결정권을 명확하게 정의하여 빈번한 긴 회의를 제거했다. 관리자에게 의사결정 권한과 그에 따른 책임, P&L 오너십이 주어졌다.

궁극적으로, 회사는 관리 범위의 중간값을 6:1까지 확대하고 보고 체계를 12단계에서 8단계로 축소했다. 관리 간소화는 원가 혁신 프로그램을 통한 비용 절감액의 25%를 넘었다.

관리 범위와 보고 체계 혁신을 통해 조직 내에 "적은 자원으로 더 많은 일을 한다"는 정신을 주입하고 프로세스 재설계 프로젝트를 촉진함으로써 원가에 대한 규율을 다잡는 효과도 기대할 수 있다. 기업의 성과는 극적으로 개선되었으며, 수익은 전례 없는 수준으로 급등하고 이윤은 10년간 최고 수준에 이르렀으며 핵심 사업 영역에서 시장

점유율이 확대되었다. CEO는 이처럼 놀라운 턴어라운드의 공을 관리 범위와 보고 체계 혁신으로 돌렸다.

관리 범위와 보고 체계 혁신 우수 사례

극도로 단순화한 목표의 유혹을 피하라. "무조건 5개 이하의 보고 단계 유지" 또는 "무조건 5개 이상의 직접 보고" 등과 같은 목표를 주의하라. 모든 관리 범위가 동일하지는 않다. 핵심 비즈니스 프로세스, 업무 종류, 스마트한 의사결정을 위한 상호작용에 기반을 두고 적절한 규모와 숫자의 조직 구성 요소를 개발하느냐에 따라 지속적인 개선의 가능 여부가 달려 있다.

목적에 적합한 목표를 설정하라. 경영 관리 범위의 목표는 업무의 성격, 감독 역할의 종류, 의사결정 책임에 기반을 두고 결정하라.

상층부에서 시작하라. CEO와 협업하여 상위 3개 직위를 재설계하라. 이를 통해 CEO는 조직의 형태를 잡고, 나머지 조직이 참고할 모델을 만들며, 정치적 개입을 줄일 수 있다. 나머지 기업 전체를 재설계하여 구조를 통일하고, 효율성을 극대화하며, 기업의 모든 직급으로부터 의견을 얻어 활용하라.

평가 기준과 인센티브를 도입하라. 책임 소재를 분명히 하고, 성과 목표를 달성하거나 그러지 못했을 경우에 대한 결과에 집중하라.

구성원들에게 성취감을 줄 수 있는 커리어 패스를 설계하라. 전통적인 승진 기회가 줄어들었으므로, 인사 전략에 부문별 수평 이동이나 보상 증가 등을 포함하여 관리자들에게 동기를 부여하고 충분한 보상을 해야 한다.

세부 사항까지 통제하려는 관리 방식을 지양하도록 하라. 차세대 중간 관리자들을 트레이닝하여 관련 정보를 지닌 실무자에게 권한을 위임토록 하라.

직위 명칭과 보상 체계를 변경하라. 조직 체계는 단순하고 능률적인 업무 프로세스를 강화하도록 설계되어야 한다.

의사소통 창구를 제도화하라. 정보의 자유로운 흐름을 방해하는 전통적인 장애물을 돌파하라.

피해야 할 함정

기업에 걸맞지 않은 벤치마크 고수. 산업 벤치마크는 잠재적 기회의 크기를 가늠하는 데 있어 참고 사항일 뿐이다. 실제 프로젝트의 목표는 기업의 복잡성과 리스크를 반영하는 개별화된 벤치마크를 바탕으로 설정해야 한다.

혼란스러운 의사결정 권한, 책임 소재 및 운영 방식. 모든 역할에 있어 의사결정권과 책임 소재를 분명히 해야 한다.

경영 활동과 관리자가 수행하는 활동이 구분되지 않음. 관리직 (및 정규직) 직원과 그들이 감독하는 직원과 같은 일을 한다.

인사를 내정함. 관리 범위와 보고 체계의 혁신은 조직 내 역할에 기반을 두고 객관적으로 진행되어야 한다. 새로운 조직 구조를 계획하는 과정에서 주관성을 바탕으로 인사를 미리 내정해서는 안 된다.

주위의 말에 휘둘림. 너무 많은 사람이 참여할 경우, 모든 관리 분야가 논의 대상이 된다. 기억하라. 관리 범위 및 보고 체계 혁신은 민주적인 절차가 아니라, 기업 경영진이 진두지휘해야 하는 하향식 프로젝트다.

12

전략적 공급 관리
구매 과정에서 보다 많은 가치를 창출하라

전략적 공급 관리를 통해 기업은 전체 비용의 60%를 차지하는 인건비 외 제3자 지출을 줄일 수 있다. 이 사실만으로도 전략적 공급 관리를 광범위한 원가 혁신의 필수적인 레버 중 하나로 꼽을 수 있다. 전략적 공급 관리는 단순히 인건비 외 비용을 줄이는 것 이상의 효과를 지닌다. 대부분 가격 및 공급업체와의 협상에 집중하는 전통적인 구매 전략과는 달리, 전략적 공급 관리는 조직 전반의 구매 활동에서 가치를 극대화하는 것을 목표로 한다. 이처럼 가치를 우선으로 하는 기업에서 전략적 공급 관리는 지속가능하며 전략적인 지속성장을 위한 체질 개선 혁신의 핵심이 된다.

전략적 공급 관리란 무엇인가?

인건비 외 비용은 셀 수 없이 많으며, 이들은 언제나 원가절감 활동의 대상이 된다. 다수 구매 조직은 공급업체를 통합하고, 구매 역할을 집중화하고, 가격 협상을 진행했으며 "지출"을 축소하는 방향으로 기타 공급업체 측지표를 설정한다. (관리자들은 이를 지출의 흐름이라고 부른다.) 이러한 노력은 성공적인 경우도 있지만, 대부분의 경우 잠재적인 원가절감 기회 모두를 활용하는 데는 실패한다. 전술적으로 가격과 원가 부분에 국한된 좁은 시각으로 전체를 봄으로써, 다른 레버 및 구매 가격에 영향을 미치는 수요 요인을 간과하기 때문이다.

반면, 전략적 공급 관리는 포괄적이며 전체론적 접근이다. 모든 가격, 비용, 수요, 인건비 외 지출에 대한 가치 레버를 고려하여 단순한 "구매 가격 최적화"를 넘어 구매 과정 전체의 가치를 극대화한다. 기존의 가격 및 원가 절감은 비교적 쉬운 접근 방법임에 비해, 전략적 공급 관리는 더욱 복잡한 수요를 고려하고 다양한 가치 레버를 통해 그보다 더욱 많은 비용을 절감할 수 있다. 이는 보다 높은 수준의 부문 간 협력을 통해 달성할 수 있다.

예를 들어, 전략적 공급 관리하에서는 전통적 구매 혁신 프로그램(예를 들어 마케팅, 업무 비용 등)에서는 배제된 분야에서도 비용 절감 기회를 찾아낼 수 있다. 이는 구매 성숙도와 기업의 직접비 및 간접비상에서 가치 창출 기회에 대한 깊은 이해에 뿌리를 두고 있다.

구매 성숙도란 다양한 종류의 레버들이 각 지출 카테고리에 얼마나 깊숙이, 얼마나 정교하게 적용되어 있는지를 의미한다(그림 12.1). 구매 성숙도가 낮은 카테고리의 경우 주로 가격과 원가 레버에 집중하고 있는 경우가 많으며, 이 경우 잠재되어 있는 비용 절감 기회를 다수 찾아낼 수 있다. 보다 성숙된 카테고리에는 추가 비용 절감 기회가 상대적으로 적을 수 있다.

직접비는 원재료, 포장, 운송 등 제품 생산에 직접적으로 관련된 모든 비용을 총망라한다. 대부분의 제품 기반 기업에서 직접비 분야의 구매 체계는

| 그림 12.1 | 전략적 공급 관리 성숙도 프레임워크

자료: PwC Strategy&

상대적으로 성숙도가 높은 편으로, 인건비를 제외한 지출의 대부분을 차지한다. 직접비는 선도적인 기술을 사용해 공급업체 비용을 줄이고 내부 수요를 관리하는 전문 구매 조직이 중앙 집중적으로 관리하는 경우가 많다.

그럼에도 불구하고 여전히 직접비 카테고리에서도 가치 창출의 기회는 존재한다. 전략적 공급 관리하에서 기업은 가치 창출 없이 원가 상승으로 이어지는 제품 및 포트폴리오 결정 과정을 조정하여, 가격에 기반을 둔 지표들을 세분화한다. 제품 공급 비용은 원자재, 재료, 특징, SKU 수뿐 아니라 고객 의사결정에 큰 영향을 미치지 못하는 기타 요소로 구성된다. 제품 라인을 재정비하거나, 보다 저렴한 재료로 교체하거나, "제품 디자인이 가치 창출로 이어지도록" 제품 디자인을 변경하는 등 다양한 방법을 통해 기업은 매출 하락 없이도 공급 비용을 줄일 수 있다.

전체 지출 중 비중으로 고려 시, 잠재적인 비용 절감 기회는 간접비 부문에 더 많다. 공급 비용 중 놀라울 만큼의 많은 비용 항목이 공급 혁신 프로젝트의 대상이 되지 않는다. 서비스업에서 간접비는 인건비 외의 비용 중 가장 핵심적인 비용이며, 일반적으로 제조업에서도 인건비 외 비용 중 간접비 비중이 50%에 달한다. 대부분의 간접비는 판매 관리비에서 발생하며 전문 서비스, 출장, IT, 오피스의 임시직, 일일 배송, 마케팅, 광고, 오피스 비품 등이 모두 포함된다. 매출 원가에도 MRO, 서비스 및 공급, 공장 임시직 등 명목으로 간접비가 일부 포함된다.

대부분의 기업들이 간접비 부문을 최적화하는 데 어려움을 겪는 이유는 자명하다. 오피스 비품이나 출장 등 기본적인 요소를 제외하고, 간접비 카테고리의 관리 범위에는 공급 부문의 입김이 닿지 않는 영역이 많기 때문이다. 간접비 그 자체는 예산 활용에 있어 효과적인 정책이나, 배분 구조상 원가 통제를 하지 않는 다양한 기능 그룹에 흩어져 있다. 따라서, 간접비 카테고리의 지출을 명확하게 이해하는 것은 쉽지 않다. 더구나 간접비는 기업 전반에 걸쳐 부서 예산 내 적은 비율로 단편적으로 기록되어 있기 때문에 이러한 카테고리에 대해 지출 원칙을 도입하는 것은 매우 어려운 일이다. 간접비 항목의 구매 의사결정권은 다수의 조직원들에게 흩어져 있으며, 이는 무엇을 누구에게서 구매했는지에 대한 투명성을 저해하고 책임 소재를 모호하게 한다. 감독을 하지 않을 경우, 의사결정자들은 우선 공급업체 지명이나 경쟁

| 표 12.1 | 주요 카테고리별 절감 범위

공장		기업	
상품	2~5%	인사	2~12%
조립 부품	8~20%	IT & 전기 통신	5~10%
장비 및 구조	6~14%	마케팅 및 광고	10~22%
완제품/계약 생산	5~12%	오피스 비품	15~30%
포장	6~12%	전문 서비스	10~25%
공장 자재 및 서비스	6~18%	부동산/설비	6~12%
운송 및 유통	8~16%	출장	10~25%

자료: PwC Strategy&

입찰 한계선과 같은 구매 원칙을 무시하게 된다.

직접비 및 간접비 카테고리 전체를 아우르는 전략적 공급 관리 프로그램을 통해 기업은 6~9개월 내에 10~15%의 비용을 절감할 수 있다(표 12.1). 이는 구매의 초점을 가격에서 가치로 확장하는 것으로, 이를 통해 기업 전반의 원가 관리에 있어서 보다 전략적인 접근법을 수립할 수 있다.

전략적 공급 관리 프로젝트를 성공적으로 수행하는 과정에서 기업은 모든 종류의 가격, 원가, 수요, 가치 레버를 활용하여 비용 절감 효과를 극대화할 수 있다. 개별 레버에서 창출되는 절감 효과는 카테고리에 따라 다양할 것이다.

위와 같이 직접적인 영향 외에도, 전략적 공급 관리를 통해 다른 원가 레버의 효과도 확대된다. 예를 들어, 전략적 공급 관리 원칙은 구매의 일종인 아웃소싱에도 적용될 수 있다. 그러나, 포괄적 원가 혁신 프로그램에 다양한 레버를 활용하는 과정에서 불필요한 자원 소모를 피하기 위해서는 적절한 조정이 필요하다. 예를 들어 제로베이싱 프로젝트하 제거 대상이 되는 부문에 대해 아웃소싱 최적화를 수행하는 것은 적절하지 않다.

언제 전략적 공급 관리가 필요한가?

전체 비용의 많은 부분을 차지하는 카테고리에서 전략적 공급 관리는 비용을 큰 폭으로 절감할 수 있다. 이러한 전략적 공급 관리는 지속성장을 위한 체질 개선 혁신 내에서 진행되는 모든 원가 혁신 프로젝트에 있어 필수적 레버이다. 또한 인건비 절감과 비교하여, 사람들은 인건비 외 비용 절감에 대해 훨씬 덜 예민하게 반응하며, 신속하게 실행할 수 있다. 전략적 공급 관리는 추가 투자가 매우 적거나 전혀 없으면서도 빠르게 비용을 절감할 수 있는 방법으로서, 보다 폭넓은 혁신 모멘텀을 일으킨다. 기업이 원가 혁신 프로그램을 도입할 경우, 이는 기업이 모든 지출 항목에서 비용을 절감하려 한다는 메시지로 해석되므로 공급업체들에게 영향을 미친다. 내부적으로는 장애물을 제거하며, 잠재적인 구매 시너지와 공급 체인을 통한 규모의 경제를 창출할 기회가 드러나 비용에 대한 가시성을 가질 수 있게 된다. 가장 중요한 것은, 전략적 공급 관리를 통해 새로운 구매 관행과 가치에 기반을 둔 사고방식이 확립될 수 있다는 점이다. 이는 지속적인 비용 절감으로 이어질 것이다.

자사의 인건비 외 비용이 산업 평균이나 특정 카테고리 평균 대비 비정상적으로 높은 기업은 전략적 공급 관리를 도입해야 한다. 기업은 산업 및 카테고리 지출 벤치마크를 통해 잠재 기회를 찾을 수도 있지만, 동시에 벤치마크는 가이드라인일 뿐 모든 기업과 카테고리에 적용할 수 있는 완벽한 정답은 아니라는 점을 명심해야 한다. 기업의 적절한 지출 수준은 제품, 고객 믹스, 아웃소싱, 규모 등에 따라 달라진다. 대부분의 기업에서 인건비 외 비용 최적화 역량은 지속적인 역량으로 꼽을 수 있으며, 구매 성숙도 평가는 비용 절감 기회의 좋은 안내서가 될 수 있다. 아래에서 보다 세부적으로 논의할 성숙도 평가를 통해 기업은 전략적 공급 관리 시행에 집중하고, 잠재적으로 절감할 수 있는 비용의 크기를 평가하고, 어떤 방법을 활용하는 것이 가장 좋은 결과로 이어질지 알 수 있게 될 것이다.

성숙도 평과 과정에서 다음과 같은 개별 지출 카테고리의 핵심 요소가 드러나게 된다:

- 카테고리에서 체계적인 지출 관리 노력의 어려움
- 공급업체 세분화 정도
- 구매 의사결정권의 집중화 및 조직화 수준
- 과거 적용된 적이 있는 구매 레버의 종류
- 가장 최근에 시행된 구매 프로젝트 이후 흐른 시간(최소 3년마다 공식적인 구매 프로세스 검토 권고)
- 원자재, 재료 및 기타 요소의 가격 변동과 카테고리 내 시장 구조 및 기술 변화

전략적 공급 관리에 대한 잘못된 믿음

전략적 공급 관리에 대해 널리 퍼져 있는 오해 때문에 인건비 외 분야의 지출에 대한 가치를 극대화하려는 노력이 평가 절하되는 경우가 종종 생긴다.

구매에서 중요한 것은 가격뿐이다. 근본적인 비용 요인과 가치 창출에 집중함으로써 범위가 좁은 가격 인하 프로젝트보다 더욱 큰 비용 절감을 달성할 수 있다.

공급업체 협상은 대립적이며 승패가 걸린 다툼이다. 협력과 경쟁의 균형을 맞추는 접근법을 통해 장기적으로 양자 모두가 보다 많은 수익을 가져갈 수 있다.

구매 조직 외부에서 구매한 모든 것의 구매 수준이 낮다. 마케팅, 법률, IT 및 기타 기능 부문은 활동에 필수적인 서비스의 구매자가 될 수 있다.

공급업체는 항상 2개 이상 필요하다. 때로는 기업을 충분히 잘 이해하고 원가절감 및

혁신 목표에 도움을 줄 수 있는 하나의 "전략적 파트너"를 두는 것이 좋을 때도 있다. 그러나 안일하게 그 상태에 머물러서는 안 된다. 주기적으로 시장을 검토하여 최고의 조건으로 공급받고 있는지 확인해야 한다.

언제나 소수의 대규모 공급업체에게로 모든 지출을 통합함으로써 가격 하락 효과를 극대화하라. 공급업체의 수보다는 그들의 역량이 더 중요하다. 기업의 상세한 니즈를 충족할 수 있는 역량을 지닌 개별화된 공급 베이스를 구축하라.

거칠게 행동하는 것이 공급업체로부터 가장 좋은 조건을 끌어낼 수 있는 방법이다. 공급업체의 관리 비용을 줄이는 고객은 혜택의 일정 부분을 요구함으로써 더욱 많은 가치를 얻을 수 있다.

실행에 옮겨라: 전략적 공급 관리 가이드

모든 원가절감 방법과 같이, 전략적 공급 관리 또한 지출의 기준과 종합적 절감 목표를 검토하는 것으로 시작한다. 초기 단계에서 모든 지출 카테고리를 세심하게 분석할 필요는 없다. 먼저 산업 및 성숙도 벤치마크의 도움을 받아 전략적 공급 관리를 시행하기 적절한 영역을 찾고, 비용에 대한 전반적인 이해를 얻는 것으로 시작하면 된다. 경쟁사 대비 IT 서비스에 상대적으로 많은 비용을 지출하고 있다는 사실을 발견할 수도 있고, 또는 낮은 매출 총이익에서 원재료 지출 절감 기회를 찾을 수도 있다.

전통적인 접근법과는 달리, 전략적 공급 관리는 대략적인 비용 절감 목표

| 그림 12.2 | 전략적 공급 관리 접근법

| 기준 데이터를 수집하라 | 이해관계자를 참여시켜라 | 목표의 크기를 결정하라 | 지출 및 절감 분을 부문화하라 | 비용 절감을 최적화하라 |

자료: PwC Strategy&

를 제시하고, RPF를 보내고, 입찰가가 목표액만큼 낮기를 희망하는 것으로 끝나지 않는다. 한발 더 나아가, 비용을 발생하게 하는 근본적인 원인을 밝혀내고, 카테고리별로 비용을 나누고, 지출 우선순위를 설정하는 등 보다 심도 있는 방법을 통해 기업을 혁신하고 전략적 목표를 달성한다. 우리가 제시하는 5단계 접근법을 통해 기업은 지출의 기준을 분석하고, 이해관계자와 협력하여 비용 절감 목표를 설정하고, 실행 계획을 세분화하고, 다양한 툴을 활용하여 잠재적 가치를 지닌 모든 요소를 건드리게 된다(그림 12.2).

1단계: 기준 데이터 수집

확고한 기준을 수립하고 판매자·카테고리·사업부 별로 최근 지출을 정리하라. 이러한 데이터는 기회를 평가하고, 지출 주체를 확인하고, 목표를 달성하기 위해서는 필수 불가결하다. 데이터를 수집하기가 쉬운 경우도 있지만, 많은 경우 여기저기 흩어진 다수의 소스에서 하나하나 데이터를 모아 기업 전체적 자료를 만들어내야 한다.

2단계: 이해관계자의 참여

지출 기준을 확립한 후, 구매 관리자와 예산 책임자들로 하여금 개별 카테고리를 검토하도록 하라. 지출 데이터만으로는 공급업체 세분화, 사업부 간 공통성, 벤치마크와의 비교 등 표면적인 수준의 내용밖에 알 수 없다. 근본적인 요소를 파악하기 위해서는 보다 폭넓은 이해관계자의 참여가 필요하

다. 아래와 같은 질문에 초점을 맞추는 것이 좋다:

- 비용 정당화, 의사결정자 및 기존 계약 확인
- 근본적인 원가 요인과 요건 이해
- 기존 구매 전략, 활용한 레버, 최근의 노력
- 진행 중인 지출 및 요건에 대한 제로베이싱의 영향

사례 연구: 은행의 전략적 공급 관리

한 메이저 은행은 핵심 사업에 투자할 자금을 확보하기 위하여 포괄적인 원가 혁신을 진행하는 과정에서 전략적 공급 관리를 선택했다. 경영진은 9개월 만에 8억 US 달러의 외부 지출 예산을 9000만 US 달러까지 줄이는 것을 목표로 세우고 IT, 인사에서 출장, 오피스 비품에 이르는 전사의 자유재량에 의한 지출을 대상으로 세 단계 프로젝트를 시행했다.

모든 부문에 동일한 양의 지출 삭감을 지시하는 대신 기본적 지출 추정, 견고한 공급업체와의 관계, 오랜 구매 관행이라는 3가지 부분을 혁신함으로써 보다 큰 가치 창출을 추구했다. 그 과정에서 구매의 역할을 확대하고 재설계했다.

구매 부문의 권한을 마케팅, 법률, 시설 관리 및 기타 분야로 확대함으로써 오랫동안 느슨하게 관리되어왔던 부문의 지출을 보다 엄격하게 관리하게 되었다. 관리자와 공급업체 간 불투명한 "개인적인" 관계는 경쟁 입찰을 통한 투명한 사업 관계로 탈바꿈했으며 그 결과 외부 공급업체에 대한 지출을 크게 축소할 수 있었다.

프로젝트를 통해 많은 비용이 출장과 접대, 담당 임원, 트레이닝, 컨퍼런스, 컨설팅, 판촉 상품, 멤버십, 자선 등으로 빠져나간다는 사실을 발견할 수 있었다. 이러한 항목은 전체 지출 기준의 20%를 차지하고 있었음에도 불구하고 뚜렷하게 필요하지도 않았으며 비용 분석의 대상이 된 적도 없었다. 은행은 예산 담당자와의 철저한 검토, 산업 평균 지출 벤치마킹, 신규 ROI 목표, 강화된 구매 정책을 바탕으로 이러한 지출을 35% 삭감했다. 그리고 추가적인 통제 및 지출 모니터링을 위한 대시보드를 활용해 절감분이 다시 증가하지 않도록 감시했다.

전통적인 공급업체 기반 전략은 전반적인 절감 목표를 달성하는 데 초점을 두었다.

경쟁 입찰, 선별적 협상, 양해 각서 및 기타 방법을 통해 비용을 줄였으며 특히 기존에 구매 부문이 크게 관여하지 않던 분야나 개인적 관계가 경쟁을 약화시키던 분야에서 대규모 비용 절감을 달성할 수 있었다.

그러나 이와 같이 익숙한 방법을 통해 이뤄낸 비용 절감은 전체의 절반도 채 되지 않았으며, 전략적 공급 관리의 수요 기반 측정을 통해 그보다 더 많은 양의 비용을 절감할 수 있었다. 이는 전략적 공급 관리가 다양한 지출에 대한 진정한 비용과 가치를 조명하고, 구매 관행 전반에 걸친 비용의 가치를 최적화하는 프로세스다. 예를 들어, 법률 비용의 경우, 복잡성과 가격을 기준으로 법률 서비스를 의뢰하는 로펌을 재분배하여 전반적인 지출을 감소시킬 수 있었다. 즉, 전문 지식을 지닌 비싼 로펌에는 복잡하고 리스크가 높은 프로젝트를 의뢰하고, 일반적인 문제는 기업의 품질 요건을 충족시키는 저렴한 로펌에 의뢰하여 법률 업무를 간소화한 것이다. 비슷한 방식으로, 비싼 오피스 비품을 대체했으며 실제 사용자 그룹의 니즈에 따라 소프트웨어 및 하드웨어 패키지를 조정함으로써 IT와 통신 서비스에서 비용을 절감했다. 대부분 사용하지 않는 다양한 기능을 모든 사람들에게 제공할 필요는 없기 때문이다.

9개월 후, 은행은 1.1억 달러의 외부 지출을 절감했으며 이는 기존 목표였던 11% 지출 절감을 넘어서 14%에 달하는 수치였다. 또한 장기적 이득도 추가로 얻을 수 있었다.

구매 조직의 범위가 확대됨에 따라 역할도 확대되었다. 구매 관리자는 한때 단순히 주문을 받는 업무만 수행했지만, 카테고리 관리자가 지출 및 가치 창출에 대한 책임을 지게 됨에 따라 구매 관리자의 책임도 크게 확대되었다. 이와 같은 지위 상승에 따라 새로운 인재들이 구매 부서에 관심을 가지게 되었으며, 비용 절감 효과를 장기적으로 유지하는 데 도움이 되었다.

책임 소재가 명확한 구매 관리자 아래 통합된 대부분의 직접비 카테고리에서는 이러한 활동이 비교적 쉬운 편이다. 그러나, 간접비 카테고리의 지출을 추정하고 절감 목표를 설정하는 것은 보다 어려운 일이다. 간접비 카테고리는 다수의 부문에 걸쳐 있으며 그중 다수는 실제로 지출하는 비용을 명확하게 파악하지 못한다(예산 대비 지출 등). 특히 서비스 비용의 경우 법률 서비스에서 광고, 포장 운송에 이르기까지 넓게 퍼져 있다. 사내 변호사와 법률 수수료를, 마케팅 관리자와 미디어 비용을, IT 담당자와 소프트웨어 구매 계획을 논의하는 등 부문별로 실제로 비용이 발생하는 분야를 검토해야 한다. 빠르고 효과적인 조사를 통해 체계적으로 현황을 파악하고 선별적 인터 뷰 및 워크샵을 통해 조사 결과와 현실 사이의 차이를 메우고 적절한 대응 방법을 명확하게 하는 것이 좋다. 이 프로세스는 복잡하지만, 대신 큰 기회 를 찾아낼 수 있다.

이 단계는 chapter 6에서 제시된 제로베이싱에 맞춰 면밀하게 조정되어야 한다. 기업은 인건비 외 비용 및 공급업체 결정과 관련해 얻을 수 있는 정보 를 통해 차별화 역량에 직접적으로 관련된 공급업체와 그렇지 않은 공급업 체를 구분하고, 핵심 경쟁력을 훼손하지 않고도 합리화할 수 있는 사양이나 서비스 수준을 파악할 수 있다. 전략적 공급 관리 전략을 수립하는 과정에 서, 제로베이싱 의사결정이 이뤄져야 한다.

3단계: 목표의 규모 결정

1단계와 2단계에서 수집된 질적 정보 및 양적 정보는 경영진을 통해 카테 고리별 잠재적인 원가절감 분석 과정을 통해 통합된다. 이 과정에서 상대적 성숙도와 실행 가능성 또한 고려되어야 한다. 일반적으로 성숙도가 낮은 카 테고리에서 큰 성과가 나타나지만, 제품 사양 변경이나 아웃소싱 등 정교한 수요 및 가치 레버를 활용함으로써 성숙도가 높은 카테고리에서도 비용을 큰 폭으로 절감할 수 있다. 개별 카테고리 목표를 설정할 때는 성숙도에 따 라 조정된 벤치마크를 활용해야 한다. 실제 발생할 절감액 등의 세부적 예시 를 들어서 현실적으로 달성 가능한 목표임을 강조하고, 내부 이해관계자의 지지를 얻어야 한다.

4단계: 부문별 지출 및 절약

인건비 외 지출은 다수 카테고리에 걸쳐 있고, 수천 명의 공급업체를 포함하는 등, 기업 내 거의 모든 측면과 연관되어 있다. 이처럼 광범위한 프로젝트를 성공적으로 이행하기 위해서는 세분화가 필요하며, 절감 기회 요인에 대한 우선순위를 매겨, 가장 중요한 요인에 노력을 집중하되, 그 외 모든 잠재적인 절감 요소 또한 신속하게 확인해야 한다. 전략적 공급업체와 그렇지 않은 공급업체를 세분화하는 것에서 시작해야 하는데, 이는 개별 그룹별 발생 가능한 리스크가 각기 다르며, 각각 다른 구매 접근법이 필요하기 때문이다. 더 나아가 지속적인 지출 규모를 기준으로 비전략적 공급업체를 추가적으로 세분화하여, 전체 지출 대비 80%를 차지하는 20%의 공급업체를 분리해야 한다. 이들은 지속적인 관리가 필요하지만, 제공되는 서비스는 제한적인 그룹이어서, 별도 관리가 필요하기 때문이다. 그 후, 예상되는 비용 절감 크기, 실행 난이도, 예산 담당자의 관심도에 집중하고 기타 관련 지표를 적용하여 필요한 활동의 우선순위를 정한다. 그 결과는 전략적 공급 관리 프로젝트의 로드맵과 그를 통한 장기적 비용 절감 계획으로 나타난다.

5단계: 비용 절감 최적화

목표와 일정을 세운 후, 실행 과정에서 사용하기에 적절한 툴을 결정해야

| 표 12.2 | 원가절감을 위한 5개 접근법

원가절감 접근법	내용	영향을 받는 레버	영향을 받은 지출 비율	예상 절감 폭	소요 시간
신속한 구매	중앙 집권적인 카테고리와 비전략적 공급업체로부터 즉각적인 공급업체 측 절감 기회를 찾아낸다	가격	<10%	4~8%	1~2개월
전략적 구매	광범위한 전략적 구매 프로젝트를 개시하여 공급 및 수요 레버를 통틀 어 최대 기회를 찾아낸다	• 가격 • 원가 • 수요 • 가치	30~40%	10~20%	2~3개월
정책 변화	정책이나 준수사항 개선을 통해 지 출을 감소시키거나 전용한다(특히 간접비 또는 기타 재량 지출)	수요	10%	20~30%	1~2개월
공급 체인 최적화	E2E 공급 체인 원가 동인을 분석하 고 공급업체와 협업하여 낭비를 제 거한다	원가	20~30%	8~12%	3~4개월
가치 중심 설계	제품과 서비스의 설계를 최적화하여 원가와 가치가 더 잘 맞도록 조정한 다	• 수요 • 가치	30~40%	10~25%	6~9개월

자료: PwC Strategy&

한다. 전략적 공급 관리 프로그램을 성공적으로 수행하기 위해서는 가격, 원가, 수요, 가치 모두를 아우르는 전사적 접근법을 기반으로 이용 가능한 모든 레버를 최대한 활용하여 비용 절감을 극대화해야 한다. 대부분 혁신 프로그램을 성공적으로 수행하기 위해서는 구매 팀 단독으로 진행하기보다, 다기능을 수행할 수 있는 팀이 선호된다. 구매 팀이 활용할 수 있는 요소는 가격과 원가 레버로 제한되지만, 보다 어려운 수요와 가치 레버를 지원하고 활용하기 위해서는 전사적인 참여가 필요하기 때문이다.

원가 관리 혁신 과정에서 비용이 절감되는 모습은 일반적으로 5가지 형태로 나뉜다. 각 카테고리별 올바른 접근법은 지출 규모, 구매 성숙도, 전략적 중요성, 구매 제품 및 서비스의 종류, 공급업체 시장 다이내믹스, 내부 이해관계자의 세분화 및 요건에 달려 있다(표 12.2). 몇몇 사례에서는 다수의 접근법이 동일한 카테고리에 적용된다.

여러 부문의 협력. 비용이 발생하는 부분에 덤벼들어 구매, R&D, 마케팅, 생산 등 분야의 가치 사슬을 개선하기 위해서는 전사 직원의 열성적 참여가 필요하다.

공동 책임. 다양한 지출 카테고리의 예산 담당자에게도 비용 절감 목표를 위한 책임을 부여해 협력을 증진하고 어려운 지출 결정을 내릴 수 있도록 해야 한다.

공급업체 참여. 원가 요인에 대한 공급업체의 통찰력을 최대한 이용하라. 공급업체들은 과도한 지출이나 서비스 요건을 꼬집어낼 수 있으며, 경쟁자와의 비용 격차를 메우는 데 도움을 줄 수 있다.

제한 없는 변화. 구매 팀에게 불필요한 비용을 발생시키는 기존의 자원 배분 정책, 조직적 역할 및 의사결정권을 좌지우지할 수 있는 권한을 주어라. 이러한 제약을 돌파하는 과정에서 최대 가치를 창출하게 된다.

트래킹과 모니터링. 프로그램으로 인해 발생한 비용 절감을 모니터링하여 그 가치를 증명하고, 목표한 비용 절감액이 "새어 나가는" 것을 막아라. 비용 회피와 "완만한 절감"도 중요하지만, 지출 절감만이 바늘을 움직인다.

효과적인 관리 체제. 혁신 프로그램을 감독할 관리 구조를 수립하고, 전사적인 관점에서 보았을 때 적절한 수준에서 의사결정이 이뤄지도록 하라. 비용 절감분을 부문 활동에 재투자할지 이윤으로 넘길지 여부를 결정하는 메커니즘을 만드는 것은 특히 중요하다.

피해야 할 함정

"한 사이즈로 모든 것에 맞출 수 있다"고 가정하는 것. 모든 카테고리는 각기 다른 어려움에 맞닥뜨린다. 개별 환경 및 공급 시장 다이내믹스에 맞춰 구매 접근법을 조정하라.

기존 관습을 신성시하는 것. 이유가 무엇이든 상관없이, 기업이 특정 비용을 따로 떼어 손대지 못하도록 하는 것은 곧 비용 절감 기회를 낭비하는 것이다. 모든 카테고리는 혁신 대상이며, 모든 지출은 적절한 기간 내에 논의 대상이 되어야 한다.

통제. 지출 카테고리를 전적으로 통제하려 할 경우 프로젝트는 난항을 겪는다. 그 대신 부서와 가치 최적화 목표를 공유하고, 부서를 지원하고 협력해야 한다.

마지막 1000원까지 추적하는 것. 소규모 지출 카테고리의 총체적 캠페인은 비용 측면에서 타당하지 않은 경우도 있다. 보다 규모가 큰 카테고리에 자원을 집중하여 전략적 구매가 대규모의 이익으로 돌아오도록 해야 하며, 소규모 카테고리에 대해서는 저비용의 표준화된 접근법이 적절하다.

변화관리를 간과하는 것. 방법을 바꾸지 않는 이상, 지출을 바꿀 수는 없다. 패러다임 변화와 효과적인 변화관리가 동반되지 않는 전략적 공급 관리 프로젝트는 동력을 잃는다.

비용에만 집중하는 것. 원가절감이 품질과 기타 성과 지표에 미치는 영향을 주의 깊게 평가하라. 필요한 최소한의 성과를 확보할 수 있도록 인센티브 계획을 구상하고, 적극적으로 리스크를 최소화해야 한다.

13 /

디지털화
기술을 활용하여 판도를 바꿔라

과거 수십 년간 기업들은 기술을 활용함으로써 인력을 활용하는 것보다 저렴한 비용으로 더욱 빠르고 우수하게 업무를 처리해왔다. 지속성장을 위한 체질 개선 혁신 역시 가능한 영역에서 기술을 이용하며, 생산성 향상, 품질 개선, 역량 개발을 위해 디지털화를 최대한 활용한다. 이러한 접근법에서 기업은 두 단계에 걸쳐 기술을 활용한다. 1단계에서는 생산에서 고객 서비스 및 인사에까지 이르는 초기 프로세스를 최적화한다. 이때, 기타 원가절감 레버를 동시에 활용하는 경우도 있다. 2단계에서 기업은 기업의 영역을 넘어, 최신 디지털 기술을 활용하여 고객 및 공급업체와의 의사소통을 자동화함으로써 근본적인 변화를 일으킨다. 이를 통해 기업의 모든 프로세스가 완전히 디지털화되며, 고부가 가치 영역을 제외하고 모든 분야에서 인력을 사용하지 않게 된다. 이와 같은 두 단계를 통해 기업은 막대한 비용 절감을 달성하면서도 내실 성장에 가까이 갈 수 있다.

디지털화란 무엇인가?

디지털화는 기업 전반의 비용을 절감하는데, 가장 대표적인 예로는 공장 바닥에서 백오피스에 이르는 전체 프로세스 자동화를 들 수 있다. 디지털 기술은 품질을 개선하고, 생산 속도를 증대시키며, 수기로 이뤄지는 상호작용을 대체하여 추가 가치를 창출한다.

첫 번째 단계에서는 내부 프로세스에 디지털화 기술을 적용한다. 이는 스프레드 시트에서 매크로 기능을 활용해, 직원들이 매일 빈번하게 반복하는 계산을 자동화하는 것만큼 간단할 수도 있지만, 한편으로는 기업 자원 전략 시스템을 설치하여 전사적 프로세스를 표준화하고 다수의 업무를 자동화하는 것만큼 복잡할 수도 있다. 사실상, 인공 지능(AI)의 출현 이후 로봇 프로세스 자동화, 사물인터넷의 등장과 함께 기업은 불과 몇 년 전까지만 해도 상상조차 할 수 없었던 수준으로 거의 모든 프로세스를 자동화할 수 있게 되었다. 일례로 RFID 시스템을 들 수 있다. 현재 많은 기업들은 RFID 시스템을 활용하여 재고를 관리하고 쇼핑 카트 스캐너를 설치하여 장을 보러 온 고객들이 계산대를 거칠 필요가 없도록 하고 있다.

그 효과는 단기적인 인건비 절감에서 끝나지 않는다. 디지털화를 통해 기업은 값비싼 비용을 유발하는 인적 오류를 제거하고 추가 고용 없이도 증가하는 업무를 처리할 수 있게 된다. 디지털화의 또 다른 장점은 속도다. 자동화된 시스템은 프로세스를 가속화하며 이를 통해 연쇄적인 추가 효과가 나타난다. 예를 들어, 디지털화를 통해 어음 추심 속도를 높임으로써, 기업은 현금을 보다 빨리 재투자할 수 있게 된다.

두 번째 단계에서 기업은 디지털화 영역을 고객, 공급업체 및 기타 외부 관계자에게로 확장한다. 기술을 활용함으로써 온라인 뱅킹 같은 새로운 채널이나, 다양한 모바일 앱과 같은 새로운 제품을 제공하여, 저비용 성장의 기회가 창출된다. 이 시점에서 디지털화가 기업에 미치는 영향이 본격적으로 빛을 발하게 된다. 새로운 역량이 개발되고 효율성이 대폭 상승한다.

예를 들어 전자 상거래는 혁명적인 변화를 가져왔다. 소매 상점을 운영하기 위해 필요한 비용에 비하면 극히 적은 비용으로 시장을 확대할 수 있게 되었으며, 구글, 페이스북, 트위터, 인스타그램과 같은 플랫폼을 통한 온라인 마케팅의 발달로 기업은 과거의 대중 광고 캠페인보다 훨씬 더 개인적인 방식으로 고객과 상호작용할 수 있게 되었다.

기업의 데이터는 비즈니스 분석을 통해 전략적 자산으로 탈바꿈하는데, 이를 통해 제품 성과 모니터링, 효율성 개선, 신규 제품 및 서비스 개발 등에 활용 가능한 전무후무한 통찰력을 얻을 수 있다. 이러한 데이터 기반 서비스 플랫폼의 예로는 IMB의 왓슨 애널리틱스와 자동차 보험 전문업체 프로그레시브의 스냅샷을 들 수 있다. 디지털 솔루션을 통해 기업은 제품과 서비스를 매우 낮은 가격에 생산, 증가, 변형시킬 수 있게 되었다. 예를 들어 Tel.Corp.는 인터넷을 통해 EV의 소프트웨어 업데이트를 수행하여, 비싸고 불편한 서비스 센터 방문이나 리콜의 필요성을 없앴다.

GE에서 디지털화는 완전히 새로운 비즈니스 모델이 되었다. 사업 다각화를 통해 다양한 비즈니스를 영위하는 GE는 전통적인 제품 기반 산업 패러다임을 벗어나 고객 중심의 접근법을 활용한 사업 추진으로 기업의 비즈니스 포커스를 변화시키고 있다. 사물인터넷의 출현으로 생긴 기회를 잡은 GE는 해당 분야의 제품을 통해 성과 데이터 흐름을 만드는 신세대 연계 상품을 런칭했다. GE는 소프트웨어 및 네트워크 역량 개발을 통해 취득한 정보를 해석하고, 고객이 스스로 운영을 개선할 수 있도록 돕는 신규 서비스를 만들었다. 예를 들어, GE 디젤 엔진을 구입한 소비자는 프로세스 평균 속도를 10%

개선할 수 있는 귀중한 통찰을 얻었으며, 한 병원은 GE 데이터를 활용하여 "병상 회전" 시간을 51분 줄였다. GE 역시도 디지털화 전략을 활용하여 수십 달러의 원가절감 및 수익 창출 효과를 내고 있다.

이처럼 디지털화는 그 자체만으로도 기업에 큰 도움이 되지만, 지속성장을 위한 체질 개선 원가 혁신의 다른 레버를 보완하기도 한다. 예를 들어, 인적 프로세스를 자동화하고 "핸드오프" 및 정보 전달로 인해 발생하는 지연을 제거함으로써 프로세스 엑설런스 프로젝트에 도움이 될 수 있다. 비슷한 사례로, 최소한의 기본적인 경영 활동을 자동화하여 기업 차별화에 기여하지 못하는 역량에 대한 지출을 최소화함으로써 제로베이싱에도 활용도가 높다. 또한 장비와 장치가 전송하는 실시간 데이터 흐름을 활용하여 기업은 최적의 풋프린트를 구축할 수 있다. 결과적으로 디지털 역량은 모든 기업의 포트폴리오에 있어 핵심적인 영역으로서, 디지털화와 기타 레버를 통합하여, 기업은 핵심 활동의 효율성을 극대화하고, 차별화 역량을 전략적으로 개선할 수 있다. 우리는 다양한 프로세스를 포함한 전사 디지털화가 전체 혁신 프로젝트에서 "천막의 버팀목" 역할을 하는 경우를 여러 번 목격해왔다.

디지털화가 필요한 시점은 언제인가?

기업은 일정 수준 이상의 투자 수익을 올릴 수 있을 경우에 혁신 레버를 활용한다. 모든 혁신 프로젝트에 해당하는 이 규칙은 디지털화에도 어김없이 적용된다. 기술은 공짜가 아니며, 저렴하지도 않다. 실제로 몇몇 사례에서는 디지털 프로세스를 구축, 실행, 유지하는 비용이 그를 통해 얻을 수 있는 수익을 상회한다. 하지만, 대기업에서 인건비가 차지하는 비중 자체가 크고 수작업을 자동화함으로써 발생하는 막대한 이득 때문에 많은 기업들은 효율성 측면에서 큰 변화가 필요할 경우 디지털화 프로젝트를 런칭하고는 한다.

디지털화가 최적의 결과를 내는 시점은 언제일까? 기업마다 이상적인 조건은 다르지만, 언제 프로세스 디지털화가 적절한지를 판단함에 있어 참고할 만한 일반적인 가이드라인은 존재한다:

- **디지털화를 통해 대량의 인력 감축이 가능할 경우.** 수작업으로 진행되며, 오류 발생이 쉬운 프로세스에 소요되는 인력 수나 근무 시간 때문이다.
- **프로세스가 잘 이해되고, 성숙하며, 표준화되어 있을 경우.** 모호하고 제대로 정의되지 않은 프로세스를 자동화하는 비용과 효과는 명확하게 예측하기 어렵다. 지속적인 프로세스 변화는 다수의 기술 업데이트로 이어지므로, 발전 중인 프로세스를 자동화하는 데는 너무 많은 노력이 소요된다. 마찬가지로, 변동성이 높은 프로세스를 자동화하는 비용은 순식간에 자동화로 인한 이득을 넘어설 것이다. (주의: 표준화를 밀어붙이기 위한 툴로서 디지털화를 사용하고픈 유혹이 생길 수 있지만, 그러한 결과는 내부 저항으로 이어지는 경우가 많다.)
- **업무를 외부에 이전할 기회가 있을 경우.** 디지털화와 더불어, 고객과 공급업체들이 현황 업데이트나 데이터 입력과 같은 업무를 대신할 수 있다.
- **수작업 때문에 조직 전반 및 외부 관계자에 걸쳐 통합된 프로세스가 느려질 경우.** 기존 시스템의 핸드오프 및 데이터 교환을 디지털화할 수 있다.
- **디지털화를 통해 프로세스 내의 수작업을 어떻게 축소할지 정확하게 이해할 수 있을 경우.** 디지털화를 통해 제거할 수 있는 프로세스의 세부적인 측면을 명확하게 이해해야 한다.

- **타사가 좋은 사례를 보일 경우.** 타사가 디지털화의 사례를 보여준 영역에 한하여 디지털화를 진행하라. 특정 프로세스를 최초로 자동화하는 회사는 학습을 위해 많은 비용을 들이게 되며, 다량의 오류, 예상치 못한 장애물 및 기타 어려움을 겪게 된다.
- **시장 내 신규 기술의 도입으로 사업에 지장이 생길 경우.** 이 경우, 기업은 시장 경쟁 판도를 바꿔놓은 기술 발전에 보조를 맞출 수밖에 없다.

디지털화에 대한 잘못된 믿음

널리 퍼진 오해 때문에 디지털화 프로젝트의 가치가 폄하되곤 한다.

이 프로세스는 자동화될 수 없다. 기존 상태를 옹호하고자 하는 사람들이 즐겨 하는 말이다. 사실상 거의 모든 프로세스의 80%가 표준화되었으며 쉽게 자동화할 수 있다. 소수의 변형으로 디지털화의 경영 사례가 약화되지는 않는다. 복잡한 의사결정을 포함하는 프로세스조차도 자동화할 수 있으며, AI와 분석 기술의 발달로 더더욱 그러하다. 자연스러운 언어 프로세싱을 통해 애플의 시리와 같은 디지털 시스템은 목소리나 텍스트 지시를 해석하여 적절한 행동을 취할 수 있게 되었다. 기계 학습 기술을 통해 시스템은 업무 수행 방법을 "배울" 수 있게 되었으며 심화 학습 시스템은 실제로 업무를 수행하는 최선의 방법을 계산해낸다. AI 기술 활용이 확대됨에 따라 어려운 질문에 답하거나 복잡한 요청에 응하기 위해 인력을 활용할 필요성이 줄어들 것이다.

디지털화는 언제나 값어치를 한다. 디지털화는 비쌀 수 있다. 매우 변동성이 높은 프로세스를 자동화하는 비용은 인력 감축으로 인한 절감액보다 더 큰 경우도 있다. 또는 지속적인 지원 비용이 절감액을 상쇄하는 경우도 있다.

디지털화는 프로세스 전방에 위치하는 고객 응대 활동만을 위한 것이다. 전방 디지털화에 사용되는 "고객 중심의 설계"와 셀프 서비스 원칙은 내부 프로세스를 간소화하고 개선하는 데도 도움이 된다. 예를 들어, 사물인터넷을 통해 수집하여 디지털화된 데이터는 보충이나 진단과 같은 프로세스의 자동화를 가능케 한다.

디지털화는 쉽고 간편할 것이다. 디지털화 과정에서 고통 없이는 아무것도 얻을 수 없다. 대규모 디지털화에는 전사적 노력이 필요하며 그 결과는 수천 명의 직원들에게 영향을 미칠 수 있다. 강력한 변화관리 프로젝트가 반드시 수반되어야 하며, 특히 조직 깊숙이 뿌리를 둔 프로세스를 디지털화할 경우에는 더더욱 그렇다.

실행 방법

디지털화 프로젝트 관리에 대해서는 다양한 접근법이 존재한다. 기업은 프로젝트 대상 범위, 기술, 개발 접근법, 신규 기술의 사용자 등을 고려하여 알맞은 접근법을 선택해야 한다. 무수히 많은 선택권이 존재하지만, 5가지 단계는 공통적으로 존재한다(그림 13.1).

| 그림 13.1 | 디지털화 방법론

요건을 분석하고 우선순위를 정하라	프로세스와 규칙을 단순화하라	디지털화 프로젝트의 청사진을 그려라	초기부터 가치를 전달하라	리스크를 관리하라

자료 : PwC Strategy&

1단계: 요건 분석 및 우선순위 수립

기업은 어떤 것이든 디지털화할 수 있지만, 모든 것을 디지털화할 수는 없다. 디지털화를 통해 인건비, 감축, 품질 개선 및 더 나은 의사결정을 최적화하여 전략적 역량을 강화해야 한다. 이를 위해 디지털화가 가장 높은 효과를 보일 영역을 정하고, 프로세스, 규칙 및 분석의 우선순위를 정해야 한다. 기업 내부와 외부를 통틀어 자동화 대상으로 적합한 고도로 구조화된 반복적 프로세스와 규칙을 찾아라. 고객, 거래 파트너, 공급업체는 디지털화 요건의 핵심 요인이 되어야 한다. 그룹 간 정보 교환과 승인은 업무 흐름과 협력 솔루션으로 해결할 수 있다. 그러나, 가능한 영역에서는 정보 교환 이전에 핵심 프로세스를 디지털화하라. 마지막으로, 초기 단계에서 다수의 추가 요건을 찾아야 한다. 데이터, 보안, 인프라, 기반 소프트웨어 요소, 성과, 유용성 기대치 등이 그에 해당한다.

디지털화를 통해 예상되는 비용과 효과에 대한 전반적인 분석을 진행하라. 단, 일회성 구축 비용 외에 디지털화 시스템을 지원하고 유지하는 데 들어가는 비용도 함께 고려해야 한다. 각 요인들을 독립적으로 평가하며, 시스템 공급업체들의 장밋빛 예측에만 의존하지는 말라. 프로세스 자동화로 예상되는 하방 리스크를 고려하고, 직감에 따른 리스크에도 충분히 관심을 기울일 필요가 있다. 가능성이 높고, 예상되는 수익이 비용보다 높으며, 조직적 변화에 따라 핵심 비즈니스 운영상 디지털화가 필요한 영역에 대해서만 디지털화를 진행해야 한다.

2단계: 프로세스와 규칙 단순화

디지털화 시행과 비즈니스 프로세스 최적화를 나란히 진행하라. 프로세스 자동화 전에, 자동화가 정말로 필요한지 자문하고 그렇지 않을 경우 프로젝트 진행을 멈춰라. 자동화가 필요할 경우, 불필요한 단계를 모두 제거하라. 계산과 의사결정에 필요한 프로세스와 규칙을 필수적인 부분만 남기고 정리한 후, 포맷을 표준화할 수 있는 영역에서 변형된 포맷을 모두 제거하라. 경우에 따라서는 프로세스가 필요하다고 판단할 수도 있지만, 고객이나 전략 파트너가 스스로 하는 것이 더 나을 수도 있다.

3단계: 디지털화 프로젝트의 청사진 수립

청사진을 그리는 것은 디지털화 프로젝트의 성공을 위해 핵심적인 단계로서 신제품 출시 속도, 프로젝트 결과물의 반영과 지속성으로 측정할 수 있다. 고층 빌딩을 건설할 경우, 청사진에는 사용하는 원재료부터 비상 대피로에 이르기까지 모든 정보가 포함되어야 한다. 디지털화 프로젝트의 청사진도 마찬가지다. 기술 솔루션, 구매, 개발 방법론 및 직원들이 어떻게 디지털화를 활용할 것인지를 포함하여 프로젝트 실행 전에 답해야 할 기초적인 질문에 고심해야 한다.

● 기술 솔루션. 어떤 종류의 기술 솔루션이 기업의 니즈와 목표에 가장 적합할지 결정해야 한다. 어떤 회사는 포괄적인 ERP 시스템을 선택하기도 하고, 다른 회사는 자동화 대상 프로세스마다 개별적으로 최상의 소프트웨어를 선택하기도 한다. 자동화된 시스템이 적은 대기업이 기업 전반에 걸친 다수의 프로세스를 대상으로 프로젝트를 진행할 경우, ERP를 선택하는 것은 좋은 전략일 수 있다. 소규모의 기업 또는 기술적으로 발전해 있는 조직에서 보다 선별적인 개선을 노릴 경우에는 최적 솔루션이 나을 수 있다. 옵션을 고민하는 과정에서 기업의 솔루션 디자인 자체를 근본적으로 뒤흔들 수 있는 최신 기술에 유념하라. 모든 새로운 개념을 수용할 필요는 없지만, 경쟁사가 활용할 것이 분명한 주요 기술적 발전을 놓쳐서는 안 된다. 대부분의 시스템은 향후 기술적 발전에 대응할

수 있도록 유연하게 설계되어 있다. 청사진 단계의 핵심은 비즈니스 프로세스, 사용자, 기술 솔루션, 지원 조직을 모두 다루어 청사진을 설계하는 것이다.

- 구매. 기술 구매 결정 과정에서 대부분의 기업은 상용 소프트웨어(COTS: Commercially available off-the-shelf)와 기업의 니즈에 따라 설계된 맞춤 시스템 사이에서 고민하게 된다. 각각의 옵션은 장점과 단점 모두를 가지고 있다. 맞춤 시스템은 기업에 보다 적합하지만 비용이 많이 들어 잠재적 ROI가 감소한다. COTS 소프트웨어는 상대적으로 가격이 저렴하지만 낮은 초기 비용 이후 기업이 필요로 하는 역량을 더하는 과정에서 추가적인 비용이 들 수 있다.

- 개발 방법론. 기업은 "신속한" 접근법 및 해당 방법론이 변형된 형태의 접근법과 전통적인 "폭포수" 접근법 및 기타 접근법 사이에서 결정을 내려야 한다. 신속 방법론은 디지털 유저 인터페이스의 개발 등 사용자의 입력이 다량 필요한 프로젝트에 적합하다. 필요조건을 고려하고 디자인, 개발, 테스트에 이르기까지 단계적으로 진행하는 폭포수 접근법은 사용자가 "직접 만지고 느끼기"에는 어려운 대규모 논리를 다루는 복잡한 프로그래밍에 적합하다.

- 사용자 참여. 초기 단계부터 직원들의 손에 디지털 기술을 쥐어줌으로써 기업은 비용을 절감하고 지원 기능을 개선할 수 있지만, 직원들이 알맞은 역량을 지니지 못할 경우 이는 기술 도입 속도를 늦추는 요인이 된다. 직원들의 기술 수준을 평가하고, 누가 신규 기술 사용법을 가르칠 수 있는지, 누가 동료나 트레이너의 도움을 필요로 하는지 확인하라.

4단계: 초기 단계의 가치 전달

디지털화 프로젝트를 계획하는 데 많은 노력을 들인다 하더라도, 실제로 프로젝트가 실행되기 전까지는 아무 일도 일어나지 않으며 모든 프로젝트는 장애물을 맞닥뜨리게 된다. 프로젝트를 실행하는 과정에서 팀의 규모와 관계자 수가 3배로 늘어나고, 프로젝트 역시 그만큼 복잡해지는 경우를 종종 목격하게 된다. 프로젝트의 목표가 크고, 모든 것을 한번에 해치우고 프로젝트를 완료하고 싶은 유혹이 클수록 최대한 빨리 결과를 내는 것이 중요하다. 대규모 프로젝트를 소규모의 단계로 나누되 빠른 결과가 나타나는 개선 사항에 우선 집중하도록 하라. 이처럼 "신속한 성공"에 집중하는 것은 프로젝트 자금 조달에도 도움이 되며 프로젝트의 복잡성을 관리하고 자동화 및 디지털화의 가치를 입증하는 데 도움이 된다.

모든 프로세스가 자동화되기 전에는 실행을 미루고 싶은 마음을 버려라. 이러한 "빅뱅" 접근법에는 커다란 리스크가 있으며, 직원들에게 전혀 감흥을 주지 못하게 된다. 다수의 반복 절차를 지속하며 지원을 공고히 하고, 프로젝트의 핵심 목적을 달성하는 초기 버전으로 시작하여 그 외 부분을 점진적으로 추가하라. 시행 첫날부터, 지속적으로 디지털화를 조정하고 신규 기능을 추가할 자원을 확보할 계획을 세워야 한다. "체크인" 시스템을 도입해 프로젝트가 급변하는 비즈니스 니즈와 발맞추고, 사용자 기대를 충족하며 그 효과가 장기적으로 지속되도록 한다.

5단계: 리스크 관리

모든 다른 기술과 마찬가지로, 디지털 솔루션 역시도 효과를 낮추는 다양한 리스크가 존재한다. 도입 리스크 역시 그중 하나로서, 실제로 조직 내외의 사용자가 기술을 받아들이지 않아 비용 절감 효과가 나지 않을 가능성을 의미한다. 외부 판매자나 내부 기술 조직이 인프라와 소프트웨어를 지원, 유지 및 업그레이드하지 않을 가능성 역시 리스크 중 하나로 꼽을 수 있다. 이러한 일이 발생할 경우 가치는 지속적으로 저하된다. 프로젝트 팀이 수행하기에는 프로젝트가 너무 방대한 경우도 있으며, 이 경우 프로젝트는 완전히 실패한다. 기술 자체가 기대에 부응하지 못하기도 한다. 기술 담당자들은 이러한 리스크와 디지털화를 통해 기대되는 효과를 모니터링하고 측정해야 하며, 가치가 저하되는 상황이 발견될 경우 참견할 권한도 주어야 한다. 재무적 리스크 역시 모니터링하며, 주기적으로 기업의 경영 상태를 재검토하여 기술 실행 비용이 예상 비용 절감액보다 크지는 않은지 확인해야 한다. 마지막으로, 강력한 보안 체계를 통해 데이터를 보호해야 한다. 최근 디지털 해킹을 당한 주요 기업들은 한 번의 사고로 프로젝트의 전체 이득보다도 더 큰 비용을 감당해야 했다.

> ### 사례 연구: 재무 서비스 기업의 디지털화
> 한 글로벌 재무 서비스 기업은 디지털화를 통해 10억 달러 규모의 지속성장을 위한 체질 개선 혁신을 이뤄냈다.
>
> 기업이 야심 찬 원가절감 목표를 발표한 시점에 회사는 백오피스 부문의 다양한 역할에 약 1만 명의 직원을 고용하고 있었다. 직원들은 거래를 기록하고, 계정을 조정하고, 현금 이체를 승인하고 자산 가치를 재검토하는 등, 매일같이 발생하는 수백여 종류의 다양한 거래 처리를 담당했다. 커다란 인력 규모를 통해 알 수 있듯이 프로세스 중

많은 부분은 수작업으로 처리되었으며 직원들은 수기로 데이터를 입력하고 서면 거래 기록을 정리했다.

오래된 기술 베이스는 확장하기 어려운 맞춤 IT 인프라에 기반을 두고 있었으며, 따라서 인건비가 상승했다. 기업은 일반적인 디지털 역량을 도입하지 않았으며(스마트 주문 전송 및 실시간 고객 상호작용 등) 이를 통한 시스템 간소화, 비용 절감, 리스크 감소 효과 등도 얻지 못했다.

이러한 결점을 극복하고 원가절감 목표를 달성하기 위해 기업은 완전히 디지털화된 데이터 중심 비즈니스 모델로의 변화를 결정했다. 클라우드 기반의 새로운 기술 인프라 도입으로 핵심 활동에서 탄력성, 안정성, 확장성을 얻을 수 있었다. 소규모로 거래되는 증권의 가격 결정과 같은 핵심 프로세스를 디지털화함에 따라 거래 비용이 줄어들었고, 새로운 디지털 고객 인터페이스를 통해 거래 라이프 사이클 전반에서 접근성, 투명성, 통제력을 제공할 수 있게 되어 고객 서비스 수준도 상승했다.

기업은 전체 업무량의 70%에 달하는 수백 개의 프로세스를 자동화했다. 그 결과, 운영 비용과 리스크가 감소함과 동시에 운영 레버리지와 품질은 개선되었다. IT 시스템의 안정성은 강화되었으며 이용률이 거의 100%에 달했다. 또한, 새로운 기술 도입으로 시장의 변화와 고객 니즈 변화에 보다 신속하고 빠르게 대응할 수 있게 되었다.

오늘날 이 기업은 10억 달러라는 원가절감 목표를 넘기 위해 노력하고 있다.

디지털화 우수 사례

결과에 집중하라. 기업의 목표는 단순한 수작업 자동화가 아니라 효율성과 원가절감 폭을 확대하고 새로운 역량을 확보하는 것이다. 디지털화를 통해 그러한 경영 목적을 달성하기 위해 사업 팀이 프로젝트 기획 및 실행 단계에 참여하도록 하라.

디지털화 사고방식을 혁신에 가져오라. 원가 혁신 과정의 초기 단계에 기술을 활용하고, 기술을 염두에 둔 채 프로세스를 최적화할 기회를 찾으라.

디지털화 핵심 그룹을 만들라. 기술과 경영 요구 사항을 모두 이해하는 "드림 팀"을 만들어 변화를 주도하게 하라. 드림 팀은 전반적인 솔루션 체계를 담당하며, 실행 팀에게 필요한 전략적 솔루션에 대한 의사결정 권한을 가진다. 드림 팀은 실무 팀과 협력하여 전반적 디지털화 청사진을 그리고 어려운 결정을 내려 디지털화 프로젝트가 기대한 효과를 내도록 한다.

데이터를 관리하라. 디지털 시스템은 데이터가 있어야 빛을 발한다. 데이터를 정리 및 통제하고 안전하게 보관하는 절차를 디지털화 프로젝트의 일부로 포함하라.

비전을 명료히 하고 시간을 들여라. 디지털화 의사결정을 내릴 경우, 기술의 발달에 대한 전략적·장기적인 시각과 기업 내 기술의 역할을 고려해야 한다. 기술을 단계적으로 도입하여 비즈니스 및 사용자의 수준을 앞서지 않도록 하라. 예를 들어, 보고서를 작성하는 수준에도 익숙해지지 않은 기업이 AI 분석으로 바로 건너뛰어서는 안 된다. 경주가 아닌 일종의 여행으로 생각하라.

사고와 결과 모두를 담당하라. 기업의 프로젝트 과정을 설정하고 직원의 역량이 기술 비전과 실행에 적합한지 확인하라. 만약 시스템 전문가에게 전략적 사고를 아웃소싱할 경우, 예측된 비용을 초과하고 비용 절감 목표를 달성하지 못할 것이다.

디지털 프로젝트에 우선순위를 두고 그에 전념하라. 모든 잠재적 디지털화 프로젝트를 진행할 자원과 인력을 지닌 기업은 거의 없다. 따라서, 지속성장 체질 개선 프로그램에 필수적인 프로젝트에 명확한 우선순위를 두고 적절한 인력과 자원을 활용하여 실행에 옮겨라.

단호하게 실행하라. 자동화를 진행할지 말지 결정하라. 그리고 결정에 따라 행동하라.

피해야 할 함정

과도한 욕심. 과도하게 야심적인 프로그램은 통제할 수 없게 되는 경우가 많으며, 이 경우 비용이 증가하고 디지털화의 효과가 감소한다.

역량에 대한 초점을 잃기. 프로그램이 기술적 기능성을 지나치게 강조할 경우, 비즈니스의 목적을 달성하기 위해 필요한 핵심적인 역량을 간과할 수 있다.

기존 프로세스를 악화시키는 변화. 프로세스를 최적화하지 않고 비효율적인 상태로 자동화를 진행할 경우 기업은 가치를 낭비하게 된다.

필요한 인력을 전력으로 동원하지 않기. 디지털화에는 최고의 비즈니스, 기술, 혁신, 기술 인력이 필요하다. 성공적인 디지털화 프로젝트에는 모든 영역의 참여가 필요하다.

미래를 계획하지 않기. 모든 디지털화 프로그램은 시스템 유지보수, 업그레이드, M&A와 같은 주요 조직적 변화를 포함하여 향후에 지속적으로 발생할 문제에 대한 계획을 수반해야 한다.

너무 이른 결과를 기대하기. 대규모 디지털화 프로그램의 이익을 충분히 거두기 위해서는 연 단위의 기다림이 필요하다. 혁신 담당자가 너무 이른 시점에 프로젝트의 성과를 약속한다면 ROI 계산과 내부적 지원의 문제를 겪게 될 것이다.

PART 3

변화 기조의 유지

FIT
for
GROWTH

14 /
원가 혁신 시행
자원을 동원하고, 혁신 규모를 결정하고, 변화를 유지하기

지금까지 지속성장을 위한 체질 개선 혁신의 기반이 되는 전략을 살펴보고(PART 1), 기업이 활용할 수 있는 원가 레버에 대해 알아보았다(PART 2). 이제는 성장을 위한 최적의 모습을 갖춘 기업으로 변화하기 위해 필요한 프로세스에 대해 논의할 것이다.

기업은 성과 목표와 전략적 우선순위에 대응하여 영원히 스스로를 변화시켜야 한다. 일반적으로 변화는 사업 계획을 수립한 후 전사 관리자를 통해 이행되는바, 이러한 과정을 통해 개별 부문이나 사업부와 관련한 사업 목표를 달성할 수 있다. 변화는 안정적인 속도로 진행되며, 연간 계획이나 예산안 구성 프로세스 내에 포함되어 일상적인 비즈니스의 일부가 된다.

그러나 대규모 혁신이 필요할 경우, 그리고 기업이 비용 구조 혁신이나 조직 재구성과 같은 기업 전반적으로 극적인 변화를 촉진하는 혁신에 직면한 경우에는, 평상시와 같은 일상적 비즈니스 접근법으로는 충분하지 못하다. 이러한 종류의 혁신에는 5개에서 10개에 이르는 대규모 프로젝트가 동시에

| 그림 14.1 | 혁신에 대한 프로그램 방식 접근법과 전통적 접근법 비교

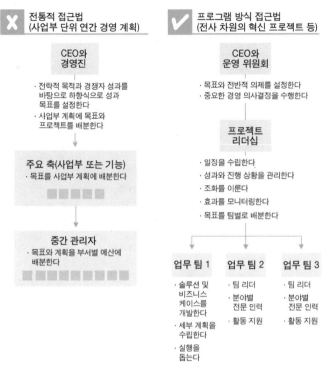

자료 : PwC Strategy&

진행되고, 개별 프로젝트는 사업부와 기능의 경계를 넘나들며 전사에 영향을 미친다. 목표를 달성하기 위해서는 세심한 계획과 실행이 필요하며, 전체 기간은 12~24개월 정도 걸린다. 혁신 과정의 복잡성을 고려할 때, 평상시와 같이 사업부 단위로는 실행하기가 어렵다. 이처럼 무언가 다른 것이 필요한 시점에서, 기업에게는 프로그램 방식 접근법이 필요하다(그림 14.1).

　지속성장을 위한 체질 개선 혁신에 필요한 프로그램 기반 변화는 4가지 요소로 이뤄져 있다:

1. 3개의 구분된 단계로 혁신이 이뤄지며, 세 단계 모두가 고유의 목표를 지닌다.

2. CEO 및 CEO 직속 팀이 혁신을 담당하고 지휘한다.

3. 일상적 조직과 구분되어 혁신 프로젝트에만 전념하는 혁신 팀이 상세

| 그림 14.2 | 혁신의 세 단계

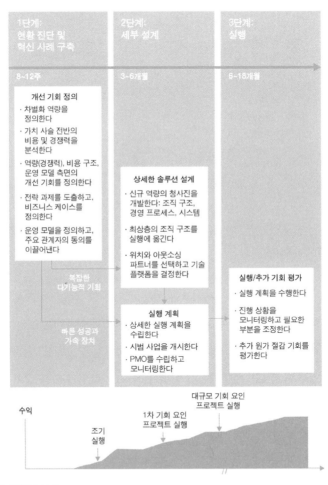

자료: PwC Strategy&

한 설계를 관리하며, 실무진이 실행을 담당한다.

4. 전권을 위임받은 프로젝트 관리 팀(PMO)이 체계적인 업무 프로세스를 설계하고 관리한다.

지속성장을 위한 체질 개선 접근법에 따른 혁신은 현상을 진단하고 혁신 방안을 수립하는 것으로 시작된다(1단계). 그 후, 혁신 프로세스를 상세하게 설계하고(2단계) 실행에 옮긴다(3단계, 그림 14.2). 각 단계의 목적과 목표는

| 표 14.1 | 혁신 프로젝트 요소 요약

프로젝트 요소	1단계: 진단 및 혁신 방안	2단계: 세부 설계	3단계: 실행
단계별 목적	• 미래의 비전과 성공 사례를 구축한다 • 진행할 프로젝트의 우선순위를 정한다	• 세부 계획을 수립하여 미래의 조직을 설계하고, 원가를 절감하고, 차별화 역량을 강화한다	• 계획을 실행하고 목표를 달성한다
프로젝트 팀 구성	• 소규모의 고위 직급 팀—파트타임 경영진과 3~4명의 분석 담당	• 프로젝트 팀을 확장하여, 여러 워크스트림으로부터 역량 있는 직원을 차출하여 프로젝트에 전념하도록 한다	• 소규모 PMO 팀이 실행 과정을 조정하고 모니터링하며, 실무진은 일상 업무의 일부로 혁신 프로젝트를 실행한다
관리 주체	• CEO와 2~5명의 경영진	• CEO와 직속 하급자	• 실무 관리자
운영 위원회의 역할	• 높은 목표를 제시한다 • 미래의 상태에 대한 비전을 제시한다 • 경영 사례를 제시한다	• 비전과 프로젝트가 일관성 있게 설계되었는지 확인한다 • 종속성과 이슈를 해결한다 • 바람직한 행동의 롤모델로서 행동하기 시작한다	• 모멘텀을 유지한다 • 계획이 실행되고 목표가 달성되었는지 확인한다 • 주요 이슈를 해결한다
운영 위원회 회의 주기	• 2~3주에 한 번 • 3~6시간	• 3~4주에 한 번 • 4~8시간	• 4~6주에 한 번 • 2~4시간
업무 팀의 규모	• 풀타임 팀장 1명 • 팀원 3~4명	• 프로젝트별로 풀타임 • 프로젝트 팀장 1명과 3~8명의 팀원(30~80명)	• 풀타임 팀장 1명 • 팀원 3~4명
프로젝트 관리 오피스의 역할	• 기준과 범위를 제한한다 • 프로젝트 프로세스를 수립한다	• 워크스트림으로 하여금 목표를 달성하도록 한다 • 종속성, 이슈, 리스크를 표면화하고 관리한다 • 기회 요인들을 솔루션으로 통합한다 • 프로젝트가 올바른 궤도에 있는지 확인한다	• 모든 핵심 지표를 모니터링한다(혁신 프로젝트, 효과, 비용, 리스크, 직원 만족도, 고객 만족도) • 팀이 기업의 비전과 2단계 설계에 따라 움직이고 있음을 확인한다 • 오너십을 실무진에게로 이전한다

자료: PwC Strategy&

모두 다르며, 수행하는 업무, 혁신의 관리 방식, 혁신 팀 구성, 업무 프로세스 역시 모두 다르다(표 14.1). 이제 각 단계를 보다 자세하게 살펴보자.

1단계: 현황 진단 및 혁신 방안 수립

1단계의 목표는 혁신 프로그램의 방향을 정하고, 실행에 옮길 기회 요인들의 우선순위를 정하고, 혁신 사례를 구축하는 것이다. 물론 1단계의 핵심은 원가절감이지만, 차별화 역량에 대한 투자도 그만큼 중요하다. 지속성장을 위한 체질 개선 혁신은 항상 기업의 역량 시스템 강화를 목표로 하기에 CEO와 임원들은 기업의 차별화 역량을 관리하고 차별화 역량에 대한 투자를 얼마나 할 것인지를 고민하느라 어마어마하게 많은 시간을 보낸다. 마지막으로 혁신 사례를 구축하고, 변화가 필요한 이유, 미래의 비전, 혁신의 효과 등을 세분화하고, 혁신 로드맵의 윤곽을 그린다.

어떻게 관리되는가

다른 혁신 단계와 마찬가지로, 혁신 프로그램을 담당하고 지휘하는 운영 위원회가 1단계를 진행한다. 대부분의 경우 운영 위원회는 CEO가 선임한다. CEO는 혁신 과정에서 눈에 띄게 활동하지는 않으며, 가끔은 CFO나 COO와 같은 다른 임원에게 책임을 위임하기도 한다. CEO가 이처럼 간섭하지 않는 태도를 보이는 이유는, 다른 임원에게 성장 기회를 제공하고, 운영 위원회가 (명령받는 것이 아니라) 직접 솔루션을 찾도록 하기 위함이며, 혹은 단순히 다른 업무가 너무 많기 때문이기도 하다. 그러나 우리의 경험에 의하면 그러한 접근법은 좀처럼 효과적이지 못하며 대부분 실패로 돌아간다. CEO가 의도했는지의 여부와 관계없이, CEO의 그러한 태도는 전사에게 혁신 프로그램이 CEO의 관심을 충분히 쏟을 만큼 중요하지는 않다는 시그널을 주게 된다. CEO만이 기업의 미래에 대한 결정을 내리고 그 구조를 뜯어고칠 수 있다. 아랫사람에게 위임할 경우, 위임받은 사람과 비슷한 직급의 사람들의 동의를 이끌어내야 하므로, 유의미한 토론 의제를 제시하거나 적절한 해결 방안을 도출하는 데 제약이 있을 수밖에 없다.

이 단계에서 운영 위원회에는 사업부 및 CFO와 같은 지원 부문 리더와 사업부 리더 등 다수의 임원이 포함된다. 운영 위원회가 8명 이상으로 구성될 경우 기업 전반을 포괄하고 조직적 참여를 독려할 수는 있겠지만, 너무 인원이 많아 효과적으로 문제점에 대해 논의하고 결정을 내리기는 어려울 수도 있다.

혁신 팀

운영 위원회 외에, 리더들은 작지만 필수적인 혁신 팀을 선별해 기회를 정의하고, 프로젝트의 효과 및 비용을 계산하고, 실행 로드맵을 작성하게 한다. 혁신 팀은 CEO보다 두세 직급이 낮은 정규직 프로젝트 리더가 지휘한다. 프로젝트 리더는 일상 업무를 관리하고, 운영 위원회에 기업의 실정과 권고 사항을 보고하며 변화 노력을 독려한다.

프로젝트 리더 선정은 CEO와 운영 위원회가 프로젝트와 관련하여 내려야 할 수많은 결정 중 가장 중요하다. 프로젝트 리더의 인선은 경영진이 혁신 프로젝트를 어떻게 생각하는지, 그리고 얼마나 프로젝트를 중요하게 생각하는지를 적나라하게 드러낸다. 중요한 위치에서 좋은 실적을 낸 고위 관리자를 임명한다면 사람들은 CEO가 혁신 프로젝트를 진지하게 생각하고 있다고 여기게 될 것이다. 반면, 퇴임을 앞둔 "한때 잘나갔던" 인물이나 쭉 중간 관리자 수준에서 그저 그런 수준의 성과를 내왔던 관리자를 임명할 경우 이는 프로젝트에 대한 지원이 크지 않으며, 곧 프로젝트가 사라질 수 있다는 시그널을 주는 셈이다.

이상적인 프로젝트 리더는 조직 내에서 존경을 받으며 훌륭한 성과를 기록해온 사람이다. 맡은 업무를 성공적으로 수행하고, 타 임원들에게 신뢰받으며, 오픈 마인드를 가지고 있을 뿐 아니라 기존 조직 체계에 영향을 받지 않은 채 조직적인 시각으로 프로젝트를 바라보는 사람이며, 또한 전략적 관점을 지니면서도 세부 사항에 관심을 기울이고, 대인 관계와 의사소통 기술이 좋은 사람이 좋다. 특히 의사소통 기술은 혁신 과정 내내 빈번하게 활용된다. 프로젝트 리더는 1단계 중에 PMO를 구성하고 프로젝트의 기준과 범위를 확정하며, 프로세스를 확립한다.

프로젝트 리더 외에 소수의 정규직 직원들로 구성된 소규모 사업 팀이 팩트 수집, 분석, 대안 개발 등을 진행한다. 사업 팀 인원은 많은 경우 일선 관리자나 선임 연구원으로 구성된다. 이들은 특정 사업부나 부문에서 선발되며, 출신 조직을 대표하기보다는 사업 팀에서 역량과 특성을 발휘하는 것이 더욱 중요하다. 사업 팀 구성원의 요건은 전략적 사고, 오픈 마인드, 분석적 사고 등이며, 실적에 대한 평판이 좋고 전사적 시점에서 바라볼 줄 아는 사람이어야 한다.

마지막으로, 재무 및 인사 부문의 전문가와의 연계를 통한 도움이 필요하다. 데이터 수집이나 비즈니스 케이스 검토 또는 퇴직 정책 등에 사용할 추정치와 같은 질문에 대한 도움을 얻을 수 있다.

업무 프로세스

프로젝트 리더와 사업 팀은 운영 위원회와 긴밀히 협력한다. 먼저 기업의 성과를 수집하고, 프로세스 담당자들과의 인터뷰를 통해 역량을 평가하고, 벤치마킹을 통해 우수 기업과의 격차를 이해하는 등 방법을 통해 기업의 성과 기준을 설정한다. 그 과정에서 일반적으로 20~30명의 고위 임원들과의 인터뷰를 진행하며 기업의 성과에 대한 관점과 개선 기회가 어디에 있는지 찾는다. 그 후, 추가적으로 선별적 분석을 시행하여 벤치마킹을 통해 찾아낸 개선 기회를 검토하고 필요한 변화에 대한 시각을 확보하고 미래의 비전을 수립한다.

8~12주간 1단계가 진행되는 동안, 운영 위원회는 여러 번 회의를 가진다. 모든 회의는 충분한 시간 동안 진행하여(3~6시간) 사실 관계를 검토하고 프로젝트 리더가 추천하는 사항에 대해 논의할 수 있도록 한다. 사업 팀은 객관적인 사실과 충분한 분석을 바탕으로 운영 위원회에 선택 사항을 제시하며 회의와 업무 세션을 통해 미래의 비전, 개선 목표, 우선순위에 따른 기회에 대한 판단을 내린다. 분석 결과는 종종 명료하게 나타나기도 하지만, 대부분의 경우 운영 위원회에게는 향후 진행될 변화를 충분히 이해하고 숙고할 시간이 필요하다. 소규모의 그룹 내 논의를 통해 사실과 추천 사항을 깊이 이해하고, 시나리오 및 그로 인한 거시적인 영향을 평가하고, 의사결정의 중요성에 대해 충분히 고려하고, 그 모든 것에 대해 익숙해지는 데는 시간이 필요하다.

2단계: 세부 설계

2단계에서는 1단계에서 설정한 방향성을 바탕으로 향후의 프로세스, 조직과 시스템을 상세하게 설계하고 현재 상태에서 목표하는 상태까지 가기 위한 세부적인 계획을 세운다. 이제 미래의 청사진을 그림으로써 1단계에서 대략적으로 그려진 비용 절감 및 투자 기회(많은 경우, 하향식 분석 및 벤치마크를 기반으로 설정)에 대한 상향식 검증 절차를 거쳐야 한다.

미래 상태의 설계와 병행하여, 일정한 "우선 과제"를 실행해야 한다. 이는 간단한 기획, 소규모 시스템 변경이나 프로세스 변경을 통해 달성할 수 있는 혁신을 의미하며, 각종 지출 감축이나 공급업체의 양보를 얻어내는 등 방법을 통해 달성할 수 있다.

어떻게 관리할 것인가

1단계에서 2단계로 넘어가는 과정에서 프로젝트 관리를 위해 3가지 방법을 활용할 수 있다. 먼저, 운영 위원회의 구성원을 확대할 수 있다. 특히 1단계의 운영 위원회의 인원이 3~4명에 한정되었을 때 도움이 된다. 2단계에서 모든 주요 라인과 지원 부문의 리더를 포함하여 운영 위원회를 6명 이상으로 확대할 수 있다. 1단계에서와 같이, 다수의 구성원으로 위원회를 구성하여 참여를 이끌어내는 것과 소수의 고위 임원 간 효과적인 의사소통을 유지하는 것 사이에는 트레이드오프가 존재한다. 이 단계에서 운영 위원회의 역할은 조언을 제공하고 감독하는 것이다. 프로젝트가 1단계에서 설정한 비전 및 목표와 일치하는 방향으로 나아가고 있는지 감독하고, 발생한 문제를 해결한다.

둘째, 2단계에서는 프로젝트의 범위와 복잡성이 증가하므로, CEO와 운영 위원회를 대신하여 프로젝트를 지원하고, 프로젝트가 올바른 궤도에 있음을 감독하고, 문제를 해결하고, 방해물을 제거할 경영진 레벨의 프로젝트 담당 임원을 지명한다. 프로젝트 담당 임원은 프로젝트를 위해 일주일에 하루 정도를 사용하며, 운영 위원회의 다른 임원들보다 프로젝트에 더욱 가까이 관여한다.

셋째, 재무, 인사, 생산 등 부문의 최고 경영자들이 프로젝트 2단계에서

| 그림 14.3 | 2단계 혁신 팀과 관리 체계

예시: 프로젝트 실행 구도

자료: PwC Strategy&

진행하는 워크스트림 중 하나 이상에 대한 워크스트림 담당 임원이 된다. 개별 담당 임원은 하나 이상의 워크스트림을 담당하고, 개별 워크스트림의 성공에 대한 최종적인 책임을 진다. 가끔은 건설적인 긴장을 유지하고 핵심 이해관계자 간 협력을 증진하기 위하여 하나의 워크스트림에 2명의 담당 임원을 배정하기도 한다. 담당 임원은 워크스트림의 비전과 방향을 설정하고, 워크스트림을 이행할 팀장 및 팀원을 임명하고, 프로젝트 팀과의 정기적인 회의를 통해 고급 분석과 추천 사항을 확인한다. 워크스트림 담당 임원은 비협조적인 고위 관리직과의 민감한 의사소통이나 다른 임원의 영역과 복잡하게 얽힌 영역 등 골치 아픈 문제를 해결한다. 워크스트림 담당 임원들은 담당 워크스트림이 제시한 추천 사항을 운영 위원회에 제시할 때 이를 대변할 수 있어야 한다(그림 14.3).

혁신 팀

2단계에서, 혁신 팀은 2가지 방식으로 진화한다. 실무 수행 팀은 전담 수행 인력들로 구성된 더 큰 규모의 워크스트림으로 진화하며, PMO는 멤버가 충원되어 프로젝트 전반을 이끌고, 조정/모니터링을 진행한다.

이전 단계에서 우선순위가 정해진 기회 요인들을 보다 세부적으로 설계하기 위하여 워크스트림을 런칭한다. 개별 워크스트림은 1단계를 진행한 선임들과 유사한 역량 및 특징을 지닌 팀장과 팀원으로 구성된다. 팀원들은 역량 있고 분석적이며 탐구적인 태도와 오픈 마인드를 지닌 사람들로 구성한다. 팀은 특정 프로세스, 부문, 사업에 대한 다양한 전문성을 지닌 사람들과 다방면의 지식을 지닌 사람들을 모두 포함해야 한다. 팀장은 해당 분야의 전문가이자 노련하고 주위의 신뢰와 존경을 받으며 역량 있는 사람으로서, 우수한 대인 관계 및 관리 역량을 지닌 사람으로 한다. 팀장은 부문 또는 사업부 리더에게 직접 보고한다.

PMO는 부문의 변동, 종속성, 리스크가 증가하는 가운데 복잡한 프로젝트를 관리한다. 프로젝트의 중심 허브로서 프로젝트를 이끌고, 조정하고, 모니터링하는 3가지 역할을 맡고 있다.

1단계에서 설정한 프로젝트 목표를 향해 모든 워크스트림을 끌고 나가는 것은 PMO의 첫 번째 역할이다. 이 단계에서 PMO는 1단계에서 프로젝트 리더가 했던 것처럼, 워크스트림 리더, 워크스트림 담당 임원과 적극적으로 개별 워크스트림의 기대치에 대해 의사소통한다. PMO 또한 워크스트림이 2단계를 진행하는 동안 채울 일련의 템플릿을 제공하고 업무를 감독하여 기본 수준 이상의 결과물을 내도록 한다. 일반적으로 템플릿에는 기준 설정(재무, 인원수, 조직도), 비용 절감(절감 요인, 원가절감, 인력 감축), 이슈 모니터링, 종속성 확인, 리스크 확인, 계획 실행 등이 포함된다. 만약 워크스트림의 방향이 엇나가거나 속도가 뒤처질 경우, PMO는 직접적으로 개입하거나 담당 임원 및 운영 위원회를 통해 개입한다.

PMO의 두 번째 역할은 (프로젝트 담당 임원, 워크스트림 담당 임원, 운영 위원회를 통해) 능동적으로 고위 관계자의 지원을 요청하고 개별 워크스트림을 통해 독립적으로 개발된 솔루션들을 통합하여 프로젝트를 정리하는 것이다.

마지막으로, PMO는 프로젝트를 모니터링한다. 재무 및 인력 기준, 중요 시점별 진행 상황, 표면으로 드러난 이슈와 리스크 해결 등이 이에 포함된다.

프로젝트 대상 범위에 대한 책임을 다하기 위하여, PMO는 소수의 팀원을 모아 프로젝트 관리 및 모니터링, 재무적 기준선 설정, 비용 절감액 모니터링, 워크스트림 조정 등에 집중하도록 한다. PMO는 혁신 프로젝트의 소규모 전담 팀을 관리하는 것 외에 조직 구성원의 동참 유도(chapter 15에서 논의), 변화관리 및 기업 문화 혁신 계획(chapter 16에서 논의)에도 관여한다. 이러한 활동을 관리하기 위하여 PMO는 개별 워크스트림이 참여하게 하고, 사실 기반의 진행 경과 모니터링을 수행한다.

작업 프로세스

2단계에서 해야 할 3가지 중요한 상호작용은 운영 위원회와 워크스트림, PMO와 워크스트림, 워크스트림 간의 상호작용이며, 각각은 작업 프로세스와 관련되어 있다.

먼저, 운영 위원회와 워크스트림은 정기적 회의를 통해 만난다. 회의 내용은 2단계를 거치는 과정에서 점점 발전하게 된다. 초기에는 워크스트림의 진전 상황을 운영 위원회에 보고하고 조언을 구하는 양상을 띠지만 후반부로 갈수록 의사결정 포럼으로 변모한다. 프로젝트 후반이 되면, 운영 위원회와 워크스트림 사이의 회의에서 향후 프로세스와 조직이 수립되고, 비용 절감 폭이 확정되고, 차별화 역량에 대한 재투자가 결정된다.

운영 위원회 회의는 한 달에 한 번쯤 진행하며 반나절이나 하루 정도가 걸린다. 이 회의에서는 "T-자형" 의제를 도입하는 것이 가장 효과적이다(그림 14.4). T의 상측에 위치한 수평 박스는 프로젝트와 개별 프로세스를 전반적으로 검토하고 프로젝트 전반에 걸쳐 우선순위를 결정하는 것을 의미한다. 수직 박스는 그 날의 회의에서 2~3개의 워크스트림을 보다 깊이 논의하는 것을 말한다. 논의 대상인 워크스트림에 대한 사실 및 분석 자료가 제시되며, 옵션에 대해 논의하고 의사결정이 내려진다. 이러한 워크스트림별 회의는 면밀

| 그림 14.4 | T-자형 회의 안건 샘플

"T-자" 운영 위원회 회의 구조

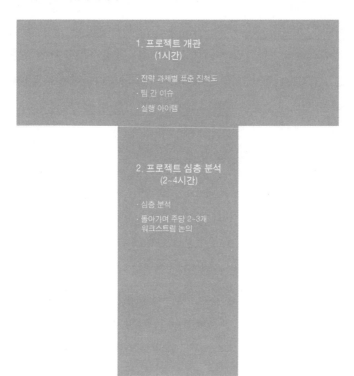

1. 프로젝트 개관
(1시간)

· 전략 과제별 표준 진척도
· 팀 간 이슈
· 실행 아이템

2. 프로젝트 심층 분석
(2~4시간)

· 심층 분석
· 돌아가며 주당 2~3개
워크스트림 논의

자료: PwC Strategy&

한 검토 및 논의가 이뤄질 수 있을 만큼 충분히 길어야 한다.

둘째, PMO와 워크스트림은 일주일에 한 번씩 "심층 분석" 또는 "더블 클릭" 회의를 1시간 정도 진행한다. 회의에는 PMO 리더, 워크스트림 팀장, 워크스트림 담당 임원, 워크스트림 및 PMO 팀원 1~2명이 참석한다. 이러한 회의를 통해 PMO는 프로젝트를 감독하고 모니터링한다. PMO는 워크스트림의 진행 상황을 검토하고, 업무 내용을 살피며, 다른 워크스트림과의 사이에서 발생한 문제를 표면화하고, 필요한 조언을 제공하고, 워크스트림이 옳은 방향으로 가고 있음을 확인한다.

　마지막으로 PMO는 주간 워크스트림 리더 회의를 통해 워크스트림 간 상호작용을 주재한다. PMO가 워크스트림 리더들을 모아 프로젝트의 진행 상황을 공동으로 논의하고, 프로젝트 전반의 정보를 공유하며 다음 몇 주간의 우선순위를 검토한다. PMO는 워크스트림 리더가 돌아가며 정보를 공유하도록 하여 개별 팀에 중요한 이슈를 제기하고 논의할 수 있도록 한다.

3단계: 실행

　혁신 프로젝트의 3단계에서, 초점은 실행으로 옮겨 간다. 혁신은 더 이상 소수만의 계획이 아니라 전사 직원이 공유하는 새로운 표준이 된다. 프로젝트의 성공 여부는 담당 임원이나 사업 팀의 손을 떠난다. 워크스트림 리더는 일선 관리자에게 프로젝트 계획을 꼼꼼하게 전달한다.

어떻게 관리하는가

　많은 조직은 2단계가 종료되면 프로젝트 구조와 프로세스를 해체하고픈 욕구를 느끼게 된다. 1단계와 2단계 모두를 거치는 동안 프로젝트에 깊이 관여해온 경영진은 당연히 피로를 느끼게 된다. 그러나 사실상 3단계가 시작하기까지는 실제로 실행에 옮겨진 것은 거의 없으며, 2단계의 기강은 3단계에서도 유지되어야 한다. 3단계는 혁신 팀과 실제로 계획을 실행하는 일선 관리자 사이에서 프로젝트 전달이 일어나는 단계로서, 그 과정에서 많은 것이 누락될 수 있으며 또한 어그러질 수 있는 중요한 단계다.

프로젝트 실행 후 처음 12개월 동안, 관리 체계는 2단계와 같되 약간의 수정이 필요하다. 운영 위원회 구성원은 역할을 유지하며 실행을 계속해서 감독하고, 프로젝트가 올바른 궤도를 벗어나지 않도록 하는 동시에 발생하는 이슈를 해결한다. 운영 위원회 수준에서 내려야 할 의사결정 사항이 거의 없어지므로 회의의 빈도와 시간을 축소할 수 있다.

3단계의 후반부에서는 운영 위원회를 해체할 수 있으며 프로젝트 모니터링은 정기적인 사업 성과 관리 프로세스에 포함된다.

혁신 팀

3단계에서 프로젝트 실행 계획의 승인이 완료되고 프로젝트가 사업부로 넘어가 실제로 실행됨에 따라 혁신 팀은 축소된다. 프로젝트 전달 기간 후, 혁신 팀과 사업 팀은 일상 업무로 돌아간다. (또는, 프로젝트 후 조직 내의 신규 직무에 배정될 수도 있다.) 혁신 팀은 질문이 발생할 경우 여전히 그에 대응하겠지만, 이제는 의사결정에 대한 권한을 넘겨받은 중간 관리자와 직원들이 혁신 진행에서 가장 큰 역할을 하게 된다.

2단계의 팀이 해체되면서 각 사업부(라인 및 지원 부문)에 실행 계획을 부여받은 새로운 팀이 구축된다(그림 14.5). 프로젝트 실행 계획이 일선 관리자에게 명확하게 배정되기 어려울 경우, 사업부 리더는 실행 관리자를 임명하여 각 영역에 실행 계획을 제정하여 이행하고, 필요할 경우 풀타임 또는 파트타임 팀원을 배정한다. 실행 관리자는 사업부 리더가 실행 계획을 조정하고 모니터링할 수 있도록 프로젝트 관리 역할을 수행한다.

| 그림 14.5 | 단계별 혁신 팀 변화

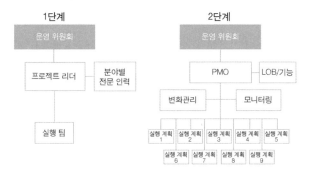

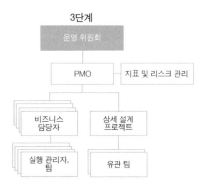

참조 : LOB=사업부
자료 : PwC Strategy&

그러나 소규모 혁신 팀이 그대로 남아 있거나, 새로 편성되어야 하는 경우도 있다. 새로운 실행 계획을 확인하거나, 또는 보다 낮은 우선순위의 실행 계획을 보다 상세하게 설계해야 할 때는 과거 2단계와 동일한 수준의 관심 및 자원이 필요하다(동일한 역량을 지닌 동수의 인원 등).

3단계에서, 특히 3단계의 첫 12개월 동안 PMO의 역할은 매우 중요하다. PMO는 핵심 성과 지표나 팀 스코어카드와 같은 툴을 활용하여 프로젝트 진행 현황에 따라 예상 절감액과 실행 스케줄을 모니터링하고, 결과를 실행할 것을 종용한다. 또한 중요한 시점과 상호 의존적 관계에 있는 다양한 계획의 순서를 조정한다. 개선을 확인하기까지는 시간이 걸린다(역량 및 원가 요소 양쪽에서). 필요할 경우, 운영 위원회를 소집하여 방향을 잃은 프로젝트가 궤도로 돌아오도록 돕는다.

업무 프로세스

3단계의 핵심 활동은 목표에 따른 프로젝트 실행과 진행 현황을 모니터링하는 것이다. 이를 위해 PMO는 사업부 리더와 협업하여 모니터링 프로세스를 확립하고 운영 위원회에 정기적으로 보고한다.

3단계의 모니터링에는 2가지 요소가 포함되어 있다:

1. 프로세스가 계획한 대로 시행되고 있는가?
2. 결과가 기대한 만큼 나오고 있는가?

PMO는 진행 상황을 이해하기 위하여 사업부 리더와 주기적으로 만나는 프로세스를 수립한다. 이 프로세스는 2단계의 워크스트림 심층 분석과 유사하다. 사업부 리더는 계획 대비 진행 상황을 보고하고 실행 중 맞닥뜨린 문제에 대해 논의한다. PMO는 또한 3단계 중 운영 위원회 회의를 계속해서 지휘하며, 구성원 모두가 진행 현황을 업데이트하고 발생한 문제를 임원 수준에서 해결하도록 한다.

3단계에서, PMO와 운영 위원회는 당초 계획한 바대로 실행되게 해야 하며, 혁신 프로젝트의 실행 계획 수정 없이 기(旣)수립된 구체적 비용 절감 방안을 관리자 임의하에 전반적 비용 절감 계획으로 대체하는 경우를 허용해서는 안 된다. 이런 점들이 면밀히 모니터링되지 않을 경우, 기대한 비용 절감액 자체는 달성될 수 있을지 몰라도, 의도하지 않은 잘못된 영역에서의 비용이 줄어들거나, 효율화 대상 업무가 존속하는 등 현상이 발생할 수 있으며, 궁극적으로는 조직의 체질 개선 및 변화 지속가능성이 위협받게 될 것이다.

원가 혁신 베스트 프랙티스

혁신을 실행하고 비전을 달성하기 위해 프로젝트 팀을 활용한다. 대부분의 혁신은 기업의 상황이 좋지 않거나, 더욱 악화될 위기에 처해 있을 때 시작된다. 비현실적인 달성 목표를 설정하거나 마법 같은 결과를 기대할 때가 아니다. 혁신을 위한 프로젝트 팀에 참여하는 사람들은 일시적으로 일상 업무에서 떨어져 있게 해야 한다.

사내 최고의 인재들로 혁신 팀을 구성하라. 혁신은 거대한 변화 과정이며, 기업의 성패가 혁신 프로젝트에 달려 있다. 기업의 미래에 보다 큰 기여를 할 수 있을 것으로 기대되는 가장 유능한 사람을 선임하라. 그 빈자리가 사업 운영에 지장을 주어, 다른 직원으로 빈자리를 메워야 한다고 해도 마찬가지다.

모든 워크스트림으로 하여금 목표를 달성하거나, 초과하도록 독려하라. 모든 워크스트림이 계획된 만큼의 비용 절감을 달성할 수는 없을 것이다. 1~2개 워크스트림에서 목표를 달성하지 못하더라도 전반적 목표를 달성하기 위해 가장 좋은 방법은 실제로 필요한 수준보다 더 많은 비용 절감을 독려하는 것이다.

지겹도록 많이 의사소통하라. 특히 혁신의 초기 단계에서, 사람들이 모든 상황을 이해하고 있으리라고 믿어서는 안 된다. 명확하고 빈번하게 의사소통함으로써 팀의 집중력을 높이고 열정을 북돋우라.

프로젝트보다 한발 앞서 나아가라. 단계별 모멘텀을 확인하고 혁신 팀에서 사업부로 업무가 넘어갈 경우의 변화를 용이하게 하기 위하여 몇 발 앞서 준비하라. 이 과정에서 PMO는 이슈와 다음 단계를 예상함으로써 결정적인 역할을 한다.

피해야 할 함정

임원들이 손을 떼서는 안 된다. 임원들은 프로젝트 팀에 방향을 제시한 후에는 더 이상 관심을 기울이고 싶어 하지 않는다. 권한을 위임하는 것은 임원들의 일반적인 업무 방식이기는 하다. 그러나 혁신 과정에서 임원들은 얼굴만 비추는 게 아니라 혁신에 참여해야 한다. 어려운 문제를 건드리고 팀이 목표를 초과 달성하도록 격려하는 것은 경영진의 역할이다.

훌륭한 아이디어를 공유함에 있어 고립화된 사고방식(Siloed thinking)이 개입되지 않도록 하라. 혁신은 자기 텃밭을 지키거나 고립된 사고를 하는 것으로는 이룰 수 없다. 변화에 대한 아이디어가 공유되고 그를 개선해가는 것이 허용되어야 한다.

PMO를 너무 일찍 해체하지 말라. 많은 임원들은 2단계(상세 설계)가 완료됨에 따라 혁신 프로젝트의 가장 중요한 부분이 종료된 것으로 생각한다. 그러나, 일선 관리자가 프로젝트 실행 과정에서 운전대를 잡는 동안, PMO는 혁신을 감독하는 중요한 역할을 계속해야 한다.

세부 계획을 간과하지 않도록 하라. 시간을 충분히 들여 라인 및 지원 부문의 책임을 문서화하고, 부문별 프로세스 상호작용과 운영 모델에 미치는 영향을 상세하게 설명하도록 하라. 그러지 않으면, 실행을 담당하는 일선 관리자가 프로젝트가 의도하는 변화를 충분히 이해하지 못할 수 있다.

임원들이 "목표만 달성하겠다"고 주장하지 못하도록 하라. 임원들이 자신에게 배정된 업무에 대해 불만스러워하며, 간단하게 말해 "목표를 제시하면, 목표를 달성하겠다"라고 말하는 경우가 종종 있다. 이러한 임원들은 CEO가 목표를 제시해주기를 바라지만, 사실 목표는 단지 혁신 프로젝트의 일부일 뿐이다. 지속성장을 위한 체질 개선 혁신은 조직 변화와 차별화 역량에 투자하는 행동 양식을 필요로 한다. 원가를 절감하고 유지하는 방법은 원가절감 그 자체만큼이나 중요하다.

직원의 사기와 감정, 그리고 기대
혁신 과정을 이끌기

지금까지는 지속성장을 위한 체질 개선 혁신 프로젝트를 계획하고 실행하며, 혁신의 성공과 가장 직접적으로 관련된 사람들의 활동과 역할에 초점을 맞췄다. 차별화 역량을 강화해야 하는 이유, 비용 절감을 위해 이용할 수 있는 다양한 레버, 그리고 프로그램 혁신 과정을 관리하는 방법을 살펴보았다.

그러나, 혁신 과정의 어려움은 비즈니스 변화를 주도하는 혁신 팀만의 문제가 아니다. 실제로 비즈니스를 운영하는 고위, 중간, 일선 관리자들 역시 무거운 짐을 지게 된다. 이러한 관리자들은 조직 내에 불확실성이 가득한 몇 달간 직원들을 감독하고, 지도하고, 지원해야 한다. 또한, 혁신에 대한 구체적인 설계가 완료되면 이들 관리자에게 새로운 조직을 지탱하고, 감축된 인력들이 향상된 프로세스 및 다른 방식으로 일하는 것을 받아들일 수 있도록 설득해야 하는 의무가 부여되며, 이는 기존 사업 관리 업무와 병행되어야 한다. 그들의 역할에는 직원들이 변화에 적응하도록 돕는 것 외에 인력 감축에 대해 고민하는 것 또한 포함된다. 이 챕터에서 우리는 관리자들이 혁신 과정

에서 발생하는 어려움을 극복하고 직원들을 격려하는 방법을 살펴볼 것이다

지속성장을 위한 체질 개선 혁신 과정을 도우며 직접 목격한 바를 보완하기 위해 우리는 최근에 혁신 프로젝트를 경험한 몇몇 중간 관리자와 고위 관리자를 인터뷰했다. 인터뷰 대상 전원이 혁신 이후에 기존 직위를 유지하거나 혹은 승진했으므로 프로젝트 전과 도중은 물론 프로젝트 이후에 대한 시각도 엿볼 수 있었다. 이 챕터 내내 그들에게서 얻은 교훈과 이야기를 다룰 것이다.

불확실성과 불안

관리자와 직원들에게 혁신은 엄청난 불확실성이 잠재된 기간이다. 경영진의 전사적 발표를 통해 조직 재평가가 진행되며 그와 동시에 대규모 구조조정이 시작될 것이라는 것을 알게 된 후, 여러 달 동안 추가적인 발표가 없는 경우가 대부분이다. 이 기간 동안 부사장부터 파트타임 직원에 이르기까지 전 직원이 어둠 속에 남겨진다. 한 관리자는 대규모 혁신을 발표한 이후의 사내 분위기에 대해 "모든 것이 조용해졌다"고 표현했다. 그 관리자는 최우수 직원으로 평가받고 있었고 승진을 했음에도 불구하고, 당시의 상태에 대해 "제게 어떤 일이 일어날지에 대해 매우 불안했고, 해고당하지 않을지에 대해서도 불안했습니다. 그 누구도 저를 안심시켜주지 않았고, 그럴 수도 없었습니다"라고 표현했다.

이 점이 바로 혁신 프로젝트를 받아들이는 입장에 있는 직원들의 가장 곤란한 이슈이며, 이러한 상황에서 그들은 자연스럽게 자신의 시각으로 모든 것을 바라보게 된다. 수동적인 입장에 있는 관리자(혁신 프로젝트 팀 외부에 있

는 모든 사람이 문자 그대로 "수동적"인 입장에 있다고 할 수 있다)가 무엇보다도 먼저 떠올리는 것이 스스로의 고용 안정, 기존 자기 업무에 대한 보장, 그리고 개인적인 업무 방식의 변화 등에 대한 것이다. 그러나, 사람들이 모든 것을 개인적인 감정으로 받아들이는 것 역시 사실이다. 명확한 정보가 전달되지 않는 기간에는 불만, 억울함, 분노, 우울 등이 다양한 형태로 조직 내에 만연하게 된다.

일선 관리자와 직원들 사이에는 경영진들이 조직의 나머지 부문으로부터 동떨어져 있다는 인식이 종종 형성되며, 이러한 인식은 혁신이 진행되는 과정에서 점점 더 확고해진다. 혁신을 담당하고 있는 소규모 임원 그룹은 첫째, 그들 역시도 여전히 상황을 파악하고 있는 중이며, 둘째, 실언할 경우 전사에 미칠 영향 때문에 프로젝트에 대해 가급적 언급하지 않는다. 그들이 말을 아끼고 혁신의 중요성에 대해서만 제한적으로 언급할 경우 그들이 실정에 어둡다는 인식만 강화된다. 혁신 프로젝트 설계에 참여했던 다른 관리자들도 마찬가지로 세부 사항을 기밀로 하고 일반적인 내용만 언급하도록 권고받는다. 정보의 공백 속에서, 수동적인 입장의 관리자들은 현재 담당하고 있는 팀을 유지하고 심각한 사기 저하를 막기 위해 어떻게든 메시지를 설명해야 하는 상황으로 몰린다.

혁신 과정에서 직원들의 불안을 해소하기 위해 관리자가 할 수 있는 일은 실제로 많지 않다. 정보가 추가될수록, 혹은 정보가 전혀 없는 경우에도, 직원들은 희망, 분노, 공포, 절망, 우울과 안도를 넘나드는 감정의 롤러코스터를 타게 된다. 이 챕터에서는 혁신 과정에서 프로젝트에 참여하지 않는 관리자들이 맞닥뜨리는 어려움에 초점을 맞출 것이다. 고위 관리자들이 원가절감 목표와 구조조정 범위에 대해 옥신각신하는 단계에서부터 이미 루머가 떠돌기 시작하고, 개별적 기획 세션에 참가하는 관리자의 수가 증가함에 따라 추측은 점점 심화되며, 계획이 공개되고 실행 단계로 넘어갈 때에는 구조적 변화 등이 관리자들을 괴롭힌다. 관리자들은 이 모든 과정에 수동적으로 대응하기보다는 혁신 프로젝트에 영향을 미치고 스스로의 커리어를 개척할 기회로 삼을 수 있다("중간 관리자를 위한 혁신의 장점" 참고). 만약 혁신 과정에서 열린 의사소통을 지속하고 다가올 변화에 대해 낙관적인 태도를 지니며 불가피하게 발생할 문제를 가장 신중하고 생산적인 방법으로 해결할 경우 관리자들의 기회는 확대된다.

중간 관리자를 위한 혁신의 장점

대부분의 관리자들에게 혁신은 고난의 과정이다. 그러나, 그 모든 어려움에도 불구하고 좋은 점은 있다. 혁신을 통해 관리자들은 새로운 역량을 취득할 수 있으며, 이를 통해 불리한 환경 속에서 리더십을 발휘하고 저성과자를 부서에서 내보낼 기회를 얻을 수 있다. 경영진의 신뢰를 얻을 수 있는 것 또한 혁신을 통해 얻을 수 있는 기회 중 하나다. 요약하자면, 변화 프로젝트를 주도하지 않은 관리자라고 하더라도 혁신의 일부 역할을 수행할 수 있으며 그 과정에서 조명을 받을 수 있다.

최근 지속성장을 위한 체질 개선 혁신을 진행한 한 회사의 IT 임원은 "많이 배울 수 있을 것이라는 관점을 가져야 합니다. 저는 가치를 제공하기 위해 노력할 것이고, 그럼으로써 제가 회사의 좋은 자산 중 하나로 여겨지기를 바랍니다"라고 밝혔다. 그는 "최악의 경우라고 하더라도, 혁신 프로젝트를 통해 저는 최소한 무엇을 하면 좋을지, 그리고 무엇을 하면 좋지 않을지를 배우게 될 것입니다. 그리고 배운 것을 다음 회사에서 활용할 수 있게 될 것입니다"라고 덧붙였다.

보다 실질적인 장점은 새로운 리더십 지위가 생긴다는 사실이다. 특히 상부가 두텁고 승진 기회가 적지 않았던 기업에서는 더더욱 그러하다. 이러한 조직에서 혁신은 기존에 기회를 얻지 못한 역량 있는 관리자들에게 승진 기회가 된다.

1단계: 누구를 위한 기회?

진단 및 혁신 방안 수립 단계에서는 경영진이 혁신에 대한 개략적인 그림을 그린다. 전반적인 비전과 목표를 설정하고, 변화의 우선순위를 정하고, 이를 달성하기 위한 로드맵을 작성하는 것 등이 포함된다. 직원들은 경영진의 발표를 바탕으로 조직과 비용에 대한 분석이 진행되고 있다는 사실을 알 수 있지만, 세부 사항은 알 수 없다.

| 표 15.1 | 각 단계별 직원의 사기와 기대치

	1단계: 진단 및 혁신 방안 수립	2단계: 세부 계획	3단계: 실행
어떤 일이 발생하는가	• 하향식 성과 분석 • 기대 효과 정량화 • 우선순위 설정 및 계획	• 신규 조직, 프로세스에 대한 상세한 계획 • 시범 사업 및 빠른 성공 • 상세한 실행 계획	• 계획의 실행 • 인력 감축 • 신규 업무 방식으로 변경
사람들은 어떤 기분을 느끼는가	• 팽배한 불확실성 • 불안, 회의, 약간의 낙관적 감정	• 자신의 고용에 대한 불안 • 기업의 미래에 대한 걱정 • 불확실성으로 인해 낮은 사기	• 미래와 신규 모델에 대한 낙관 • 떠난 동료에 대한 죄책감과 슬픔 • 변화에 대한 피로 • 새로운 업무 방식에 대한 혼란
리더는 무엇을 해야 하는가	• 팀을 지원 • 솔직하고 투명한 의사소통을 통한 신뢰 형성 • 문화적 가치에 집중 • 힘을 북돋는 혁신 방안 구축	• 일상 업무 관리 • 사기를 올리기 위한 긍정적인 예시 제시 • 직원을 참여시켜 이직 최소화 • 혁신 지원	• 직원의 변화관리 • 팀을 지원; 새로운 업무 방식에 적응 • 새로운 행동의 롤모델이 됨

자료: PwC Strategy&

직원들은 무엇을 겪는가

1단계에서는 운영 위원회를 제외한 모든 사람들이 불확실한 상황에 맞닥 뜨린다. 모호한 단어인 "프로젝트"에 대한 질문이 터져 나오며, 직원들이 스

chapter 15 / 직원의 사기와 감정, 그리고 기대

269

스스로를 "필수적인" 요소라고 확신하고 있지 않는 한, 스스로의 미래에 대해 불안감을 느끼게 된다. 일견 필수적인 활동으로 보이는 업무를 맡은 직원과 최고 성과자로 분류되는 직원마저도 스스로의 미래를 안정적으로 보는 경우는 드물다. 사내에 공유되는 정보가 너무 적으므로, 이 단계에서는 루머와 추측이 정보의 역할을 한다. 일부 직원들은 지난번처럼 혁신을 발표한 후 천천히 열기가 사라지고 아무것도 변하지 않는 것이 최고의 상황이 되리라 기대하기도 한다. 몇몇 직원들은 보다 비관적인 관점을 취하며, 대규모 인력 감축을 포함한 철저한 변화가 진행되고 직원과 회사 모두가 그로 인한 피해를 입을 것이라 추측한다. 몇 주 후에, 사람들은 직무와 조직에서 변경되는 사항과 변경되지 않는 사항을 구분하곤 한다. 혁신을 통해 잘못된 프로세스가 개선되고 관료제가 축소됨에 따라 기업과 직원들 모두가 더 나아질 거라는 긍정적인 면을 이야기하는 사람은 극소수이다.

관리자는 무엇을 맞닥뜨리는가

이 단계에서, 혁신의 설계 과정에 참여하지 않는 중간 관리자와 일선 관리자는 직원들의 어마어마한 질문 공세에 시달린다. 이들은 경영진 레벨에서 어떤 논의가 진행되고 있는지, 그리고 어떤 계획이 세워질지에 대해 전혀 알지 못하는 경우가 대부분이며 심지어 스스로의 미래조차 알지 못한다. 그러나 직원들은 관리자 역시 그들만큼이나 아는 것이 없으리라고는 생각지 않는다. 관리자는 이러한 직원들의 사기와 기대를 관리해야 하는 매우 곤란한 상황에 놓이게 된다. 실제로 무엇이 진행되고 있는지 알지 못하는 상황에서 루머에 대응하여 무언가를 말하고, 직원들을 지원하고, 생산성을 유지해야 하는 것이다.

관리자는 무엇을 할 수 있을까

관리자가 스스로도 알고 있는 정보가 없으며, 아무것도 결정된 것이 없는 이 단계에서 취할 수 있는 행동 중 가장 좋은 것은 가능한 한 진실되며 투명한 태도를 보이는 것이다. CEO가 전달한 혁신 방안을 팀 내에 확고하게 전달해야 한다. 또한, 팀원들이 일상 업무에 집중하도록 해야 한다. 이를 위한 효과적인 방법 중 하나는 기업의 기존 문화 및 가치에 집중하는 것이다. 예를 들어 관리자는 직원들이 자랑스러워하던 개별 성과 지표에 집중하도록 유도할 수 있다. 일례로, 고객 서비스 부문의 관리자는 고객 만족도 조사를 실시하고 그 결과를 직원들과 공유하는 방법을 쓸 수 있다. 유통 분야 관리자는 직원들이 고객에 집중하고 최고의 서비스를 전달하는 데 전념하도록 할 수 있다.

2015년에 지속성장을 위한 체질 개선 혁신을 거친 한 회사의 IT 분야 임원은 "사람들이 긍정적인 태도를 가지고 핵심 목표에 집중하도록 하기 위해, 저는 통제할 수 있는 것을 통제하라고 권장합니다. 저는 우리 모두가 하나 또는 둘의 길을 택할 수 있다고 믿습니다. 우리는 가라앉은 상태로, 업무를 하지 않고, 올바른 방식으로 행동하지 않을 수 있습니다. 이는 훨씬 쉬운 길이며, 공포가 회사의 미래를 결정하게 됩니다. 반면, 우리는 공포에서 벗어나 지금까지 해온 대로 계속해서 일하고, 회사를 도우려 노력하며 최선을 기대할 수도 있습니다"라고 밝힌 바 있다.

그는 "시간이 흐른 후 결국 저는 일자리를 잃게 될 수도 있습니다. 하지만 비관적인 사고를 하는 것이 제게 도움이 되리라고는 생각하지 않습니다"라고 덧붙였다.

2단계: 불안의 표면화

꽤 도전적인 비용 절감 목표를 공개적으로 발표하고 세부적인 설계 단계로 들어가게 된다. 공개된 목표가 외부 이해관계자에게 공유되고 (내부적으로라도) 부문 및 사업부별로 세분화됨에 따라 혁신 프로젝트는 보다 치열한 단계로 넘어간다. 2단계에서는 1단계에서 있었던 회의론은 모두 사그라져 버린다. 소수의 직원들이 선별되어 일상 업무를 멈추고 상세 비용 절감 계획을 설계하는 데 투입된다. 채용 동결이나 출장 제한과 같은 일부 비용 절감 계획이 시행된다. 직원이 어떤 부문에 소속되어 있든, 혁신 프로젝트가 속도를 내고 있다는 것을 느끼게 될 것이다.

직원들은 무엇을 겪는가

거대한 목표를 어떻게 달성할지에 대한 상세 계획이 나오지 않은 상태에서 사람들의 불안감은 표면화된다. 일부 우수한 직원들, 특히 기업이 조직 내에 남기고 싶어 하는 직원들은 불확실성에 불만을 품고 이직 기회를 노리기도 하고, 실제로 회사를 떠나기도 한다. 물론 직원 중 대부분은 회사에 남지만, 루머가 확대됨에 따라 사기가 떨어지고 이 시점에서 일반 직원들의 눈에 띄지 않는 회사와 경영진에 대한 분노와 반감이 확대된다.

대기업의 한 관리자는 혁신 과정에서 기존에 가족과 같은 회사가 매우 힘겨워졌다며, 그 경험이 얼마나 큰 영향을 주는지를 이해하기 위해서는 "직접 봐야 한다"고 말한다. 그는 "전 직원이 눈물을 흘리고 있음에도 불구하고 아무런 정보도 주어지지 않았다"고 덧붙였다.

관리자는 무엇을 맞닥뜨리는가

관리자의 우려는 더욱 심각해진다. 스스로의 고용 안정성뿐 아니라 이제는 친구가 된 오랜 동료들이 구조조정 과정에서 살아남을 수 있을지 걱정하며, 프로젝트 담당 임원 등의 운명과, 새로운 조직에서 성장하고 발전하기 위해 무엇이 필요할지, 행운이 따라 새 조직에서도 자리를 얻게 될지, 혁신이 완료된 후의 회사 모습이 자신의 커리어 패스에 도움이 될지에 대해 고민하게 된다.

관리자들이 충분한 지원을 받지 못하는 점은 2단계에서 관리자들이 겪는 어려움 중 하나다. 상대적 중요성의 관점에서, 변화관리 및 의사소통 업무는 중요한 혁신 계획에 집중되어 있다. 거시적인 우선순위하에서 중간 관리자 및 일선 관리자들이 직원들에게 뭐라고 말해야 할지 알 수 있는 기회는 그리 많지 않다. 따라서 관리자의 어려움은 더욱 커진다.

가족과 같은 분위기의 대기업에서 일하던 한 관리자는 "실제로 앞뒤가 맞는 이야기는 저희에게 전혀 전달되지 않았습니다. 이런 상황에서 대부분의 직원은 업무에 신경을 쓰기 힘들죠. 사람들이 원하는 것은 '가족의 일부로서, 인간적으로 말을 해달라'는 것이었습니다"라고 말했다.

관리자는 무엇을 할 수 있을까

관리자에게 있어 특히 중요한 것은 3가지다. 먼저, 직원들과 계속해서 의사소통을 해야 한다. 이 단계의 성공은 관리자의 대인 관계 기술에 크게 좌우된다. 관리자가 직원과 맺고 있었던 인간관계, 공감을 전달하고 현실적인 낙관론을 불러일으킬 수 있는 역량 등에 따라 성패가 갈린다. 한 사람이 리더의 역할을 하는 다른 모든 경우와 마찬가지로, 타인과 반대되는 태도를 취하는 것도 도움이 된다. 사람들이 우울해할 때는 긍정적인 태도를, 불안해할 때는 자신감을 보이는 것이다. 이러한 긍정적인 태도는 다른 팀원에게 중요한 시그널이 된다.

둘째, 관리자는 직원들의 불만을 모아 임원과 혁신 팀에게 전달하는 역할을 수행해야 한다. 중간 관리자는 임원과의 대면을 통해 사내에서 어떤 일이 일어나고 있는지 전달하고 실무진의 사기 저하를 알린다. 임원들은 미래를 설계하는 데 골몰한 나머지 전반적인 기업 내의 감정에 신경을 쓰지 못하는 경우가 많다. 부드럽게 메시지를 전달함으로써 임원이 의사소통의 부재를 깨닫고 일상 업무를 지도하도록 해야 한다.

마지막으로, 관리자는 혁신을 지원해야 한다. 혁신 팀의 정보 요청에 정확하고 즉각적으로 대응해야 한다. 워크샵이나 솔루션 개발 세션에 자발적으로 참여하여 기업이 미래를 설계하는 데 사용할 소스를 제공하는 것도 좋다.

3단계: 아수라장 속에서 희미하게 빛나는 희망

실행 단계에서는 조직 내에 팽배했던 불확실성이 사라지기 시작한다. 새로운 운영 모델과 필요한 인력 감축 규모가 결정되고 발표된다. 구축 팀이 구성되어 결정된 내용을 실행에 옮긴다. 전사 직원이 새로운 조직의 모습과 변경되는 내용을 알게 된다. 한때 최소화되었던 의사소통이 메모, 대규모 회의, 직원 회의, 트레이닝, 팀빌딩 세션 등의 형태로 극대화된다.

직원들은 무엇을 겪는가

이제 혁신은 급속도로 진행된다. 직원들은 보고 라인과 조직의 변경, 사업 라인이나 지역별 부문 통합 계획, 업무 아웃소싱, 새로운 지역으로의 업무 이전, 전체 오피스 폐쇄 등의 소식을 듣게 된다. 몇몇 경우, 명예퇴직이나 조기 퇴직 패키지가 발표되어 직원들은 더욱 많은 고민을 하게 된다.

모든 사람이 변화에 만족하는 것은 아니다. 이전 단계에서처럼, 사람은 "나에게 미치는 영향이 무엇일까?"와 같은 질문을 통해 개인적인 시각에서 정보를 해석하게 되므로 그 과정에서 많은 편견이 개입된다. 혁신을 통해 회사가 잘못된 길을 가고 있다고 생각하는 직원도 일부 있을 것이다. 또 다른 일부는 회사가 가장 중요한 요소를 버린다고 생각할 수도 있다. 일부는 변화의 폭이 기대만큼 크지 않다는 것에 실망하게 될 것이다.

모든 직원이 가장 불안하게 여기는 질문인 "내가 계속 고용될 수 있을 것인가"에 대한 답은 여전히 주어지지 않은 채로 3단계가 시작된다. 조직 변화, 프로세스 재설계, 곧 있을 비용 절감에(이제는 최소한 폭넓은 수준에서라도 모든 것이 터놓고 논의된다) 대한 결정 사항을 인력 감축 대상 명단으로 정리하기 위한 시간이 필요하기 때문이다. 따라서, 직원들의 감정적 문제와 개별적 상황에 대한 불확실성은 여전히 남게 된다.

일상적인 걱정의 심리적·감정적 영향 외에 실질적인 부분 역시 영향을 받는다. 모든 부서가 향후 시행해야 할 새로운 시스템이나 프로세스에 대한 정보를 접하게 된다. 직원들이 진행 중인 부문의 지표가 변화된다는 이야기도 나오며, 개인별 성과 측정 지표가 변화될 것이라는 말도 나온다. 모든 사람은 새로운 업무 방식에 대한 정보를 얻고 새로운 행동을 보여줘야 한다. 이 과정에서 일부 직원들은 "우리가 정말 이걸 해낼 수 있을까? 우리가 향후 이런 방식으로 일할 수 있을까?" 하는 의문을 가지기도 한다.

관리자는 무엇을 맞닥뜨리는가

이러한 혼란 속에서도, 특히 관리자들에게 있어 3단계의 시작은 안도와 새로운 낙관론을 펼칠 시기가 될 수도 있다. 이 단계에서는 부서의 사기가 회복되며, 혁신의 결과로 강력한 비전이 제시되기 때문이다. 그러나 약속의 땅까지는 아직 갈 길이 많이 남았으며, 따라서 관리자에게는 한 가지 어려운 과제가 남는다. 필요할 경우, 그들이 이행해야 하는 인력 감축이다.

대규모의 변화 중에, 많은 관리자들은 직원 중 일부를 해고해야 하는 어려운 의무를 지게 된다. 어떤 경우, 기존 성과 데이터가 사용될 수도 있다. 데이터가 미래에도 적용 가능하며 충분한 품질을 지닌 자료로 남게 될 수도 있다. 한편 기존 데이터를 적용할 수 없으며 신뢰성을 잃는 경우도 있다. 이 경우 관리자들은 특별한 평가를 통해 직원을 평가해야 한다. 평가가 완료되면, 관리자는 인사 부서와 법무 부서의 도움을 받아 남길 팀원과 해고할 팀원을 선별한다. 선별이 완료되고 공식적인 통보 및 퇴직 패키지가 준비되는 동안 관리자가 직원들에게 말할 수 있는 것은 아무것도 없다.

한 관리자는 직원 선별과 관련된 회의에서 "어떻게 되어가고 있어? 나한

테는 무언가 말해줘야지. 나는 안전해?" 등의 질문을 하는 친구들의 전화로 압박을 받았던 경험을 떠올렸다. 그는 그러한 질문에 대답하지 못하는 것은 매우 어려운 일이었다고 덧붙였다.

한편, 관리자들은 3단계가 진행되는 과정에서 고성과자들이 타사로 이직할 것을 예상해야 한다. 일부 직원들은 가능성을 타진해보다가 제의를 받게 될 것이고, 중간 관리직 및 고위 관리직은 타사의 인사 담당자로부터 연락을 받게 될 것이다. 이와 같이 원치 않는 인력 손실은 혁신의 리스크 중 하나다. 그럼에도 불구하고 기업은 혁신 과정 중에 직원들에게 자리를 보장해주겠다고 말하고픈 유혹을 이겨내고 혁신이 기업과 개별 직원에 미치는 장점만을 이야기해야 한다.

마지막으로, 관리자는 친구와 동료들이 회사를 떠날 때 남은 사람들이 느낄 감정에 대한 대처를 미리 준비해야 한다. 회사에 남게 된 직원들은 처음에는 안도감을 느끼지만, 이는 금세 떠난 자들에 대한 죄책감으로 변한다. 한 은행의 지역 부사장은 "저의 [가장 가까운 동료]가 제게 그의 직무가 없어졌으며 앞으로 이 회사에서 그와 같이 역량 있는 사람이 일할 곳이 없다는 사실을 알려줬을 때, 저는 트럭에 치인 듯한 느낌을 받았습니다"라고 말했다. 사람들은 인사 결정을 면밀하게 살펴볼 것이며, 관계자의 기호가 영향을 미쳤다는 루머가 떠돌 것이다. 이는 팀의 사기를 떨어뜨리고, 혁신의 결과가 무엇을 의미하는지, 남은 직원들로 하여금 줄어든 인원으로 업무를 진행할 수 있을지, 혁신을 통한 기업의 미래가 진실이기는 한지에 대한 우려로 이어진다.

3단계에서 관리자는 2가지 역할을 수행한다. 직원들이 새로운 조직 체계에 최대한 빨리 익숙해지도록 하고, 해고 대상 직원을 선별하고, 해고 사실을 통보하는 것이다.

첫 번째 역할을 하는 관리자는 직원들을 기존 세계에서 새로운 세계로 데리고 가는 일종의 현장 리더이다. 직원들이 새로운 프로세스와 시스템을 습득하고 새로운 조직 구조와 체계에 적응하며 새로운 업무 방식으로 행동하도록 돕는다. 전부는 아니더라도, 대부분의 관리자들은 이 과정에서 어려움을 겪을 것이다. 일부 직원에게는 새로운 방식을 습득하는 데 도움이나 지도가 필요할 수 있으며, 기존 방식을 그리워하고 새로운 방식을 배워야 한다는 사실에 분개하는 직원도 있을 수 있다.

변화와 관련한 시간과 고통을 최소화하기 위해 관리자는 확고한 리더십을 발휘해야 한다. 혁신의 "이유"와 "내용"을 신속하게 내면화하고 스스로가 그 일부라는 사실을 받아들이는 것을 그 시작으로 삼는다. 관리자가 100% 확신을 지니고 있지 않을 경우 직원들은 이를 금세 알아채고, 변화에 저항할 변명으로 삼는다. (이는 대부분 잠재의식 속에서 진행된다.) 따라서 관리자의 역할은 언어와 행동 모두를 통해 직원들에게 그가 변화를 이해하고 있고, 변화는 필요하며, 가능한 한 빨리 변화에 적응할 것이라는 메시지를 전달하는 것이다. 그러기 위해 관리자는 망설임이나 흔들림 없이 팀에게 설명할 수 있도록 모든 조직, 프로세스, 시스템 변화에 몰두해야 한다.

관리자는 직원들에게 공감하는 코치 역할도 해야 한다. 직원들이 변화를 원한다고 할지라도 변화는 어쩔 수 없이 어려운 것이기 때문이다. 관리자는 인내심을 가지고 변화에 "적극적인" 사람들을 지원해 그들이 가능한 한 빨리 변화"할 수 있도록" 해야 한다. 이 과정에서 혁신 팀이나 인사 부서에게 추가 트레이닝이나 보다 나은 의사소통 및 트레이닝 패키지를 요청할 수 있다.

관리자가 "적극적인" 직원들을 끈기 있게 지원하는 동안, 동시에 변화를 "거부"하는 직원들을 찾아내 변화시키거나, 아니면 팀을 떠나도록 하게 해야 한다. 최선의 노력을 기울인다고 하더라도 과거의 관행을 벗어나지 못하고 변화의 과정에서 "탈선"하는 사람들이 존재하는 법이다. 관리자는 이러한 반대론자들을 조기에 찾아내고 함께 끌고 가야 한다. 충분한 대화를 통해 변화를 설명하는 것으로부터 열심히 할 의지가 없다면 회사를 떠나라고 직설적으로 말하는 것 등 다양한 방법을 활용해야 한다. 그럼에도 불구하고 행동의 변화가 보이지 않을 경우, 반대론자들이 회사를 떠나도록 조치하여 조직 전체의 분위기를 망치거나 나머지 직원들에게 나쁜 예를 보이지 않도록 한다.

두 번째 역할을 수행하기 위해 관리자는 인력 감축 계획과 관련된 업무를 살핀다. 새로운 역할이 배정되지 않을 직원을 선별하고, 당사자에게 나쁜 소식을 전달하고, "해고를 하는" 등 감축과 관련된 모든 과정은 괴로운 경험이다. 이 부분에서 특별히 중요한 것은 프로세스이다. 운이 따를 경우, 기업은 혁신 이전에도 철저하게 성과를 관리하여 기존 데이터가 해고 대상자를 선별하는 데 도움이 될 수도 있다. 그렇지 않을 경우, 직원들에 대한 객관적 평가를 시행하고 직원들을 최고 성과자, 중간 성과자, 저성과자로 분류한다. 결과가 어떻게 나오든지, 구조조정의 시작인 선별 프로세스는 최대한 객관적으로 진행되어야 하며 개인적 선호나 편견이 개입되어서는 안 된다. 인사 부서와 법률 부서가 이 어려운 과정에서 일선 관리자에게 도움을 제공한다.

인원 감축 과정에서 완벽하게 고통을 피하기는 불가능하지만, 많은 회사는 가능한 한 최소한도로 고통을 줄이려는 노력을 기울인다. 명예퇴직이나 조기 퇴직 패키지는 비자발적 인력 감축을 최소화하기 위한 노력의 일부로 볼 수 있다("자발적·비자발적 퇴사 관리" 참조). 회사를 떠나는 사람들에게 재취업 주선 서비스를 제공하는 것도 남은 사람의 사기를 증진하고 협력을 고무하는 데 도움이 된다.

감원 대상이 된 직원들의 출발을 지원하는 것과 동시에 관리자들은 나머지 조직의 관리와 동기를 부여하는 과정에서 보다 큰 근본적인 보상을 제공해야 한다. 떠난 이들은 존엄과 존중을 받았음을 알리고, 이제는 미래에 집

자발적·비자발적 퇴사 관리

기업들이 혁신 과정을 진행함에 따라, 불가피하게 직원 중 일부는 회사를 떠나야 한다. 이 과정을 어떻게 다루느냐는 직원과 대중이 기업을 보는 시각에 영향을 미친다. 대부분의 기업들은 무엇보다도 먼저 사람들이 공정한 취급을 받도록 해야 한다. 그러나 그러한 지침하에서도 다양한 선택권은 존재한다.

먼저, 자연 감소, 자발적 퇴사 프로그램, 강제적 퇴사 등 퇴사가 진행되는 과정에 대한 정보를 제공해야 한다. 많은 기업은 초기에 채용을 동결한다. 심지어 자료 수집 단계에서 벌써 채용 동결 결단을 내리는 기업도 있다. 이직률이 높은 분야에서는 자연 감소만으로도 추가적인 영향을 최소화할 수 있을 만큼 빠른 속도로 조직의 많은 부분이 변경될 수 있을 것이다.

그러나 많은 경우 변화의 필요성은 보다 긴급하며, 자발적 퇴사만으로 조직을 재편하는 것은 불가능하다. 만약 추가적인 인센티브가 필요할 경우, 일부 기업은 현금 지불, 퇴사 및 연금 조기 수령 혜택 또는 수령액 확대, 지속적인 의료 보험 등을 포함한 자발적 퇴사 패키지를 제공한다. 기업이 직원에게 자발적인 선택권을 제공하는 이유는 둘 중 하나다. 첫째, 직원들이 스스로 "참여"하도록 함으로써 혁신 프로젝트와 퇴사에 대한 직원과 지역 사회의 인식을 보다 긍정적인 방향으로 돌릴 수 있다. 둘째, 복지 혜택을 가진 기업들은 자발적인 조기 퇴직 패키지를 제공하여 현금 흐름에 미치는 영향을 줄일 수 있다. (그러나 이는 기업의 연금 부채 상승으로 이어질 것이다.)

한편으로는 자발적인 퇴직 프로그램이 기대치 않은 결과로 이어질 수도 있다. 자발적 퇴사 프로그램을 수락하는 비율은 명예퇴직이 3~10%, 높게는 조기 퇴직이 60% 정도이며 패키지의 구성, 직원 참여, 임박한 구조조정에 대한 인식 등에 따라 달라진다. 일부 우수한 핵심 인재가 명예퇴직을 선택할 경우에는 빈자리를 채워야 한다. 그러한

리스크를 최소화하기 위해 특정 직원 그룹은 명예퇴직 패키지의 대상에서 제외할 수 있다. 주요 수요가 높으며, 기업을 경영하는 데 필수적인 역할을 하는 사람들이 대상이다. 이와 같은 배제는 명예퇴직 프로그램에서 더욱 많이 활용된다. 기업이 규정한 복지 혜택은 규제 제한보다 더욱 강력할 수 있다.

강제 퇴직 프로그램은 인력 감축에 있어서 가장 빠르고 확실한 방법이다. 강제 퇴직을 진행할 경우에도 패키지의 종류나 경영진의 의향을 언제쯤, 어떻게 전달할 것인지 등을 선택해야 한다. 많은 기업은 일정 금액에 이주치 월급을 추가하는 등, 오랜 퇴사 가이드라인을 가지고 있다.

퇴사 프로그램의 종류와 상관없이, 의사소통 단계에서는 임박한 다운사이징에 대해 직원들이 그 시기와 수준을 정확하게 알도록 하는 것이 중요하다. 너무 많은 정보를 너무 일찍 제공할 경우 직원의 호의를 대폭 잃게 될 것이다. 자발적 퇴직 시나리오에서 직원들은 패키지를 수락해야 한다는 위협이나 압박을 느낄 수도 있다. 경험에 따르면, 조직 설계를 완료하고, 새로운 조직에서 부서별로 필요한 인원수를 정확하게 알 수 있을 때까지는 아무것도 발표하지 않는 것이 좋다. 자발적인 퇴사의 경우, 45~90일 정도 전에 발표하여 직원들에게 패키지를 고려하고 수락할 시간을 주는 것이 일반적이다. 강제적 퇴사의 경우, 결정이 내려진 후 가능한 한 빨리 직원들에게 이를 전달해야 한다. 우수한 직원들이 사전에 회사를 떠나는 리스크를 최소화하기 위해, 그리고 정리 해고 대상자가 자연적인 변화 시점 전에 회사를 떠나는 것을 방지하기 위해 핵심 직원에게 근속 보너스를 제공할 수 있다.

자발적·비자발적 퇴사 옵션에 드는 비용은 근본적으로 큰 차이를 보이지 않지만, 직원에게 주어지는 유연성의 수준과 복잡성 및 행정 처리의 수준, 목표로 하는 변화를 이행하는 정확성 수준에서 트레이드오프가 있다. 또한, 기업은 두 옵션을 동시에 활용할 수도 있다. 프로그램을 설계하고 실행하는 데는 몇 달이 걸릴 수도 있으므로, 초기 단계에서 이러한 옵션들에 대한 평가를 시작해야 한다.

중할 때라는 사실을 알리고, 동시에 새로운 조직의 성공을 위한 그들의 역할을 주지시켜야 한다. 이는 실질적으로도, 감정적으로도 혁신의 커다란 터닝 포인트가 된다. 한 관리자는 "사람들이 주어진 옵션을 알게 되면, 그들은 '이건 내게 영향을 미치는군', '이건 나와는 상관이 없어', '이것에 대해서는 생각해봐야겠어' 등과 같은 반응을 보일 수 있게 됩니다. 그 시점에 이르렀을 때, 우리는 이제 괜찮아졌습니다. 제 말은, 정말로 괜찮아졌어요"라고 말했다.

혁신 과정이 이 단계에 이르기 위해서는 미래에 초점을 둔 의사소통이 필요하며, 이는 1~2개의 대규모 회의를 통해서는 달성할 수 없다. 물론 그러한 회의도 중요하기는 하지만, 직원들이 가장 신뢰하는 직속 상관이 주재하는 소규모 팀 회의 역시 필요하다. 이제는 새로운 조직 구조를 실행으로 옮길 때이며, 의사결정 프로세스와 정보 공유 방식, 인센티브 및 동인이 직원의 행동에 영향을 미치는 방식을 제도화할 때이다. 즉, 과거 몇 달간 잠긴 문 안에서 계획한 혁신을 모든 사람이 실행으로 옮길 때가 온 것이다.

주도권을 잡기 위해서는 이 시점에서 대부분의 혁신, 변화, 새로운 프로세스, 새로운 업무 방식, 세부적인 전략의 활성화에 노력을 기울여야 한다. 기업 문화는 혁신을 통한 변화를 공고히 하기 위한 필수적인 툴이다. 이는 직원 간 상호작용이나 비공식적 리더가 가장 중요한 신규 행동 방식을 강화하는 것과 마찬가지다. 이 모든 방법은 다음 챕터에서 논의할 것이다. 다음 챕터에서는 지속성장을 위한 체질 개선 혁신의 성공에 엄청난 힘이 될 수 있는 문화 기반 접근법을 다루겠다.

16 /

인적 요소
직원들을 준비시키고, 변화를 능동적으로 받아들일 수 있게 한다

　지속성장을 위한 체질 개선 혁신은 높게는 CEO부터 낮게는 실무 직원에 이르기까지 사내의 모든 사람에게 많은 것을 요구한다. 프로젝트가 발표되고 시행되고 나면 많은 직원들은 새로운 프로세스와 IT 시스템을 학습하고 새로운 동료들과 함께 일하게 된다. 일부는 완전히 새로운 역할을 맞게 되고, 새로운 오피스로 이전해야 하는 사람도 있을 것이다. 예전에 비해 기업이 비용에 대해 더욱 민감해짐에 따라, 대부분의 직원들에게 새로운 성과 목표, 새로운 지표 및 업무 방식이 제시될 것이다.

　그러나 기업 혁신 계획을 아무리 잘 만들어놓는다고 해도, 직원들이 실제로 혁신 과정에 참여하지 않으면 모든 것은 헛수고가 된다. 궁극적인 성공은 전적으로 직원들이 새로운 업무 방식에 얼마나 잘 적응하느냐에 달려 있다. 그러기 위해서는 직원들에게 대규모 변화의 필요성을 이해시키고, 이러한 변화가 기업과 직원 스스로에게 최선이라는 점에 동의하도록 하며, 미래의 성과에 대해 열정을 지니도록 해야 한다.

"변화관리"는 임원과 관리자들에게는 너무나도 익숙한 개념이다. 사실, 지속성장을 위한 체질 개선 혁신과 같은 대규모 프로젝트를 시행할 경우에는 세심한 변화관리를 통해 직원들이 혁신 과정을 따라갈 수 있도록 해야 한다. 변화가 왜 필요한지, 그리고 어떤 변화가 생길지 알리고 신규 프로세스 및 시스템을 훈련하며 미래에 대한 열정을 가지도록 동기를 부여해야 한다. 기본적인 변화관리 구성 요소에는 리더십 조정, 변화 영향 평가, 이해관계자 참여, 직원과의 의사소통, 트레이닝, 성과 측정 및 모니터링이 포함된다.

변화관리의 구성 요소는 지속성장을 위한 체질 개선 혁신 과정에서 절대적으로 필요하지만 변화를 안착시키기 위해서는 그것만으로는 부족하다. 대규모 혁신을 성공적으로 달성하기 위해서 경영진은 기업의 문화를 활용하여 직원들에게 동기를 부여해야 한다. 그러나 일부 임원들은 데이터를 바탕으로 변화의 필요성을 합리적으로 설명하거나, 눈에 확 들어오는 슬로건을 외치거나, 잘 만든 메모 등을 제시함으로써 직원을 납득시킬 수 있으리라 믿는다. 리더가 명확하게 사례를 제시한다면 직원들이 자발적으로 조직의 이익을 위해 행동할 것이라고 믿는 것이다. 이러한 리더는 눈에 선명하게 드러나는 관리 체계, 프로세스, 조직과 같이 합리적이며 공식적인 측면만을 강조하는 경향이 있다. 그러나 이들은 실제로 조직 내에서 사람들의 행동에 크나큰 영향을 미치는 감정적·비공식적 측면을 간과하고 있다. 이러한 감정적·비공식적 측면은 기업의 문화에 스며들어 있다. 조직 문화는 행동 패턴, 생각, 기분, 믿음의 패턴으로서 "직원들이 어떻게 행동하는지"를 결정한다.

실무진들이 변화를 받아들이고 지속적으로 변화에 동참하도록 하기 위해서는 조직 문화의 힘을 빌려 조직 문화에 도움이 되는 요소를 활용해야 한다. 지속성장을 위한 체질 개선 혁신 과정에서 직원들은 일상적 업무뿐 아니라, 업무 방식도 바꿔야 한다. 이는 어려운 일이며, 조직 문화의 힘을 빌리지 않는 이상 성공하기 어렵다.

혁신 방안을 만들고, 임원들과 합의를 이루고, 조직 전체에 계획을 발표하고, 동의와 열정을 불러일으키는 과정 전체에서 기업 문화를 활용함으로써 변화를 가속화하고, 그 영향을 확대하고, 변화가 성공적이며 지속적으로 이뤄질 가능성을 확대할 수 있다. 최근 변화관리 프로그램과 관련하여 임원과 관리자 2200명을 대상으로 한 우리의 조사[1]에 의하면 혁신 과정에서 비공식적 요소를 활용함으로써 혁신의 성공과 그 효과의 지속가능성이 급격히 상승하는 것으로 드러났다. 기존의 문화를 혁신 과정에 활용한 응답자들이 지속적인 변화를 성취한 비율은 그러지 않은 응답자들의 2배나 되었다.

따라서, 지속성장을 위한 체질 개선 혁신 방법론에서는 문화와 행동에 기반을 둔 변화를 강조한다. 기업 문화는 대규모 변화에 순풍으로도, 역풍으로도 작용할 수 있는 엄청난 감정적 에너지의 원천인 것이다. 혁신은 기존 조직 및 문화의 힘을 딛고 진행해야 한다. 명심할 것은, 단순히 문화를 바꾸는 것이 아니라는 점이다. 기업의 문화란 사람으로 치자면 성격과 같은 것으로, 이를 바꾸기 위해서는 수 년, 혹은 수십 년이 걸린다. 즉, 혁신 프로젝트 기간 동안에는 이루기 힘든 것이다. 그 대신, 문화의 긍정적인 측면(모든 문화에는 긍정적인 측면이 있다)과 기존 문화에 존재하는 감정적 힘을 활용하여 사람들이 주어진 일, 즉 모두를 위해 기업을 혁신하는 일에 대한 동기를 가지고 행동하도록 해야 한다.

조직 문화에 기반을 둔 변화관리 프로그램의 요소

변화관리 업무는 궁극적으로 직원들이 새로운 업무 방식에 적응하도록 돕는 일이다. 직원들은 네 단계를 통해 현재 상태에서 미래 상태로 옮겨 가게 되며, 그 과정에서 변화에 준비된 상태에서 변화를 원하고, 실제로 변화할 수 있는 단계를 지나 변화에 열정을 가지는 상태로 옮겨 간다. 첫 단계에서, 직원들이 혁신을 받아들이기 위해서는 먼저 향후 이어질 변화의 내용을 알고 이해해야 한다. 다음 단계로, 변화를 원하기 위해서는 동기 부여가 되어야 한다. 전반적인 혁신 방안과 기업의 미래 청사진이 직원 입장에서 매력적이어야 하며, 직원 개개인이 미래의 비전에 대한 영감을 가지고 스스로를 그 일부로 여기게 되어야 한다. 해고 위협이나 커리어 붕괴 등의 회초리가 사람을 "동기 부여"하게 만들 수는 있지만, 자기 자신과 동료, 회사, 공동체 전체를 위해 더 나은 미래를 약속하는 등의 당근은 직원들이 변화에 적극적으로 적응하도록 하는 데 더 큰 도움이 된다.

세 번째 단계에서 직원들이 변화에 적응하도록 하기 위해서는 필요한 지식, 역량, 권한이 주어져야 한다. 새로운 프로세스와 IT 시스템에 대해 학습하고 새로이 기대되는 행동에 대한 준비가 되어야 한다. 마지막 단계로서 직원들에게 혁신에 대한 열정을 불러일으키기 위해서는 직원들이 변화를 전적으로 받아들이고 새로운 업무 방식에 따라 행동해야 한다. 새로운 행동 양식을 따르는 것을 장려하고 인정해야 한다.

이 모든 단계를 거치는 직원들을 돕기 위해서, 혁신 팀은 변화관리 요소를 시행해야 한다.

리더들의 합의를 얻어라

리더들은 혁신을 받아들이고 적절한 수준의 격려, 행동, 속도로 주의 깊게 조직을 이끌어가야 한다. 공식적인 권한을 지닌 사람들이 혁신을 지지하는 언급이나 행동을 하지 않을 경우 혁신을 성공적으로 이행하기는 매우 어려워진다. 중립적인 태도를 취하는 것 역시 좋지 않다. 혁신의 시기에 직원들은 멘토와 직속 상사를 통해 팀과 개별 직원에게 "혁신이 무엇을 의미하는지"를 판단한다. "혁신에 참가할지"에 대한 동기 부여 역시 마찬가지다. 따라서 효과적인 혁신을 위해서 기업은 이러한 필요를 예상하고, 모든 직위의 리더들이 개인적인 변화 과정을 관리할 준비가 되도록 하여 혁신 프로젝트가 설계 및 실행되는 과정에서 진정으로 확신을 가지고 "실천"하도록 한다.

변화에 대한 의사소통을 하라

일반적으로 변화와 관련된 의사소통은 폭넓은 방법을 활용하여 인식과 이해를 목적으로 한다. 공식적인 임원의 전달(메모, 이메일, 비디오), 컨퍼런스 콜, 대규모 프레젠테이션, 직원 회의, 1:1 회의, 전사 뉴스레터, FAQ 등 다양한 방법이 쓰인다. 그러나 대규모 혁신 과정에서는 변화의 폭이 너무나 광범위하고 행동에 커다란 변화가 필요함에 따라 의사소통을 통해 직원의 동의와 수용도 이끌어내야 한다. 문화를 활용함으로써 의사소통을 보다 효과적으로 할 수 있다. 따라서 초기 단계에서부터 사람들이 집중적으로, 그리고 열정적으로 참여하도록 할 수 있는 의사소통을 계획하고 양방향 대화를 준비해야 한다. CEO의 공식적 메모나 혁신 인트라넷 사이트, 공개적인 Q&A 세션을 포함한 대규모 프레젠테이션과 같은 공식적 방법과 멘토와의 편안한 대화나 동료 코칭과 같은 비공식적 방법을 사용할 수 있다. 마지막으로, 메시지가 얼마나 잘 전달되었는지 지속적으로 측정하고, 필요하다면 직원들이 보다 조직에 소속감을 가지도록 메시지를 조정하는 것이 중요하다.

이해관계자들을 참여시켜라

전사의 직원이 "올바른" 방식으로 생각하고 느끼도록 하기 위한 특효약과 같은 것은 존재하지 않는다. 직원들은 제각기 다르기에 그들은 스스로의 역할, 부문, 위치, 나이, 기존 경험 및 수많은 다른 요소에 따라 기업 내의 변화를 다르게 해석하고 다양한 반응을 보일 것이다. 변화는 개별 직원 그룹에 다른 영향을 미치며, 따라서 이해관계자 참여 계획을 통해 개별 그룹을 교육하고 동기 부여하는 과정이 필요하다. 또한, 임원들에 대해서는 개인별 맞춤 영향 평가와 참여 계획이 필요하다. 그들의 문제를 직접적으로 전달함으로써 그들은 혁신의 진정한 일부가 될 수 있으며, 그러한 변화는 임원이 통솔하고 있는 수많은 직원에게 영향을 미친다.

직원들을 교육하라

직원들이 변화의 목적을 이해하게 하는 것은 혁신 과정의 일부에 불과하다. 그들이 어떻게 변화할지, 무엇을 할지에 대해 교육하고 불확실성에 겁먹지 않도록 하기 위해서는 개별 트레이닝과 시간이 필요하다. 직원들이 변화하기 위해서는 새로운 기술과 역량, 프로세스, 시스템에 대한 포괄적인 트레이닝이 동반되어야 한다. 많은 경우 이러한 트레이닝은 온종일 진행되는 일회성 세션이 아니라 관리자들이 실무 중 경험할 수 있는 실천적 과정이다.

공식적 세션을 통해 진행되는 트레이닝, 비공식적 동료 간 지도, 직속 상사의 코칭을 적절하게 조합할 경우 이는 직원들에게 어마어마한 도움이 된다.

새로운 행동 방식을 격려하라

문화가 변화를 뒷받침할 경우 혁신의 효과는 더욱 오래 지속된다. 그러나 문화는 혁신 프로젝트의 목표에 맞춰 필요에 따라 순식간에 변화할 수 없는 것이다. 핵심은, 문화 대신 혁신 과정을 보다 매끄럽고, 빠르고, 성공적으로 진행하는 데 도움이 되며 전사 직원이 받아들일 경우 실질적인 경영 성과로 이어질 수 있는 핵심적인 극소수의 행동에 집중하는 것이다. 초점은 행동에 두어야 한다. 사람들이 느끼고, 생각하고, 믿는 방식인 문화는 일상적인 행동에 영향을 주고, 또 받기 때문이다. 행동 변화는 어려운 일이며, 다수의 행동을 한번에 변화시키려 하는 것은 불가능에 가깝기 때문에 극소수의 핵심 행동에 집중하는 것이 좋다. 조직의 모든 사람이 핵심적인 소수의 행동에 집중하게 되면, 그들은 새로운 방식의 사고를 바탕으로 행동하게 되며 이는 신

| 표 16.1 | 혁신 프로젝트 요소 요약

프로젝트 요소	1단계: 진단 및 혁신 방안 수립	2단계: 세부 계획	3단계: 실행
변화관리에 집중	• 혁신 방안에 맞춰 리더십을 조정한다	• 변화를 준비한다	• 변화를 실행한다
변화관리 실행	• 혁신 방안을 수립한다 • 리더십을 조정한다 • 문화적 강점과 약점을 평가한다	• 리더로 하여금 변화를 이끌 준비가 되도록 한다 • 이해관계자에 미치는 영향을 평가하고 참여 계획을 수립한다 • 소수의 핵심 행동을 확인한다 • 의사소통 계획을 수립한다 • 트레이닝 니즈를 확인한다	• 의사소통을 실행한다 • 트레이닝을 제공한다 • 직원 그룹을 참여시킨다 • 행동을 실행하도록 한다 • 진행 정도를 측정한다

자료: PwC Strategy&

chapter 16 / 인적 요소

289

속하고 실질적인 결과로 이어질 것이다.

앞선 챕터에서 논의한 바와 같이, 지속성장을 위한 체질 개선 혁신은 세 단계로 진행된다. 각 단계별 목표와 초점은 서로 다르며, 혁신을 계획하고 실행함에 있어 혁신 방안을 구축하거나, 직원에게 미칠 영향을 이해하거나, 세부 실행 계획을 세우거나, 뉴노멀로의 실행과 같은 분명한 변화관리 활동이 있다(표 16.1). 지금부터는 각 단계별 변화관리에 대해 논의할 것이다.

1단계: 상태 진단 및 혁신 방안 수립

간단하게 요약해보자면, 혁신의 1단계에서는 기회 요인을 찾고 지속성장을 위한 체질 개선 혁신의 방향과 핵심 영역을 설정한다. 소규모의 주제별 팀이 임원들과 긴밀히 협력하여 조직과 비용 구조를 평가하고, 전반적인 혁신 목표를 설정하고, 기회와 빠른 성공 기회를 찾고 또한 목표를 달성하기 위한 로드맵을 개발한다. 그와 동시에, 관리 팀이 지원하며 전 직원에게 공개될 혁신 방안을 구축하여 문화에 기반을 둔 변화관리 노력의 기반을 닦는다. 기업 문화를 평가하여 추후 강화할 측면과 혁신 과정에서 방해가 될 요인을 찾는 것 역시 이들의 몫이다.

혁신 방안을 수립하라

직원들의 마음을 얻기 위해서는 합리적이면서도 감정적으로 와닿는 혁신 방안을 구축해야 한다. 좋은 혁신 사례는 혁신 전반을 합리적으로 설명하고 변화의 동인(왜 혁신이 필요한가?)과 목적(우리의 목표는 무엇인가?)을 제시한다. 미래 상태의 청사진을 그리고(변화하는 것은 무엇이며, 변화하지 않는 것은 무엇인가?) 실제적인 효과를 보여준다(혁신 직원, 고객, 회사 모두에게 무엇을 의미하는가?). 그러나 보다 나은 혁신 방안은 합리적인 설명을 넘어 감정적 요소를 망라한다. 논리적이면서도 사람들의 열정을 자극하고 혁신의 원동력이 되는 것이다. 재무적 목적을 논의하는 것뿐 아니라(수익 성장 및 이익 개선), 자긍심의 원천에 호소한다(고객 서비스, 산업 리더십, 사훈, 가치, 역사 등). 또한 기업의 강점과 업적을 강조하고 직원들이 그 일부가 되고 싶어 할 법한 미래의 그림을 선명하게 제시한다.

예를 들어, 미국의 한 의료업체의 수익은 새로운 경쟁자들이 시장에 진입함에 따라 하락 추세에 있었으며, 의료 개혁으로 이익 역시 줄어들고 있었다. 처음에 CEO는 수익 하락을 막기 위해 기업 전반의 비용을 줄였다. 이는 일정 부분 수익 하락으로 이어지기도 했지만, 고객 경험 분야의 투자에도 부정적인 영향을 미쳤으며 기업 내에서 논란이 벌어졌다. 전 조직에 걸친 비용 절감은 지속적인 장기적 솔루션이 아니라는 것을 깨달은 CEO는 지속성장을 위한 체질 개선 혁신을 도입했다. 직원이 자긍심을 가지고 있는 2가지 주요 요소를 중심으로 혁신 방안을 설계했다. 고객이 더 나은 삶을 살도록 한다는 슬로건과 업계의 선두 주자가 된다는 슬로건이었다. 그는 탄탄한 기반을 지닌 의료 시스템 사례를 만들었으며, 사례에서 기업은 지역 사회를 지원하고, 고객 경험에 재투자하며, 역사적인 선두 주자 포지션을 되찾았다. 이러한 요소는 환자의 웰빙에 깊은 관심을 가지고 "지역 최고의 의료 시스템"의 일부임을 자랑스러워하던 직원들과 감정적으로 긴밀하게 연관되어 있었다.

문화를 진단하라

1단계에서 기업은 기업 고유의 문화적 특징을 알아보기 위해 인터뷰, 포커스 그룹, 설문 조사를 조합하여 핵심 문화의 기준을 정하고 진단했다. 기업을 움직이는 감정적 힘을 이해하는 것은 잠재적인 어려움을 평가하고 혁신 기회를 파악하는 데 도움이 된다. 일반적으로 한 기업에는 4~6개의 문화적 특성이 있다. 이들은 긍정적으로 작용하기도, 부정적으로 작용하기도 한다. 예를 들어, 강한 기업가적 특성을 지닌 기업은 시장 기회 포착 및 선점에는 탁월하겠지만, 부문을 넘나드는 하향식 계획을 실행하는 일에는 어려움을 겪을 수 있다. 기업가적인 관리자들이 "자유"를 빼앗기는 일에 대해 거부감을 느끼기 때문이다. 혁신 팀은 기존의 문화적 특성을 기반으로 강점을 강조하고 어려움을 최소화함으로써 열성적인 문화적 특성을 개발할 수도 있다. 예를 들어, 목표 지향적인 문화를 가진 회사는 직원들로 하여금 목표에 대한 감정적인 열정을 느끼도록 유도함으로써(의료 기업의 경우, 환자의 목숨을 연장하는 것 등) 혁신 목표와 중요한 조직의 목표를 연결할 수 있다.

한 다국적 에너지 인프라 기업은 1단계 중에서 혁신 프로그램에 최대 문화적 진단 프로그램을 포함시켰다. 경영진은 시장 다이내믹스에 따라 급격한 변화가 필요할지도 모른다는 점과 과거 기업이 크게 변화한 적이 없다는 점을 모두 알고 있었다. 따라서, 변화에 맞닥뜨렸을 때 직원들이 저항하지 않을까 우려했다. 분석을 통해 기업의 문화를 절반 정도 이해하게 되었을 때, 경영진은 "유레카!"를 외치게 되었다. 예를 들어, 분석 이전에 경영진들은 "우리에게는 문화가 없다"거나, 혹은 문화가 매우 단절적이며 부문별로 차이가 크기에 기업 전반을 아우르는 공통적인 특성은 없다고 생각하고 있었다. 그러나, 분석 결과 기업에는 공감대와 자긍심의 원천이 존재했으며,

운영 모델 장애에는 근본적인 원인이 있음을 발견할 수 있었다. 그 강도나 드러나는 정도는 부문 간 차이를 보였지만 문화의 본질에 있어서는 강한 공통점을 보였으며, 직원들이 무엇을 자랑스러워하는지에 대한 통찰은 혁신에 활용될 수 있었다.

직급별로 특정 문화에 대한 태도가 경향을 띤다는 사실 역시 발견할 수 있었다. 경영진들이 자랑스러워하는 요인을 실무자들은 문젯거리로 생각하는 등 경영진과 실무자 간에는 커다란 차이가 있었다. 예를 들어, 고위 관리자들은 기업가적 마인드에 대해 자랑스러워하며 목표를 달성하기 위해서는 "비용이 얼마나 비싸든 상관없다"는 사고를 지니고 있었지만, 실무자들은 그러한 행동이 고립의 원인이 되며 협력을 방해한다고 보고 있었다. 이러한 사실은 경영진이 새로운 역할 모델을 만드는 과정에서 유용하게 쓰인다.

경영진의 합의를 얻어라

프로젝트 초기 단계에서 혁신 팀과 경영진은 혁신의 비전, 목표, 기회에 대한 합의를 완료해야 한다. 그렇게 해야만 혁신 기간 동안 변화를 일으킬 준비를 할 수 있으며 대변인과 임원들에게 동기를 부여하여 조직 전반을 혁신에 참여시킬 수 있다. 혁신 팀과 경영진은 합의를 통해 혁신에 대한 의견을 통일하고 확실한 의지를 지녀야 한다. 그러나 이는 절대 쉬운 일이 아니다. 좋은 의도를 지닌 일부의 임원들은 얼마나 열심히 진행하든 혁신이 자연스럽지 못하다고 주장할 것이다. 일부에게는 프로젝트를 실행할 역량, 태도, 의지가 없을 수 있다. 변화가 스스로의 권한과 직위를 위협할 경우 변화에 저항하는 사람도 있을 것이다.

CEO와 소수의 열성적인 임원들이 경영진 전부를 혁신에 끌어들여야 한다. 그 과정에서, 임원 중 일부는 절대로 설득할 수 없으며 다른 길로 가도록 해야 한다는 사실도 깨닫게 된다. 합의는 한 차례의 회의나 대화를 통해서는 절대로 달성할 수 없으며, 시간이 지남에 따라 천천히 이뤄진다. 1단계에서는 3~4개의 공식적 운영 위원회 회의가 합의를 이루기 위한 첫 번째 장이 된다. 그러나 서너 번의 회의로는 충분하지 못할 것이다. 일부에게는 믿음직한 동료 또는 CEO와의 솔직한 1:1 대화가 필요할 수도 있다. 그들은 우려를 밝히고 "우리가 회사를 망칠까? 이게 정말로 직원들에게 좋은 일일까? 우리가 이 모든 과정을 견뎌낼 수 있을까?"와 같은 질문을 받아야 한다. 사실은 분명할지 몰라도, 임원들은 스스로 합의를 해야 한다. 이 지점에서 CEO와 담당 임원들은 차이를 보인다. 전자는 개별 임원이 혁신에 대해 이성적으로, 감정적으로 어떤 위치에 있는지 이해하고 후자는 "로비"를 통해 그들을 혁신에 참여시킨다.

일반적으로 1단계가 끝나는 지점에서는 변화에 대한 공동의 결심이 확고해진다. 예를 들어, 한 CEO는 1단계 마지막 시점에서 운영 위원회의 구성원들에게 2가지 단순한 질문을 던졌다. "당신은 혁신을 믿습니까? 당신은 저와 함께 혁신을 진행할 것입니까?"라는 질문이었다. 1명을 제외한 전원이 고개를 끄덕였다. 1명은 혁신의 방향에 동의하지 않기에 그런 일을 할 수 없다는 의견을 밝혔고, 회의 후 자발적으로 사임하여 혁신을 위한 길을 터주었다.

2단계: 세부 설계

2단계에서 변화관리의 초점은 지속가능한 솔루션을 설계하고 통합 혁신 계획을 세우는 혁신 설계 팀을 지원하는 것으로 옮겨 간다. 2단계의 변화 업무는 자연스러운 변화의 흐름을 따라간다. 초기에는 정보가 거의 없으므로 경영진 수준의 이해관계자의 참여와 리더십 조정, 변화의 영향을 고려하도록 설계 팀에게 조언을 제공하는 일이 진행된다. 프로젝트가 진행되며 미래의 비전이 윤곽을 드러내고 변화가 보다 명확하게 정의될 즈음이 되면 초점은 혁신이 직원에 미치는 영향을 이해하고 변화 계획을 세우는 것으로 옮겨간다. 이해관계자 참여 계획, 의사소통 전략 및 계획, 트레이닝 계획, 극소수의 핵심 행위 정리, 변화에 대한 수용 정도를 측정하고 모니터링하는 접근법 등이 포함된다.

혁신을 준비하라

1단계에서 시작된 경영진 합의라는 어려운 일은 2단계에서도 지속된다. 2단계에서 경영진은 혁신 테마에 대한 전반적 합의를 이뤄야 한다. 이 지점의 초점은 뒤쳐진 사람을 데려오고, 합의를 이끌어내고, 경영진이 혁신 목표에 대해 지닌 확신을 보여주는 행동을 조정하고 테스트하는 것이다. 혁신과 관련된 사람의 수는 적지만, 존경을 받고 있으며 혁신의 핵심 소수 행동을 실제로 실행할 경우 주위에게 비공식적인 영향을 미칠 수 있는 사람들이다.

이제는 공식적 권한을 지닌 임원들뿐 아니라 진정한 비공식적 리더(AIL: Authentic informal leader)를 확인하고 혁신에 동참시켜야 한다. 진정한 비공식적 리더란 직위가 낮거나 공식적인 관리 역할 및 권한이 없다 하더라도 여타 직원의 롤모델로서 신뢰를 받는 사람들을 의미한다. 그들은 이미 미래 상태의 문화적 특성과 소수의 핵심 행동을 취하고 있을 것이다. 그들은 이미 기업 문화의 긍정적인 요소를 개인화하고 있는 사람들이다. 그들은 주변 사람들에게 항상 드러나 있으므로 주변인들을 동기 부여하고 새로운 행동을 이해하고 받아들이도록 하는 데 중요한 역할을 할 수 있다.

이해관계자를 참여시켜라

2단계 초반에서 기업은 핵심 이해관계자가 누구이며, 그들이 혁신을 어떻게 바라보고 있는지 확인해야 한다. 이해관계자 중 대다수는 혁신을 직접적으로 실행하거나, 아니면 혁신을 대하는 태도를 통해 기업 전반에 큰 영향을 미칠 수 있는 사람들이다. 따라서 누가, 어떻게 영향을 받는지 파악하고, 그들을 어떻게 활용할지 결정해야 한다. 누가 혁신에 열성적이며, 누가 협력자

| 그림 16.1 | 이해관계자 세분화 예시

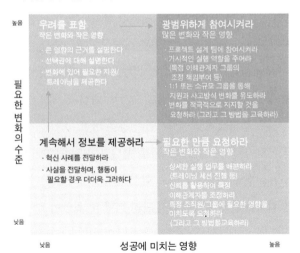

자료: PwC Strategy&

가 될 수 있는가? 어떻게 하면 그들을 변화의 홍보 대사로 활용할 수 있을까? 한편으로는 누가 혁신을 반대하는지, 무엇에 대해 반대하며 그 이유는 무엇인지, 그리고 그러한 반대 의견을 어떻게 극복할 수 있을지 자문해야 한다.

이해관계자들은 (결과가 미치는) 영향력의 정도와 (혁신 프로젝트의 결과로) 필요한 변화의 수준에 따라 세분화된다. 이와 같은 세분화는 이해관계자들의 우선순위를 결정하여 핵심적인 이해관계자의 우려에 먼저 대처하고 변화를 확산하는 데 참가하도록 협력자들을 강조하는 데 도움이 된다(그림 16.1).

세분화가 완료되고 나면, 이해관계자 참여 계획을 준비해야 한다. 특히 변화의 정도가 크지만 부정적인 사람들에 집중한다. 주로 이해관계자들의 우려, 그러한 우려를 어떻게 해결할 것인지, 누가 어떻게 나설 것인지를 문서화한다. 각 계획에는 이해관계자들이 "지지자"가 될 때까지의 단계를 명확하게 제시해야 한다.

직원 영향 평가

2단계가 진행되고 미래의 상태가 명확하게 나타남에 따라, 직원들이 혁신 프로젝트를 통해 받는 영향이 드러난다. 다양한 직원 그룹이 변화에 어떤 영향을 받는지 확인하고, 참여와 의사소통, 트레이닝, 행동 변화 계획을 조정하여 직원들이 미래의 상태로 옮겨 가도록 돕는다.

영향 평가는 직원들을 자연스러운 카테고리로 세분화하는 것으로 시작되며 주로 역할, 부문, 사업 분야, 지역에 따라 나눈다. 예를 들어, 미국 오피스의 콜센터 직원이나 현장의 판매 직원, 기획과 집중에 중점을 둔 재무 관리자와 애널리스트들로 나누는 식이다. 영향은 역할과 책임, 지역, 프로세스,

| 그림 16.2 | 이해관계자 영향 평가 예시

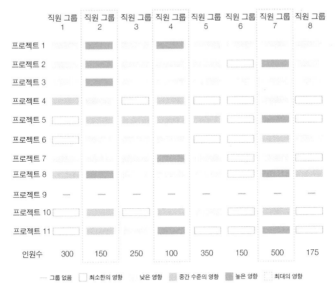

자료 : PwC Strategy&

툴, 기술 및 지식, 행동, 성과에서 발생하는 변화를 말하며, 미래의 조직 및 프로세스를 설계할 혁신 워크스트림 팀이 영향 평가를 실행한다. 바로 그들이 영향을 가장 분명하게 표현할 수 있기 때문이다(그림 16.2).

직원 그룹에 미치는 영향의 성질과 규모가 파악되고 나면, 혁신 팀은 선별된 계획을 전개한다.

의사소통 및 참여 계획

2단계에서는 의사소통 및 참여 계획을 세운다. 처음에는 "핵심 메시지 플랫폼" 개발에 집중한다. 이를 통해 기업은 혁신 프로젝트의 인지도를 높이고, 핵심 개념을 소개하며 주요 메시지를 강화하고, 변화의 필요성을 알리고, 직원들로 하여금 위급함을 느끼도록 한다. 매체로부터의 질문에 대응하고 비용 절감 목표를 투자자와 기업 내부에 전달하기 위한 외부 메시지 역시 이에 포함된다. 메시지 플랫폼은 유일한 정보의 소스로서, 여기에서부터 전사와 기업 내부에 전달될 세부적인 메시지가 파생된다.

2단계 진행 상황과 직원들에게 미치는 영향이 파악됨에 따라, 세부적인 의사소통 및 직원 참여 계획을 준비한다. 참여 계획에서는 실행을 통해 개별 직원 그룹을 참여시키고 움직이도록 할 행동과 메시지를 정한다. 큰 틀은 직원 영향 분석을 통해 주어지지만 최대한의 효과를 위해서는 기업의 문화를 활용하여 개별 직원 그룹에 맞게 조정해야 한다. 누가 참여하는지, 핵심 메시지는 무엇인지, 전달될 내용과 그 이후 해야 할 일은 무엇인지 등, 직원 그룹과의 의사소통 요소를 세부적으로 제시한다.

중간 관리자 그룹과의 의사소통은 특히 중요하다. 중간 관리자들은 실행 단계에서 실제로 변화를 이끌어내는 실행 팀인 경우가 많으며, 그들의 리더십과 변화에 대한 태도는 혁신의 성공에 결정적인 영향을 미친다. 그러나, 동시에 중간 관리자 그룹은 변화에 반대하는 경향이 많다. 우리의 고객들은 중간 관리자 그룹을 일컬어 "돌 같은 중간층"이라고 부르기도 한다. 그들이 얼마나 틀에 박혀 있는지를 강조하는 호칭이다. 중간 관리자 그룹은 과거에 나름의 방식대로 조직을 운영하고 업무를 진행해왔다. 그들은 기존 조직에서 적절한 방식으로 행동함으로써 승진을 했으며, 계속해서 과거의 방식대로 행동하는 것이 향후의 커리어에도 도움이 될 것이라고 믿는다. 하지만 혁신 프로젝트가 실행되면 그들은 지금까지 그들이 성공하도록 해준 방식을 버리고 새로운 업무 방식을 익히도록 지시받게 된다.

우리의 경험에 의하면, 혁신 프로젝트의 성공을 위해서는 2단계가 끝난 후가 아니라, 2단계가 진행되는 동안 이러한 중간 관리자들을 끌어들여야 한다. 2단계 세부적인 설계 워크스트림은 중간 관리자들과의 1:1 인터뷰나 포커스 그룹을 통해 중간 관리자들이 현재 어떻게 일하고 있는지, 그리고 그 과정에서 어떤 문제가 발생하는지를 충분히 파악한다. 프로젝트가 진행됨에 따라, 중간 관리자들과 공동으로 솔루션을 개발하거나 워크스트림 팀의 제안을 수정하는 등 중간 관리자들의 참여를 유도한다. 이러한 방법을 통해 잠재적인 문제를 파악하여 혁신 프로젝트를 보다 견고하게 설계할 수 있게 된다. 또한, 중간 관리자들은 그들의 목소리가 닿고 그들의 기여가 가치 있게 여겨진다는 것을 직접 목격하게 된다.

| 표 16.2 | 의사소통 계획 예시

채널	내용 개관	목표 청중
대규모 회의	• 신규 운영 모델의 모든 직원들에게 새로운 업무 방식과 성장 계획을 전달한다	• 지역별 전사 조직
로드쇼	• 지리적 허브를 방문하여 신규 운영 모델, 새로운 업무 방식, 성장 계획을 전달하고 논의한다	• 지역별 직원
이메일	• 전사 직원에게 신규 운영 모델과 새로운 업무 방식, 성장 계획을 전달한다 • 질문에 대한 답을 제시하고(FAQ 등), 변화를 요약하고, 어려움을 인정하고, 향후의 계획을 설명한다	• 전사 조직
부문별 총원	• 모든 직원에게 상세한 변화 내용과 그러한 변화가 조직원에게 어떻게 영향을 미치는지 전달하고, 새로이 기대되는 행동을 전달한다 • 직원들에게 질문할 기회를 제공한다	• 모든 부문 직원
티타임	• 부문별로 직원들과의 비공식적 논의를 통해 새로운 조직 구조와 부문의 미래를 이야기한다	• 모든 부문 직원
화상 회의	• 모든 직원에게 상세한 변화 내용과 그러한 변화가 조직원에게 어떻게 영향을 미치는지 전달하고, 새로이 기대되는 행동을 전달한다	• 모든 부문 직원
리더십 회의	• 부문별 진행 상황과 모든 어려움을 업데이트한다	• 리더십 팀
블로그	• 프로젝트에 대한 전사적 업데이트를 제공하고 변화와 관련하여 가장 긴급한 질문에 답한다	• 전사 조직
비디오	• 신규 운영 모델의 모든 직원들에게 새로운 업무 방식과 성장 계획을 전달한다	• 전사 조직
기업 뉴스레터	• 모든 직원에게 상세한 변화 내용과 그러한 변화가 조직원에게 어떻게 영향을 미치는지 전달하고, 새로이 기대되는 행동을 전달한다	• 전사 조직

자료: PwC Strategy&

혁신 팀을 선별하는 과정 역시 참여를 독려하는 한 측면으로 볼 수 있다. 이상적으로, 워크스트림 리더들은 조직 내 신뢰성과 역량, 인간관계 기술이 좋은 사람들로 선별되며 이 지점에서, 그들은 그들의 신뢰성과 지식, 역량을 발휘하여 중간 관리자들과 효과적으로 교류한다.

의사소통 계획은 전반적인 직원 참여 계획의 일부로서, 혁신 과정에서 활용될 세부적인 의사소통 리스트뿐 아니라 직원 그룹별로 의사소통의 목적, 그룹별 우려 사항, 핵심 메시지, 의사소통 방법, 시점 등을 포함해야 한다(표 16.2).

예를 들어, 한 유통 회사는 포괄적인 참여 및 의사소통 계획을 세워 고객 경험을 개선하기 위한 직원들의 변화를 유도했다. 회사는 매니저, 부매니저, 시간제 직원 등 매장의 주요 직원 그룹별로 맞춤 계획을 세웠다. 이는 부문의 임원으로부터 지역 총 담당자, 지역 총 담당자로부터 구역 담당자, 구역 담당자로부터 매장 매니저로 이르는 컨퍼런스 콜로 시작되었다. 이후, 며칠 내에 구역 담당자는 "인지도 프레젠테이션"을 통해 상세한 정보 내역을 매장 관리자들에게 전달했다. 프레젠테이션 후에, 구역 관리자는 매장 매니저들과 1:1 회의를 통해 고객 경험 개선을 위해 성과 목표가 어떻게 변화하는지, 그리고 보너스 지급 방식은 어떻게 변화하는지 설명했고, 매장 매니저들은 매장 내 회의에서 요점에 집중하여 핸드아웃과 업무 설명 등을 활용하고 그러한 정보를 직원들에게 전달했다. 몇 주 후, 매장 매니저들은 개별 프로세스의 변화에 대한 보다 선별적인 정보와 트레이닝을 받게 되었다.

이러한 과정에서 유통업체는 회사의 문화를 활용했다. 전반적인 메시지는 고객 경험 개선을 위해 혁신이 왜 필요한지를 설명하는 내용이었으며 고객 경험 개선은 직원들이 중요하게 생각하는 이슈였다. 하향식으로 이어지는 컨퍼런스 콜은 조직의 위계적 특성을 충분히 존중하고 있었으며, 매니저들로 하여금 직속 상관과 보다 편안하게 의사소통할 수 있게 해주었다. 가장 어려운 부분은 매니저와 직원 사이의 1:1 대화였는데, 이 역시 기업의 문화에 맞게 진행되었다.

트레이닝 계획

2단계에서 중요한 부분은 미래의 트레이닝 니즈를 찾아내고, 혁신에 따라 필요성이 대두되는 새로운 기술, 행동, 성과에 대한 통합 트레이닝 계획의 로드맵을 짜는 것이다. 트레이닝을 통해 직원들은 새로운 직무를 이행하기 위해 필요한 지식과 기술을 습득해야 한다(새로운 프로세스에 대한 설명이나 신규 시스템 사용 방법 등). 리더십이나 인간관계 기술을 개선하고 새로운 행동에 익숙해지도록 돕는 것 역시 트레이닝에 포함된다.

트레이닝을 계획하는 과정에서 전반적인 프로젝트 니즈에 대한 부분은 하향식으로, 개별적인 워크스트림 니즈를 반영하는 부분은 상향식으로 이뤄져야 한다. PMO와 변화관리 팀이 하향식 트레이닝 니즈를 찾고 핵심 행동 변화와 같은 전반적 부분을 담당한다. 상향식 트레이닝 니즈는 이해관계자 영향 평가의 일부로서 개별 워크스트림이 진행한다. 상향식 니즈는 개별 트레이닝에 대한 요구나 대상 직원 등 측면에서 보다 세부적인 경우가 많다. 예를 들면, 은행의 분점 직원들을 대상으로 새로운 고객 관리 어플리케이션을 교육하는 것 등이 이에 포함된다.

교육 및 개발 조직은 모든 요청을 수집하여, 2단계 종료 및 3단계 시작 시점에 포괄적인 트레이닝 로르맵을 제시해야 한다. 트레이닝 계획은 프로젝트 실행 계획, 의사소통 및 직원 참여 계획과 보조를 맞춰야 한다.

위에서 예시로 들었던 유통업체는 3개년 학습 및 개발 계획을 세우고 실행하여 매장 직원들로 하여금 보다 나은 고객 경험을 전달할 수 있도록 했다. 첫해의 교육은 고객 경험을 개선하기 위한 핵심적인 행동과 프로세스 변화에 집중했다. 특정 제품을 찾고 있는 듯 보이는 고객을 어떻게 도울 것인지 등과 같은 내용이 포함되었다. 매니저는 리더십과 성과 관리 트레이닝을 통해 직원들을 보다 잘 코치하고 관리할 수 있게 되었다. 두 번째 해에는 매장 매니저를 대상으로 혁신의 지속가능성에 초점을 둔 트레이닝이 진행되었다. 매니저들은 팀을 성장시키는 기술을 배우고 고객 행동을 개선하는 방법을 배웠다. 마지막 해에는 아직 매장에 자리 잡지 못했거나, 강화가 필요한 고객 경험에 대한 추가적인 트레이닝이 진행되었다.

문화의 영향과 핵심 행동

1단계에서 수립된 혁신 목표는 문화적 평가를 통해 얻은 통찰력을 바탕으로 걸러져야 한다. 예를 들어, 이론적으로는 훌륭해 보이는 혁신 기회는 실제로 실행하는 과정에서 직원들의 감정적 반발 때문에 이행하기 어려울 수 있다. 이는 그러한 기회를 포기해야 한다는 말이 아니라, 기회를 평가하는 과정에서 문화라는 요소를 고려해야 한다는 말이다. 예를 들어, 기업가적인 문화를 지닌 한 회사에서 개별 관리자들이 큰 권한을 가지고 있을 경우, 셰어드 서비스를 고안하고 지역 관리자들이 관리하던 자원을 통합하는 것은 문화적으로 커다란 역풍을 맞을 수 있다. 만약 해당하는 개선 기회가 너무도 중요하다면 경영진은 이를 추구해야 하겠지만, 그 과정에서 잠재적인 문화적 어려움을 충분히 고려해야 한다. 문화를 이해하는 것은 스마트한 의사결정에 도움이 되며, 혁신 계획이 실행 단계로 접어들며 발생할 수 있는 차질을 방지하는 데도 큰 도움이 된다.

2단계는 혁신 실행 과정에서 직원들에게 가장 중요한 영향을 미칠 소수의 핵심 행동을 정의하는 단계이기도 하다. 혁신 팀은 1단계에서 수집한 문화적 특성을 바탕으로 핵심 행동을 규정한다. 예를 들어, 만약 기업에게 "완벽하게" 솔루션을 이행하는 것보다 신속하게 행동하는 것이 더욱 중요할 경우, 핵심 행동은 완벽성과 속도 사이에서 적절한 트레이드오프를 조정하는 것에 집중해야 할 것이다. 얼마나 많은 핵심 행동을 지정할 수 있을까? 일반적으로 3개가 적절하다. 소수의 행동에 집중함으로써 가장 중요한 부분에 에너지를 집중할 수 있다.

이처럼 포괄적인 행동 테마는 역할 및 직급별로 조직 내의 세분화된 부문에 전달되어야 한다. 핵심 행동은 최대 1장의 간단한 메모를 작성하도록 하거나, 핵심 의사결정을 내리는 과정에서 독립적인 두 부문의 담당자가 참여할 것을 명기하는 등 간단한 방법으로 나타날 수 있다.

예를 들어, 거래 비용 관리 개선에 초점을 맞춘 한 소비재 기업은 "익숙하지 않은 상황에서 일하고 솔루션을 반복하며 협력하는" 것을 핵심 행동으로 삼았다. 아이디어나 접근법이 실패하는 이유를 설명하는 일을 계속해서 반복하고 확대하는 기존 업무 방식하에서, 전체 조직이 재작업에 사용하는 시간이 자꾸만 확대되고 있었기에 이는 기업에 매우 중요한 일이었다. 이처럼 낭비되는 시간을 제거하는 일은 혁신의 성공에 큰 도움이 되었다. 기업은 이러한 시그널을 2가지 방식으로 나타냈다. 먼저, 모든 팀 회의의 일정 부분을 새로운 거래 비용 문제에 대한 해결책을 고민하는 데 사용하도록 했다. 둘째, 보다 적극적인 태도를 견지하여 이러한 솔루션에 대한 핵심 의사결정을 두 달이 아닌 2주 내에 공개적으로 내렸다.

3단계: 실행

3단계에서, 프로젝트가 실행됨에 따라 2단계에서 세부적으로 개발한 계획이 조직 전반에서 실행으로 옮겨진다. 이 단계에서 변화관리가 속도를 내게 된다. 조직 전반을 대상으로 상세한 변화 사항을 전달하고, 트레이닝을 진행하고, 행동 변화를 촉구하고, 변화 내용을 모니터링하고, 필요한 곳에 관여하는 것이다.

경영진의 참여

고위 경영진은 혁신 프로젝트 실행 과정에 참여하며, 계속해서 존재감을 드러내야 한다. 그러나 한번 설계가 완료되고 방향이 결정되고 나면 임원들은 다른 우선순위에 집중하여, 일반적인 직원들의 눈에는 띄지 않게 되는 경우가 많다. 이를 방지하기 위해 임원들의 역할을 의사소통, 참여, 소수의 핵심 행동에 대한 모델링으로 확대해야 한다. 핵심 메시지를 활용하여 "계속해서 혁신을 이야기"하는 등 지속적으로 목소리를 내야 하며, 상위 및 중하위 관리자들이 적절한 시간에 조직 전반의 혁신에 참여할 수 있도록 노력하게 해야 한다. 임원들은 최소한 한 달에 한 번씩은 정기적으로 만나 직원들의 피드백과 혁신의 어려움에 대해 논의해야 한다.

혁신을 이야기하는 것보다 더욱 중요한 것은 롤모델링을 통해 혁신을 행동으로 옮기는 것이다. 혁신에 필요한 변화를 받아들이는 과정에서 사람들은 리더의 말에 담긴 것 외에 행동으로 나타나는 무언의 메시지를 주시한다. 따라서, 모든 직위의 리더들이 지속적으로 혁신의 목표와 일치하는 행동을 보이고 메시지를 전달하는 일은 매우 중요하다.

소수의 핵심 행동

전 단계에서 제시된 소수의 핵심 행동은 3단계에 이르러 조직의 세부적인 직위나 핵심 그룹별로 세분화된다. 경영진은 목표에 대한 의지를 보이는 핵심 행동을 보여주고, 중간 관리자들은 소수의 핵심 행동의 모델을 만들어 실무진이 이를 따르도록 격려한다. 예를 들어, 품질, 속도, 예산의 트레이드오프를 명확하게 의논하도록 하는 지침 등을 핵심 행동으로 꼽을 수 있다. 경영진은 수용 가능한 트레이드오프에 기반을 둔 원칙을 정의하고 언제 어떤 요소를 우선해야 할지 강조함으로써 핵심 행동에 대한 시그널을 줄 수 있다. 관리자들은 적절한 트레이드오프와 결과에 대한 영향을 논의하는 팀 회의에서 이야기를 공유함으로써 핵심 행동의 예시를 제시할 수 있다. 일선 관리자와 직원들의 역할은 적극적으로 트레이드오프와 리스크를 찾고 그에 대한 논의를 시작하는 것이다.

기업은 1단계, 2단계를 거치며 정리한 문화적 요소를 활용하여 전 직원이 새로운 핵심 행동을 하도록 유도할 수 있다. 예를 들어, 북미의 한 에너지 회사는 사업을 운영하는 새로운 방식에 대한 혁신 프로젝트를 시행했다. 중요한 문화적 변화가 이러한 변화의 기저에 깔려 있었다. 직원이 성과에 대한 책임을 서로 지는 문화를 구축한 것이다. 경영진은 조직 전반에 걸친 4가지 행동을 우선으로 꼽았다. 이는 프로젝트를 실행할 때 "할 수 있다"는 마인드를 불어넣는 것, 전사적 관점에서 생각하는 것, 적극적으로 책임을 감당하는 것, 그리고 기업의 사람들을 개발하는 것이었다. 개별 사업부에서 고위 관리자들과 비공식적 리더들은 소규모의 그룹을 만들어 4가지 행동을 세부적인 행동으로 수정했다. 예를 들어, "적극적으로 책임을 지는 일"이 전력 분야와 발전 분야에서 어떻게 다를지 구분하고 직급별로 어떻게 나타날지 정리했다. CEO는 전사적 웹캐스트를 통해 행동 양식을 소개했고, 개별 사업부 리더들은 팀장들에게 이를 전달했으며 그 과정에서 팀장들과 "중요한 의사소통"을 진행했다. 이러한 행동은 추후에 전사적인 성과 검토 시스템으로 자리를 잡았다.

비공식적 리더

3단계에서 기업은 AIL의 네트워크를 확대하고, 실제로 활용하여 핵심 행동을 전파하고 행동을 받아들이고 수행하도록 하는 연쇄 작용을 촉진시킨다. 사실은 혁신 팀의 구성원 개개인이 핵심적인 AIL이자 "얼리 어답터"이다. 이들은 혁신에 대한 확신을 가지고, 혁신 프로젝트가 진행됨에 따라 혁신에 열정적인 지지자이자 행동 변화를 받아들이는 사람들이 된다. 실행 단계로 접어들 즈음, 그들의 개인적 변화 과정은 동료들은 물론이고 전사적인 AIL 네트워크에 영향을 미칠 수 있는 설득력 있는 이야기가 된다. 기업은 다양한 방법을 활용하여 AIL를 찾아낼 수 있는데, 정기적인 프로젝트 회의나 포럼을 통해 직접 스카우트하거나 추천을 통해 크라우드 소싱을 하거나(검증을 위한 인터뷰 포함), 또는 조직의 네트워크 분석 데이터를 활용할 수도 있다.

우리는 다양한 방식으로 AIL와 협력했다. 그들은 기업 문화에 대한 통찰을 제공했으며 어떤 행동이 성공으로 이어지는지, 메시지를 퍼뜨리는 데 도움이 되는지, 사람들의 냉소를 극복하도록 돕고, 타인이 변화에 동참하도록 하는지 알려주었다. 그들은 사내 모든 직급의 사람들에게 롤모델이 될 수 있으며, 그들이 바람직한 행동을 하는 것은 실제로 변화에 대한 기업 내 저항을 축소하는 데 도움이 되었다.

의사소통을 진행하기

프로젝트가 실행됨에 따라, 기업은 의사소통을 통해 사람들이 새로운 행동을 받아들이는 것을 돕고, 성공 사례와 모범 사례를 공개하고, 핵심 주제와 메시지를 설명하고 강화하는 스토리를 만들고, 실질적인 혁신 활동과의 전략적 연관성을 만들고, 핵심 행동을 강화한다. 2단계에서 수립된 참여 및 의사소통 메커니즘을 실행으로 옮기고, 프로젝트 워크스트림이 필요로 하는 정보가 특정 변화와 영향력 아래 있는 직원들에게 전달된다. 혁신 팀의 일원이 아닌 이해관계자들을 대표하는 사람들로 구성된 자문 위원회와 같은 새로운 메커니즘은 사람들이 알고 싶어 하고 우려하는 부분에 대한 답과 메시지가 어떻게 전달되는지에 대한 피드백을 제공한다. 의사소통은 일방적 강의가 아니라 질문을 주고받는 양방향 대화라는 것을 확실히 해야 한다.

트레이닝을 진행하기

커뮤니케이션은 어떤 변화가 언제 일어나며, 무엇을 해야 하는지에 대해 사람들을 교육하기에 좋은 툴이다. 그러나, 커뮤니케이션만으로 새로운 모델에서 성공적으로 일하기 위해 필요한 기술을 익힐 수는 없다. 적절한 시간에 트레이닝을 제공하여 조직, 프로세스, 시스템 변화를 매끈하게 진행할 수 있도록 해야 한다. 이 시점에서, 성실한 영향 평가와 참여, 실행, 트레이닝 계획 수립을 결합할 경우 기업은 혁신 과정에서 필요한 중요한 기술을 활용할 수 있게 되므로 기업에 이익이 된다. 트레이닝은 변화 시점과 나란히 진행되어야 하며, 가끔은 변화보다 조금 더 일찍 진행해야 하는 경우도 있다. 예를 들어, 새로운 업무 흐름이나 신규 IT 시스템에 적응하기 위해서는 트레이닝이 필요하다.

많은 기업들은 운영 트레이닝, HR 교육 및 개발 부서를 지니고 있으며 이들은 혁신 과정에서 필요한 트레이닝을 제공하는 데 활용된다. 트레이닝의 특성과 규모에 따라 단기적인 외부 트레이닝 서비스를 도입하여 도움을 받을 수도 있다. 종종 "트레이너를 키우는" 접근법이 진행되며, 이는 중앙 트레이닝 팀이 부서의 매니저를 교육하고, 그들이 다시 직원들을 교육하는 식의 접근법을 말한다. 이러한 방법을 활용할 경우 교육 대상이 확대되는 것 외에, 팀을 관리하는 관리자들에게 변화의 책임을 지움으로써 전사적으로 혁신 메시지를 강화할 수 있다는 장점이 있다.

변화 정도를 측정하기

기업은 행동의 변화를 모니터링하고 행동과 문화 변화의 영향을 측정해야 한다. 그 결과를 바탕으로 혁신 팀은 평가하고 조정할 수 있다. 이를 통해 어떤 것이 효과가 있는지를 알아내고 변화를 독려하기 위한 다음 단계의 계획을 조정하며, 새로운 행동 방식이 자리를 잡을 때까지 계속해서 혁신 프로젝트를 이끌어나간다. 전통적인 변화관리는 변화의 인지도와 이해 정도를 평가하는 수준에서 그쳤다. 혁신에는 근본적인 행동 변화가 필요하며 변화의 수용, 도입, 의지를 강조하는 것이 중요하기 때문에, 측정 위주의 접근법 역시 보다 폭넓은 모니터링과 모니터링 활동, 의사소통과 참여 계획, 효과, 전반적 혁신의 성공을 포함하는 활동으로 바뀌어야 한다. 변화 정도를 세심하게 측정하는 것은 언제 어떤 커뮤니케이션이 강화되어야 하는지, 어떤 부분에서 예측이 어긋났는지, 또는 언제 추가적인 트레이닝이 필요한지 등을 파악하는 데 도움이 된다.

지속성장을 위한 체질 개선 혁신의 성공은 전적으로 직원들이 새로운 업무 방식을 얼마나 받아들이고 행동 양식을 어떻게 바꾸는지에 달려 있다. 항상 커다란 변화가 필요하며, 직원들은 이를 쉽게 받아들이지 않을 것이다. 사전적이며 잘 설계된 일관적 변화관리 접근법을 통해 직원들이 기존 방식에서 새로운 방식에 보다 잘 적응하도록 도와야 한다. 간단한 대화나 트레이닝을 넘어 조직의 문화를 가능한 한 활용하는 변화 노력이 필요하다.

대규모의 변화는 하룻밤에 이뤄지지 않으며, 한 달 만에 이뤄지지도 않는다. 핵심은 결과와 조직을 돕는 것에 지속적으로 초점을 맞추며 옳은 방향으로 조금씩 변화해가는 것이다.

17 /

지속성장을 위한 체질을 확보한 기업으로 남기

과거에는 혁신을 일회성 이벤트나 새로운 기술, 엄청난 스캔들, 대규모 원가 변동 등 흔하지 않은 단기적 시장 변화로 인해 조직을 근본적으로 조정하는 것으로 보는 경향이 강했다. 그러나 최근 글로벌 경제를 살펴봄으로써 변화가 지속적인 것으로 변했다는 점을 발견할 수 있다. 모든 산업, 모든 규모의 기업들은 변동성이 크고 예측 가능성이 낮은 환경에서 일하고 있다. 성공적인 기업이 되기 위해서 기업은 시장 변화에 따라 계속해서 스스로 변화해야 하며, 나아가 스스로 변화할 역량을 제도화해야 한다.

이러한 측면의 경쟁력을 지닌 기업은 매우 드물지만, 실제로 변화 시도는 계속해서 이뤄지고 있다. 우리의 연구에 따르면 성과 혁신 프로젝트 중 목표를 달성하는 비율은 반도 채 되지 않는다. 기업이 필요성을 느끼고, 그에 따라 역량을 동원하고 좋은 의도에 따라 행동한다고 해도, 기회를 포착하고 대규모로 비용을 절감하고 그 효과를 지속하기 위해 필요한 것은 그뿐만이 아닌 것이다.

성장을 위한 최적의 모습을 유지하기 위한 이 모든 노력은 수많은 관심의 대상이 되지만, 직원들이 기존의 행동 방식 및 지출 습관으로 돌아감에 따라 그 긍정적인 효과는 오래가지 못하는 경우가 많다. 그 어떤 조직도 혁신 상태를 영원히 지속할 수는 없으며, 정상 상태로 돌아가면 비용과 직원 수 또한 원래 상태로 돌아가게 된다. 프로젝트 관리 오피스는 해체되었으며, 다양한 워크스트림의 일원이었던 "최고의 인재"들은 일상적인 업무로 돌아간다. 그리고 지속성장을 위한 체질 개선 프로젝트가 한창 진행될 당시 기업의 특징이 되었던 긴급성과 엄격한 감독은 자연스레 느슨해진다.

| 그림 17.1 | 지속성장을 위한 체질 개선 레버

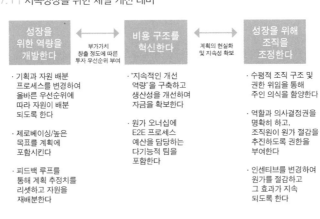

자료: PwC Strategy&

그렇다면, 어떻게 혁신의 분위기를 지속할 수 있을까? chapter 1에서 언급되었던 이케아와 같이 높은 원가 의식을 지닌 문화는 어떻게 구축할 수 있을까? 이케아에서는 모든 직원이 "우리는 회사의 돈을 자신의 돈처럼 사용한다"고 자랑스럽게 말한다. 이케아에서 원가 의식은 사람들이 꺼리는 규칙이 아니라 조직적 역량과 공유된 사고방식으로 자리매김한 것이다. 보고 있는 사람이 있든 없든 상관없이, 직원들은 모든 지출 결정 시 그 돈이 자신의 주머니에서 나가는 것처럼 생각한다.

경영진은 원가 의식과 문화를 북돋기 위해 4가지 종류의 레버를 활용할 수 있으며, 이들은 chapter 2에서 소개한 지속성장을 위한 체질 개선 원칙으로 구성된다(그림 17.1). 먼저, 기획 및 예산안 구성 프로세스를 전략과 보다 밀접하게 묶어 자원을 차별화 역량에 재분배할 수 있도록 하는 전략적 레버가 있다. 두 번째는 운영적 레버로서, 이를 활용하여 지속적으로 비용 구조를 전략에 맞게 조정할 수 있다. 세 번째는 조직적 레버이며 일상적인 업무 과정에서 직원들이 기업의 재무적 이익을 위해 움직이도록 동기 부여하고 권한을 부여한다. 마지막으로 문화적 레버는 장기간에 걸쳐 원가 의식을 북돋우는 가치 시스템을 강화한다. 앞선 2개 레버는 기업의 "하드웨어"를, 뒤의 2개 레버는 "소프트웨어"를 조정하는 것으로 볼 수 있다.

전략적 레버: 전략을 성과로 옮기기

대부분의 기업들은 원가 혁신의 에너지를 지속하지 못하며, 그 효과도 마찬가지인 경우가 많다. 혁신은 이벤트성 활동으로 간주되며 목표나 기한에 다다른 후 모든 것은 "원래 상태"로 돌아간다.

우리는 굳건한 사업 계획과 성과 관리 시스템을 통해 성과와 전략을 효과적으로 조정하지 않는 기업에서 전략 개발과 자원 배분이 서로 다른 방향으로 움직이는 사례를 종종 목격했다. 관리자들은 달성 여부에 확신이 없거나, 달성이 힘들어 보이는 목표 내지 역량에 대해서는 자신감 있게 투자할 수 없다. 더욱이, 비즈니스가 주주와 외부 구매자 중 어느 쪽에게 더욱 가치 있는지 정확하게 평가할 수 없으므로 좋은 포트폴리오 관리 결정을 내리지 못하게 된다.

전략적 우선순위에 따른 투자가 이뤄지도록 자원 배분을 수정하라

기업은 지속적으로 전략적 역량과 고도성장하는 사업에 자원을 배분해야 한다. 그러지 않으면 투자는 이미 안정 단계에 접어들어 BCG 매트릭스에서 "Cash Cow"나 "Dog"로 분류되는 사업 부문으로 흘러가게 될 것이다. 이러한 부문은 기존 시스템상에서 가장 강력한 로비 능력을 지니고 있다.

지속적으로 우선순위와 고도성장 기회(전략과 일치하는 부문 등)에 초점을 맞춰 자원을 배분하기 위해서는 재무 계획, 예산안 구성 프로세스, 시스템을 전략적 기획 프로세스와 일치시켜 이들이 지속적으로 통합될 수 있도록 해야 한다. 원가 혁신 프로젝트 중 진행한 일, 즉 기초 역량 부문 및 필수 역량 부문의 비용을 절감하고 차별화 역량에 투자하는 일은 연간 예산안 구성 프로세스와 연내 자원 배분 프로세스를 통해 지속적으로 진행되어야 한다.

chapter 6에서 논의한 바와 같이 예산 수립 과정에서 제로베이싱을 활용하는 것은 기울어진 운동장을 보다 평탄하게 함으로써 성숙 단계를 넘어 쇠

퇴하는 사업에서 전략적 우선순위를 지닌 부문으로 투자를 조정할 수 있는 방법 중 하나다. 일반적으로, 재무 시스템은 더욱 투명하게 차별화 역량을 강화하는 "좋은" 비용과 불필요한 "나쁜" 비용을 구분해야 한다. 예산안 구성 프로세스를 강화하여 차별화 역량, 기초 역량, 필수 역량에 대한 지출 수준과 관련하여 논의를 진행하고, 역량별로 투자되는 자금이 "적절한" 수준인지 검토하라. 또한 자원 배분 역량을 개선하라. 예를 들자면 결정 권한을 올바른 사람에게 주어, 기업의 핵심 역량 및 전략과 적합한 투자 결정이 이뤄지도록 하고, 투명성과 새로운 의사결정 역할을 동반하는 새로운 "경영 사례"를 활용하는 것이다.

역동적인 "지각하고 조정하는" 계획 프로세스를 도입하라

업계를 선도하는 기업은 단순히 혁신 계기에 반응하기보다는 그를 예측하는 "지각 및 조정" 역량에 대한 투자를 확대하고 있다. 그 이름에서 알 수 있듯이, 이 적극적인 접근법을 통하여 기업은 경제 및 시장 조건에 따라 사업 계획을 기민하게 변경할 수 있다. 목표는 혁신의 고통을 완전히 피하는 것이다.

계획 프로세스의 지각 부문은 지속적으로 데이터를 수집하고 분석하여 현재와 미래의 경영 조건을 파악하며, 이러한 자료를 바탕으로 가능성 높은 결과를 예측한다. 전략적·운영적 계획에 드러난 기존 계획 정보를 활용하여 이를 핵심 성과 데이터와 통합함으로써 주요 문제의 전문가들과 전사의 경영진이 활용 가능한 정보의 "대시보드"를 구성한다.

조정은 동시에 따라오는 프로세스로서 인지된 결과에 따라 비즈니스를 변경한다. 부문 및 비즈니스 리더가 자원과 역량 간 트레이드오프 및 사람, 프로세스, 기술에 미칠 영향을 평가하고 경쟁력을 구축하거나 유지하기 위해 어떤 전략을 추진할지에 대한 합의에 이른다. 조정이 진행됨에 따라 시장 변화를 감지하고 이러한 유연한 반응을 모니터링 함으로써 지각 역량이 강화되고, 이 과정은 순환한다. 지각은 조정 없이는 큰 도움이 되지 않으며 역도 마찬가지다. 사이클의 두 부분은 서로를 완성하며, 효과를 위해서는 두 부분이 동시에 돌아가야 한다.

매년 사업부들을 소환되어 시장 수익과 성과 기대치를 제시하던 전통적인 연간 계획이나 예산안 구성 프로세스와는 달리, 지각 및 조정 프로세스는 지속적으로 이뤄진다. 항상 새로운 정보를 포함하며, 정보를 바탕으로 조정된 결과와 기대치를 만들어낸다.

전 세계의 선도 기업 중 일부는 시장의 시그널을 바탕으로 비즈니스 및 관련된 조직을 조정하는 지각 및 조정 역량 시스템을 성공적으로 수립했다. 지각 및 조정 환경에서 경영이 성장함에 따라 그들은 성숙한 고급 계획 프로세스와 리더십 역량을 보유하고 있다. 이러한 기업들이 모든 문제에 대비가 되어 있는 것은 아니다. 하지만, 그들은 문제가 발생하기 전에 전반적인 트렌드를 알아챈다.

지속가능한 사업 혁신을 지원하기 위해서는 기획 부문만이 지각 및 조정 역량을 보유하는 것으로는 충분하지 않다. 그 대신, 조직 전반에 뿌리를 내려야 한다. 전략적 기획이 사이클 내 지각 부문을 이끌 수는 있겠지만, 필요한 조정을 해내기 위해서는 실행 역량과 조직 설계로 직접적으로 연결되어야 한다.

운영상의 레버: 계획을 실행하기

전략적 의도가 좋은 많은 계획들이 실행 단계에서 실패하는 경우가 많다. 전략적 원가 관리 계획을 수립하는 어려운 과정을 거치고 나서, 실제로 이를 시행하고 성과를 모니터링하는 기업은 거의 없다. 따라서, 이러한 기업에서 원가가 슬금슬금 상승하여 원래 상태로 돌아오는 것은 불가피한 일이다.

일반적인 중간 관리자를 대상으로 가장 큰 일상적 문제가 무엇인지 질문하라. 무방비 상태에서 나온 즉각적인 답은 기획, 예산, 성과 검토 사이클일 것이다. 전도유망한 임원들이 밤잠을 이루지 못하게 하는 요인은 경쟁적 위협이나 공급 체인 이슈가 아니라, 늘 변화하는 기대치와 조직 내 모호한 책임 소재이다. 그들은 전진 명령에 대한 감을 잡지 못한다.

따라서, 직원들이 지속적으로 전략적 목표와 일관된 올바른 비용 의사결정을 내리도록 돕기 위해서는 무엇을 해야 할까? 우리는 3가지 방법을 제안한다.

"좋은" 비용과 "나쁜" 비용에 대해서 직원들을 교육하라

먼저, 원가 의식을 가진다는 것이 어떤 것인지 조명하라. 특히, 직원들을 도와 "좋은" 비용과 "나쁜" 비용을 구분할 수 있도록 하라. 이 구분은 생각처럼 확정적이지 않다. 한 맥락에서 낭비나 불필요한 것처럼 보이는 비용이 다른 부문에서는 필수적인 요소일 수 있다. (일례로 업무를 실행하는 판매원에게 있어서의 차량 수당과 임원에게 있어서의 차량 수당을 들 수 있다.)

직원들에게 개인적인 결정과 조직의 성과 사이를 직접적으로 연결하는 데 필요한 정보를 주어라. 원가 동인을 보다 투명하게 하고 조직 전반을 흐르는 결정 과정을 이해함으로써 직원들은 비용 지출에 있어 보다 좋은 선택을 할 수 있게 된다.

그러한 정보를 제 시간에 제공하지 못할 경우 조직의 비효율에 큰 영향을 미칠 수 있으며, 이는 비용 증가로 이어질 수 있다. 내부적으로 공유된 서비스에 비용을 지불할 경우 이는 더욱 흔한 일이다. 사업부가 서비스 비용의 정의에 대해 명확하고 정확한 정보를 가지고 있지 않을 경우, 사업부는 백지 수표를 가진 것처럼 행동하게 된다. 왜 그렇지 않겠는가? 예를 들어, 한 고객 서비스 회사에서, IT 비용은 사업부에 청구되지 않았으며, 심지어 공개되지도 않았다. 따라서 사업부는 자연스럽게 원하는 모든 것을 IT에 요구했으며 모든 요구 사항을 처리하기 위해서는 엄청나게 긴 시간이 필요하게 되었다. 그들은 서비스를 제공하는 데 필요한 비용에 대한 개념이 없었으며, IT 부서 역시 그들의 요구가 얼마나 심한 수준인지 알 수 없었다. IT 비용이 지붕을 뚫을 만큼 높아진 것은 놀랍지 않은 일이다.

계획적으로 회사의 돈을 무책임하게 사용하는 사람은 거의 없다. 만약 그들이 비용을 낭비할 경우, 이는 악의가 아니라 무지에 의한 경우가 대부분이다. 따라서, 제한적인 지출 정책을 공을 들여 만드는 것 대신, 보다 나은 선택을 위한 정보를 제공하고 그에 대한 인센티브를 제공해야 한다.

지속적인 개선 역량을 구축하라

현대의 급변하는 환경에서 경쟁하고 지속적인 개선을 달성하기 위해, 기업들은 지속적인 개선(CI: Continuous Improvement) 원칙을 내면화해야 한다.

이는 린이나 식스 시그마와 같은 다양한 개선 방법론을 활용하여 조직과 프로세스에 CI를 일으키는 것에 기반을 둔 리더십 철학이다. 그 목표는 경영진에서 실무진에 이르기까지 전사에 퍼진 장기적 비전과 지속적으로 학습하는 문화를 바탕으로 고객 가치를 극대화하는 것이다.

CI 프로젝트를 지도하고 조직하기 위하여, 많은 회사는 전문가 조직(CoE)을 구성한다. CoE의 규모는 작을 수 있으며(4~5명), 그 역할은 툴, 방법론, 지속적인 언어 및 트레이닝을 제공하고 CI 프로젝트를 모니터링하는 것으로 제한될 수 있다. 몇몇 회사에서 CoE의 규모는 그보다 클 수 있고(12명 수준), 그 역할은 조직 내의 CI 프로젝트를 실행할 "내부 컨설턴트"를 지정하는 것으로 확대될 수 있다.

CI 프로젝트는 다양한 형태를 띨 수 있지만, 기본적인 목표는 일반 직원에 대한 트레이닝과 권한 부여, 임원들의 참여, 적절한 툴과 지표의 수립을 통해 지속적인 자기 개선이 가능한 내부 역량을 확보하는 것이다. 이를 통해 CI 역량은 기업의 성격과 문화의 중심이 되고 행동의 표준을 변화시킨다.

우리는 경영자들이 (인공적으로) 긴급함을 강조하여 CI 프로젝트를 "밀어붙일" 경우 CI 역량이 더욱 성공적이라는 사실을 발견했다. 많은 경우, CEO는 전사의 연간 생산성 개선 목표와 개별 부서의 목표를 배분한다. 임원의 성과 목표와 연간 인센티브는 그러한 목표를 달성하기 위해 설정된다.

다기능적 프로세스 담당자를 임명하라

비용 구조를 지속적으로 조정할 수 있는 또 다른 방법은 개별 E2E 사업 프로세스를 다기능적 프로세스 담당자에게 배분하는 것이다. 프로세스 담당자의 임무는 기업의 핵심 프로세스가 경쟁 우위를 전달하도록 하는 것이며, 그렇지 못할 경우 업무를 복잡하게 하거나 업무 속도를 낮춰 불필요한 비용을 발생시키는 관행이나 절차를 수정하는 것 또한 임무에 포함된다. 그들의 목표는 업무를 진행하기에 보다 나은 방법을 찾아내는 것이다.

CI 접근법과 통합하여, 프로세스 담당자를 지정함으로써 E2E 프로세스 성과를 효과적으로 개선할 수 있다. 직원들을 동기 부여하고 업무를 보다 효과적으로 수행할 수 있도록 하는 효과도 동반한다. 기계적인 반복 업무, 불필요한 활동, 분열된 책임, 과도한 승인 요건은 프로세스 비효율을 유발할 뿐 아니라 직원들의 사기도 떨어뜨린다. 그들이 프로세스의 구조를 처음부터 끝까지 완전히 바꿀 권한을 쥐고 있을 경우, 직원들은 업무와 비용 양쪽에서 놀라운 비용 절감을 이뤄낸다. 프로세스 담당자는 성과의 위기를 감지하는 것뿐 아니라, 보다 폭넓은 고객 정의를 통해 성과를 개선한다. 이러한 업무에는 지속적인 관심을 기울여야 한다.

조직적 레버: 책임 소재를 분명히 하고 원가 의식을 장려하라

정확한 정보로 무장하고 적절한 인센티브로 동기 부여된 인사가 중요한 의사결정을 내리기에 적절한 위치에 있는 기업은 성공한다. 원가절감의 효과와 성과를 지속하고 싶은 기업은 의사결정권과 동기 요인의 2가지 레버에 집중해야 한다.

역할과 의사결정권을 명확하게 하여 원가 책임을 강화하라

의사결정권은 누가 의사결정을 하고, 의사결정이 어떻게 이뤄지는지에 대한 근본적인 역학을 규정한다. 아쉽게도, 공식적인 지휘 계통이나 책임 소재와 의사결정권이 항상 일치하는 것은 아니다. 누가 최종 의사결정을 내리고 누가 최종적인 책임을 지는지 불투명한 기업이 너무 많다. 의사결정권은 모호하거나 어긋나 있다. 야구에 빗대어보자면, 모든 외야수가 "내가 잡을게!" 혹은 "네가 잡아!" 하고 외치는 꼴이다.

특히 비용 문제로 오면 이러한 경향은 두드러진다. 의사결정권이 어긋나거나 잘못 정의된 경우, 원가 관리 과정에서 어려움을 겪게 된다. 관리자들은 원가가 "전문가", 즉 재무 부서의 영역이라고 주장하며 책임에서 발을 뺀다. 이러한 경향을 없애기 위해서는 중간 관리자와 일선 관리자를 포함한 모든 관리자에게 담당 부문의 비용에 대한 책임이 있다는 점을 분명히 해야 한다. 예산을 관리하고 예산을 맞추는 것은 신성불가침과 같은 영역이다. 재무 부서는 분석을 지원할 수 있으나, 의사결정권은 사업을 실제로 운영하는 사람에게 있다. 이와 비슷하게, 프로세스 담당자에게도 E2E 프로세스 성과와 비용을 관리할 의사결정권이 필요하다. 예를 들어, 타 부서로부터 비용이 배분되어 비용이 예산을 넘게 될 경우, 관리자는 배분된 비용에 직접적인 영향을 미칠 권한을 지닌다.

일부 매니저들에게는 재무적 감각에 대한 트레이닝이 필요할 수도 있다. 예를 들어, 소비자 서비스 회사는 신규 운영 관리자들에게 기본적인 재무제표를 교육하여, 그들이 어떤 행동을 할 경우 (또는 하지 않을 경우) 재무적 결과에 어떤 영향이 미칠지, 그리고 궁극적으로 조직원의 성과와 보너스에 어떤 영향이 미칠지 파악할 수 있도록 한다.

정치가 아닌 성과에 대한 동기를 부여하라

기업의 비전을 따르고 전략을 추구하도록 격려하는 것은 스포츠에 비유하자면 보다 빠르게, 보다 열심히 하라고 독려하는 것과 같을 것이다. 그러나 조직의 목표와 인센티브가 전혀 다른 시그널을 보낼 경우, 이는 그저 지나가는 바람에 지나지 않는다. 그러한 말에 힘을 싣기 위해서는 동기 요인이 기업의 조직에 명시된 방향과 같아야 한다.

인센티브 체계가 올바르게 수립되지 않은 경우, 조직 내에서는 체념, 냉소, 그리고 궁극적으로 불신의 문화가 자란다. 기업의 본부와 프런트는 서로를 신뢰하지 못하게 된다. 사업부와 지원 서비스는 협력하기보다는 경쟁하며, 관리자와 직원들은 소모적인 투쟁을 벌인다. 동기 부여가 되지 않은 직원과 관리자들은 기껏 해야 무관심과 평범한 성과를 보여줄 뿐이다. 최악의 경우, 그들은 성과에 역효과가 되는 근시안적 행동을 보이게 될 수도 있다.

이처럼 "단기적 이익만 생각"하는 사고방식을 극복하기 위해서는 인센티브 체계를 조정하여 직원들이 원가절감에 대한 주인 의식을 느끼도록 해야 한다. 우리는 지속성장을 위한 체질 개선 성과 목표를 달성하기 위한 상세한 목표를 단기적 인센티브 보상 계획에 포함시키는 것이 재무적 결과에 대한 책임감을 고취시킨다는 사실을 발견했다. 공동 목표와 개인 목표를 계획에 모두 포함시킬 경우 이는 그룹 내에서 "동료 집단"으로부터 받는 긍정적인 압력으로 작용하여 발생하는 문제를 집합적으로 해결하는 경향이 생긴다. 목표는 소수의 지표에 집중되어야 한다. 예를 들어, 혁신 재무 목표를 포함하여 부문별 목표를 달성하거나, 전사적 목표를 달성하여 다기능적 주인 의식을 고취시키는 것 등이 이에 해당한다.

문화적 레버: 직원 개개인의 감정을 건드려라

chapter 16에서 논의했듯이, 원가 의식을 포함한 기업의 성과는 궁극적으로 조직을 구성하는 조직원의 행동 방식에 달려 있다. 따라서, 어떻게 하면 직원 개개인의 행동과 조직의 성공을 긴밀하고 지속적으로 연결할 수 있을까? 답은 기업 문화 속에 있다.

경영진이 검소한 행동의 본을 보여라

단기적인 개인의 목표가 아니라 지속적인 조직 성과를 중시하는 문화를 조성하기 위해서는 경영진에서 먼저 움직여야 한다. 경영진이 흥청망청 비용을 낭비하는 것을 목격한 아랫사람들에게 자원을 아끼도록 동기 부여하는 것은 어려운 일이다. 경영진은 원가 의식에 기반을 둔 행동을 개인적으로 본 보여야 한다. 그들은 실질적이며 상징적인 단계를 통해 그들이 "검소하게 행동하는 것을 자랑스럽게" 여긴다는 것을 알리고, 그를 통해 오늘날 조직 내에 만연한 회의주의를 쫓아내며, 원가절감이란 하향식으로 진행되는 것임을 보여줘야 한다.

위에서, 본사 사옥으로 시작하여 모든 임원 혜택을 없앤 미디어 회사의 예를 든 바 있다. 그 회사의 사옥은 우량 자산이었지만, 기업의 다른 모든 업무 영역과 동떨어진 곳에 위치하고 있었다. 이케아의 임원들은 출장 시 이코노미석을 타며, 자랑스러운 태도로 매장 내 카페테리아에서 VIP들을 대접한다. 그들은 고객이 임원들의 값비싼 점심 식사에 돈을 지불하고 싶지 않을 것임을 강조한다.

한 소비재 회사는 "주간 대화"와 같은 이벤트를 통해 원가 의식의 가치를 가시적으로 드러내어 의사소통의 체계를 열었다. 해당 이벤트에서 각 분야의 직원들은 임원에게 기업의 미래에 대한 직설적인 질문을 던질 수 있었다. 이러한 세션은 얼마 지나지 않아 "솔직한 대화"로 이름을 바꾸어 성과를 개선하기 위해 넘어야 할 장애물을 극복하는 데 경영진과 직원들이 함께 노력하는 분위기를 조성했다.

직원들로 하여금 원가 의식적인 행동을 인식하도록 하라

지금까지 재무적 인센티브 시스템을 변경하여 원가 의식적인 행동을 장려하도록 하는 방법에 대해 논의했으나, 비재무적 보상 역시 재무적 보상만큼 강력한 영향을 미칠 수 있다. 많은 기업은 명시적으로 "원가 챔피언"을 우대하고 전체 카테고리(IT, 설비, 구매 등)의 원가 요인에 대한 권한을 부여한다. 포상이나 경품과 같은 단순한 방법을 통해 성취를 인정하고 평가하는 것도 큰 효과를 지닌다. 그 금액이 크지 않더라도 그러하다. 우리의 연구에 따르면 사람의 행동을 변화시키는 데는 돈보다는 자부심이 보다 효과적인 것으로 나타났다.

원가 의식적인 행동을 보상하는 소수의 중요한 가이드라인은 아래와 같다. 먼저, 지속성장을 위한 체질 개선 목표에 긍정적인 영향을 보인 상세한 행동에 주의를 기울여라. 다른 직위와 부문의 직원들이 활용할 수 있는 방법을 명확하고 세부적으로 제시하라. 지속적인 성취와 두드러지는 성취 모두를 알아봐야 한다. 원가 의식적인 행동을 "하고 있는" 것을 발견할 경우, 즉각적으로 긍정적인 피드백을 제공하라. 증서, 메달, 트로피, 문진과 같이 직원들의 성취를 영구적으로 기억할 수 있는 물품을 제공하라. 임원들이 그와 같은 사항을 공개적으로(대형 회의 등), 그리고 개인적으로(개인적인 전화 등) 인정하도록 하라. 성과를 초과 달성한 조직원이나 부서에 경의를 표하기 위해 기획된 해피 아워 축하 행사와 같이 간단한 방법으로 성공을 축하하라. 마지막으로, 시간이 얼마나 흐르든지 감사 편지를 쓰는 일은 항상 바람직하다는 사실을 기억하라.

"자부심 멘토"를 통해 실무진을 참여시켜라

실무진은 품질이나 고객 만족도를 해치지 않으면서도 제거할 수 있는 비용이나 프로세스를 평가하기에 가장 좋은 위치에 있는 사람들이다. 따라서, 원가 의식적 문화를 유지하기 위해서는 그들의 지지를 얻는 것이 매우 중요하다. 이는 절대로 쉬운 일이 아니다. 금전적인 보상이 없거나 내적으로 동기 부여를 느끼는 업무에 대해 기분이 좋다고 느끼게 해야 하는 것이다.

"자부심 멘토"를 활용함으로써 이를 달성할 수 있다. 자부심 개발자는 좋은 인격을 통해 주변에게 영향을 미치거나 스스로 예시가 됨으로써 동료들을 공통의 목표를 위해 일하게끔 고무하는 사람이다. 이러한 자부심 멘토와 함께 일하며, 기업은 성과 향상에 가장 크고 깊은 영향을 미치는 소수의 핵심 행동에 집중한다.

우리는 다수의 고객들과 함께 협업하는 과정에서 이러한 프런트의 여론 주도자가 원가절감 과정에서 미치는 영향력은 기업 주도적으로 이뤄지는 그 어떤 노력보다도 크다는 사실을 확신하게 되었다. 이처럼 영향력 있는 직원들은 동료들로부터 강한 신뢰를 받고 있으며, 그들이 원가 관리의 장점과 효과에 대해 확신을 가지게 될 경우 그들은 핵심 행동의 모범이 될 것이다. 기업들은 이러한 자부심 멘토에게 권한을 맡겨 전사의 원가 관리 개선을 이끌도록 한다.

인정하건대, 직원들에게 비용을 줄이도록 동기 부여하는 것은 어려운 일이다. 특히 인원 감축을 동반하는 프로젝트 하에서는 더더욱 그러하다. 그러나 고도성장과 덜 관료적인 조직의 청사진을 제시함으로써 직원들이 기업의 결정과 행동 변화에 대한 이성적·감정적 확신을 가지도록 할 수 있다.

이러한 모든 과정을 체계적으로 진행할 수 있는 기업은 극소수이다. 초기 단계에서부터 사람들이 원가와 가치에 집중하는 문화를 구축해온 기업에게만 가능한 일이기 때문이다. 예를 들어 사우스웨스트 항공은 보통 사람들에게 안전하고 편안한 여행을 제공하는 것을 기업의 가치로 삼았다. 사우스웨스트 항공의 직원들은 회사 자금을 절약하기 위하여 연말의 축제와 같은 에너지 넘치는 이벤트에 자비를 지출하는 것으로 유명하다.

감각과 지속가능성: 현재 상태에서 목표한 그곳으로 가는 것

이 책의 서문에서 말했듯이 기업들은 세계화와 기술 변화로 인한 시장 변화의 속도와 규모가 더욱 확대된다는 사실을 오래전부터 인식하고 있으며,

더 이상 성장을 위한 최적의 모습을 갖춘 기업이 되는 일을 피하거나 미룰 수 없음을 깨닫고 있다. 신속하고 포괄적이며 때로는 지속적인 변화를 위한 역량을 제도화해야 할 시점이다.

대규모 혁신 프로젝트를 진행하는 고객들을 지원하는 과정에서, 우리는 필요한 혁신의 특징과 기간을 바탕으로 한 가지 또는 2가지의 접근법을 도입하는 기업들을 다수 목격했다. 사전 경고를 알아채지 못한 채 신속하고 공격적으로 반응해야 하는 많은 기업들은 우선 소극적인 프로젝트를 기본으로 삼는다. 이 책의 PART 2에서는 그러한 상황을 맞닥뜨린 기업이 신속하면서도 전략적으로 원가를 절감하기 위해 활용할 수 있는 다양한 레버에 대하여 상세하게 설명했다.

두 번째 접근법은 프로그램 혁신이다. 바로 우리가 제시한 전사적으로 잘 조직된 지속성장을 위한 체질 개선 프로젝트를 말한다. 기업들은 포괄적인 프로젝트를 개시하며 이를 지휘하는 사람은 보통 CEO가 된다. 프로그램 관리 오피스가 수립되고, 상세한 계획이 세워지며, 중요한 단계가 확정되고, 의사소통 프로그램이 런칭되며, 진행 상황이 모니터링된다. 이러한 프로젝트는 기업이 내포하고 있던 문제나 위협 요인을 다루기에 매우 효과적이며, 소극적 접근법보다 훨씬 더 오래 지속된다. 그러나, 그 이름을 통해 알 수 있는 것처럼 혁신은 하나의 프로젝트이며, 결국 모든 것은 "보통 상태로 돌아가고" 비용은 기존 수준으로 되돌아간다.

성장을 위한 최적의 상태를 유지하기 위해서는 이 챕터에서 논의한 지속성 레버, 즉 전략적·운영적·조직적·문화적 레버를 활용해야 한다. 필요한 시스템과 프로세스를 설계 및 시행하고 변화를 관리하며 그에 따라 성과를 조정해야 한다. 전면적인 "지각 및 조정" 역량을 통해서든, PART 2에서 논의된 원가 레버를 통해서든 상관없다. 그러나 궁극적으로 기업의 성공을 좌우하는 것은 직원 개개인이 일상생활에서 하는 모든 의사결정과 트레이드오프에 대한 결정이다. 그러한 결정이 전사적 이익에 도움이 되거나 또는 조직원의 이익을 극대화할까? 기업이 지속성장을 위한 체질 개선 원칙에 따라 조직구조와 조직 문화를 기반으로 핵심 역량을 위주로 한 전략을 강화할 때, 이는 비로소 가능해진다.

1) Jessica Sackett Romero, "The Rise and Fall of Circuit City," Federal Reserve Bank of Richmond, *Econ Focus*, 3Q (2013): 31-33, www.richmondfed.org/~/media/richmondfedorg/publications/research/econ_focus/2013/q3/pdf/economic_history.pdf.

2) Ibid.

3) Don Eames, *Circuit City Six: Six Fatal Mistakes of a Once "Good to Great" Company* (Minneapolis, MN: Eames Management Group, 2009), www.eamesmgmt.com/circuit-city-six-ebook.

4) John R. Wells, *Circuit City Stores Inc.: Strategic Dilemmas* (Cambridge, MA: Harvard Business School, 2005).

5) Anita Hamilton, "Why Circuit City Busted, While Best Buy Boomed," *Time*, November 11, 2008, http://content.time.com/time/business/article/0,8599,1858079,00.html.

6) Erica Ogg, "Circuit City Gets Delisting Notice from NYSE," *CNET.com* October 31, 2008, www.cnet.com/news/circuit-city-gets-delisting-notice-from-nyse.

7) Romero, "Rise and Fall."

8) Ibid.

9) Paul Leinwand and Cesare Mainardi, *Strategy That Works: How Companies Close the Strategy-to-Execution Gap* (Boston: Harvard Business Review Press, 2016).

10) Deniz Caglar, Marco Kesterloo, and Art Kleiner, "How Ikea Reassembled Its Growth Strategy," *strategy+business*, May 2002, http://www.strategy-business.com/article/00111?gko=66b6e.

11) Ibid.

12) Ibid.

13) Ibid.

14) Fit for Growth is a registered service mark of PwC Strategy&LLC in the United States.

15) Vinay Couto and Ashok Divakaran, "How Ready Are You for Growth?" *strategy+business*, August 2013, http://www.strategy-business.com/article/00199?gko=edc83.

16) TSR scores range from 0 and 100, with 100 representing the company with the highest returns in its industry segment, and 0 representing the one with the lowest. This form of

normalization insulates TSR results from external factors that might affect some sectors more than others.

——————————————————————————————————— PART 1. chapter 4.

1) Paul Leinwand and Cesare Mainardi, *The Essential Advantage* (Boston: Harvard Business Review Press, 2010).

——————————————————————————————————— PART 3. chapter 16.

1) DeAnne Aguirre and Micah Alpern, "10 Principles of Leading Change Management," *strategy+business*, Summer 2014, www.strategy-business.com/article/00255?gko=9d35b.

지은이

비나이 쿠토 Vinay Couto

PwC Strategy& 인사/조직 부문의 principal이며 시카고 오피스에 근무한다. 해당 비즈니스와 더불어 Fit for Growth 플랫폼을 이끌며, 자동차, 항공우주, 제약, 생명과학, 방송/미디어, 소비재, 은행, 테크놀로지 및 보험 등 다양한 인더스트리에서 일해왔다. 그는 인정받는 사상적 리더로서 "Headquarters: Irrelevant or Irreplaceable?", "How to Be an Outsourcing Virtuoso", "Making Overhead Outperform", "The Globalization of White-Collar Work", "The New CFO Agenda: Global G&A Survey Insights and Implications" 등 수많은 전략 및 비즈니스 관련 글들을 기고했으며 *CFO Thought Leaders: Advancing the Frontiers of Finance*의 공동 저자이기도 하다. 혁신적인 프로젝트 수행을 인정받아 Strategy&의 권위 있는 Professional Excellence Award를 세 번이나 수상했다. 컬럼비아대학원에서 MBA를 취득했으며 런던대학 Imperial College of Science and Technology의 화학공학 분야에서 최우수 성적으로 학위를 받았다.

존 플랜스키 John Plansky

PwC Strategy&의 U.S. 리더이자 금융 서비스 부문의 principal이며 보스턴 오피스에 근무한다. 금융기관에 대한 정보기술 및 백오피스 운영 설계의 전문가이며 또한 증권회사 등에 정보기술을 적용하여 신상품을 출시하고 글로벌 운영 모델을 구현하는 데 있어 전문성을 인정받고 있다. "Is Your Company Fit for Growth?", "A Strategist's Guide to Blockchain", "The Digitization of Financial Services" 등 많은 글을 기고했다. Strategy&에서 일하기 전에 위프로에 있는 증권회사 Nerve Wire에서 CEO로 재직했으며 브라운대학교에서 생물학 학사를 취득했다.

데니즈 카글라 Deniz Caglar

PwC Strategy& 인사/조직 부문의 principal이며 시카고 오피스에 근무한다. 조직설계, 각 부문별 효율성 제고, 셰어드 서비스 및 아웃소싱/오프쇼어링 분야의 전문가로서 주로 소비재·소매 산업에서 두각을 나타내왔으며 자동차, 소비자 서비스, 금융 서비스, 헬스케어, 산업재, 생명과학, 운송, 테크놀로지, 설비산업 등에서도 많은 경험을 가지고 있다. "Is Your Company Fit for Growth?", "Seven Value Creation Lessons from Private Equity", "The Redefined No of the CFO", "The New Functional Agenda", "Be Your Own Activist Investor" 등 많은 글을 기고했다. 노스웨스턴대학에서 오퍼레이션 리서치 분야의 박사 학위를 취득했으며 동 대학의 학사·석사 학위를 소지하고 있다.

옮긴이

범용균

호주 시드니대학교 경영학과를 졸업했고 PwC컨설팅 파트너이며 Strategy 그룹 및 TMT(Technology, Media & Telecom) Industry 리더로 활동하고 있다. 굴지의 글로벌 기업 및 PE 등을 대상으로 다양한 M&A, Cross Border Transaction 및 투자전략 수립과 Deal Value 창출에 집중하고 있다. 또한 IP(Intellectual Property) 전문가로서 IP 전략 수립을 통한 기업 가치 극대화 및 경쟁력 재고를 지원하고 있다.

 * Mail to: glenn.burm@kr.pwc.com / Mobile: 010-4645-4797 / Office: 02-709-4797

김창래

서울대학교 경영학과를 졸업했으며 PwC컨설팅의 Strategy 그룹 파트너로 재직하고 있다. 글로벌 기업 및 다양한 국내 기업을 대상으로 역량중심의 기업·사업·실행 전략 수립과 실질적인 성과 창출에 집중하고 있다. 전자, 자동차, 통신, 리테일 등의 산업에 대해 중장기 사업 전략, 사업 포트폴리오 전략, 성장 전략, 신사업 전략, 턴어라운드 전략, 해외진출 전략, 사업 타당성 검토 등 전략컨설팅 업무 수행을 통해 회사의 성장과 경쟁력 제고를 지원하고 있다.

 * Mail to: chang-rae.kim@kr.pwc.com / Mobile: 010-5281-0474 / Office: 02-3781-1412

장유신

카이스트 경영공학과를 졸업했으며 삼일회계법인 Deal Business 서비스 부문의 Strategy 그룹 파트너로 재직하고 있다. 기업의 '성장'을 키워드로 신규사업 전략, 포트폴리오 재편 등 전략적 어젠다뿐만 아니라 M&A 전략, Commercial Due Diligence 및 PMI (Post Merger Integration) 서비스를 담당하면서 기업의 전략적 니즈를 M&A라는 실행 수단으로 연결하는 역할을 담당하여 PwC의 'Strategy through Execution'이라는 서비스 제공 원칙을 실천하고 있다.

 * Mail to: yoo-shin.chang@kr.pwc.com / Mobile: 010-8811-2776 / Office: 02-3781-1696

PwC 및 Strategy&, PwC컨설팅 코리아 및 Strategy 그룹

PwC는 전 세계 157개국 19만여 명의 인력으로 구성된 경영컨설팅, 회계감사, 세무 자문 서비스를 제공하는 최대의 전문가 조직으로 종합 컨설팅 회사이며 Strategy&은 PwC의 전략사업 부문(Booz&Company의 후신)이다. PwC와 Strategy&은 경영전략에서 실행까지 경영 전반에 걸쳐 산업별 전문지식과 풍부한 경험을 바탕으로 고객 가치 창출을 최우선으로 최상의 서비스를 제공하고 있으며, Strategy&은 특히 역량 중심 전략과 성장에 집중하고 있다.

PwC컨설팅 코리아는 이한목 대표를 비롯해 400여 명의 전문가가 전자·자동차·제조·금융·서비스 등 다양한 산업에서 전략, 오퍼레이션, 재무 및 경영 관리, 원가절감, R&D, 마케팅, 제조, 구매, ERP 및 IT 인프라 혁신, 데이터 분석, 사이버 보안 등 경영혁신 전반에 대해 전문 서비스를 제공하고 있다. Strategy 그룹은 PwC컨설팅 코리아의 전략담당 조직으로 Strategy&과의 협력을 통해 기업·사업·신사업·해외진출·구조조정 전략 등 CEO와 최고 경영진이 기업과 사업을 강하게 성장시키고, 고성과 조직으로 전환시키는 데 있어 신뢰할 수 있는 최고의 전문가 조직이며, 글로벌 선도 기업의 사례를 지속적으로 국내에 소개하고 있다.

지속성장을 위한 체질 개선
전략적 원가절감 및 구조조정을 위한 안내서

지은이 ┃ 비나이 쿠토·존 플랜스키·데니즈 카글라
옮긴이 ┃ 범용균·김창래·장유신
펴낸이 ┃ 김종수
펴낸곳 ┃ 한울엠플러스(주)
편　　집 ┃ 배유진

초판 1쇄 인쇄 ┃ 2018년 1월 2일
초판 1쇄 발행 ┃ 2018년 1월 16일

주소 ┃ 10881 경기도 파주시 광인사길 153 한울시소빌딩 3층
전화 ┃ 031-955-0655
팩스 ┃ 031-955-0656
홈페이지 ┃ www.hanulmplus.kr
등록번호 ┃ 제406-2015-000143호

Printed in Korea
ISBN 978-89-460-6420-1 03320

* 책값은 겉표지에 표시되어 있습니다.